哲學與思想

胡秋原 著

東大圖書公司 印行

工，及以中國抗日人士之人體作細菌戰試驗，然後對我作傷寒、霍亂及鼠疫之戰爭。

其次是蘇俄。俄國革命成立蘇聯後，宣言同情中國民族獨立之要求，放棄沙俄對華不平等條約。他是有其世界革命或世界征服之計畫，而想利用中國人為工具的。而苦於列強侵略的中國人喜其能以平等待我，視之為俠客或救星。雖然紅軍進據外蒙，他仍能成立中共為第三國際之支部，並使孫中山改組國民黨，行聯俄容共政策。國共分裂後，史達林力謀報復。除杜撰中國是「封建社會」之理論，要中共進行土地革命，然後在蘇聯無產階級領導下不經資本主義直接進入社會主義外，又與日本勾結；其在西元一九二九年發動中東路戰爭，亦鼓勵了日本九一八之攻擊。及受德日軸心之威脅，乃一面片面將中東路賣與日本，一面對華高唱國共合作。抗戰之初，他對我確在空軍方面有所援助，然他在貿易上由我獲得許多廉價貴金屬，並使中共成立了兩個軍。以後並悄然兼併唐努烏梁海，利用新疆回漢衝突，迫盛世才與其訂立強取新疆權利密約多種。德蘇戰爭中，蘇聯大敗，盛世才將這些密約向中央報告，使史達林大為痛恨。及德軍在史達林格勒大敗，蘇俄即公開攻訐中國「作戰不力」，製造中俄緊張，為其大勒索之伏筆。一九四五年二月三巨頭雅爾達會議，除瓜分德國、東歐外，又有雅爾達密約，同意史達林恢復一九〇四年前帝俄在滿洲之權利以及外蒙獨立之要求，為其對日參戰之條件。原子彈降落日本後，蘇俄對日宣戰，不費一彈占領東北。除搶劫強姦，公然劫走東北工業設備之外，又以所得日人武器武裝徒手進入東北之林彪部隊並加訓練，終於擊敗前往接收之國軍，並打出關外，奠定了中共在內戰中勝利之基礎。

沒有蘇聯的援助，不會有中共政權，這是中共與蘇聯都公開承認已久的。所謂援助，不僅是物質的、軍事的、外交的，尤其是精神的。這便是馬列主義與蘇聯所欽定的社會主義、共產主義的意識形態。中共政權也是蘇聯進行冷戰的產物，甚至可說，列寧成立第三國際，卽是蘇聯對西方諸帝冷戰之開始。中共政權成立之次年，史達林卽要求其成立「抗美援朝志願軍」參加韓戰。除造成百餘萬的傷亡之外，尚須以米、麥、牛、羊送到蘇聯償還軍火債務，而這些軍火是德蘇戰爭中，美國援蘇軍火之剩餘，而中國老百姓則大批被迫吃草根、樹皮，乃至活活餓死。這引起中國人民對蘇聯的憤怒和對中共之不滿，而毛澤東則發動「反右運動」加以鎮壓。繼因進攻金門及對美作戰問題，毛澤東與赫魯雪夫發生爭論，赫氏同意協助中共發展原子武器，簽訂「國防新技術協定」，並給中共一座反應爐，同時對中共多方勒索。旣而後悔，對原子計畫多方拖延，故意誤導，終於提出管理中共海軍要求，為中共拒絕，蘇聯乃廢止「國防新技術協定」，撤回所有蘇聯顧問，一時大陸工業陷於癱瘓狀態，甚至在一九六〇年已發生中俄邊境衝突。於是中共與蘇聯之十年蜜月告一結束，開始理論鬥爭。中國科學家之努力不僅恢復了工業上機械的運轉，而且在一九六四年原子試爆成功，並進而發展人造衛星。這使毛澤東貪天之功，自以為「天才」，發動所謂「無產階級文化大革命」，誅鋤異己，整個大陸陷入恐怖亂鬥之中。中共原子試爆之成功亦使蘇共恐懼和忌恨，屢動禍心，欲對中共核子設備進行核襲，加以摧毀。至是見大陸內鬥猛烈，遂發動珍寶島戰爭與塔城戰爭，以作試探。中共不僅強烈反擊，而且自此稱蘇聯為「新沙皇」和

「社會帝國主義者」了。於是尼克森乘機與中共勾結，而布列茲涅夫仍欲對中共進行核戰，希望美國同意。此事為季辛吉所拒。布氏又欲以傳統戰分裂中國之西北，於是蘇聯於一九七九年發動阿富汗戰爭，蓋欲由帕米爾進攻新疆。這使俄帝陷入泥沼，一如美帝之在越南（阿富汗游擊隊曾得中共與美國之援助亦公開之秘密）。布氏在其死前曾向中共表示和平之願望，然直到戈巴契夫上臺並於一九八九年到北京道歉，才開中俄關係之新紀元。

最後看看美國。在十九世紀歐洲諸帝侵略中國時期，美國雖享「利益均霑」的不平等條約之利益，但未曾（或尚無力）主動的進攻中國，加之還有蒲安臣以美國外交官於任滿後代中國出使各國訂立平等之條約，以及美國教士如林樂知等同情中國之言論，使中國人對美國另眼相看。實際上，美國對華政策有其高明處，而拙劣處更多。所謂高明如參加八國聯軍，同時發表門戶開放宣言；首先退還庚款，辦理教育，培養了許多中國菁英。所謂拙劣，他並無一個長期目標，如很多人所想像的。他只是臨時應付，而且是極現實的向強者讓步；而且中國對他的好感，反而增加他對中國人的優越感，認為中國人可廉價應付，隨意利用，結果不僅害到中國，也害到他自己。例如日本提出二十一條後，他曾頻頻對日抗議，而終於訂立石井藍辛協定，承認日本在滿洲有其特權。華盛頓會議中他提出九國公約，尊重中國領土主權之完整，然僅空言，而無實際。九一八大變發生後，他曾大聲疾呼制裁日本，而僅以「不承認主義」而終。及日本發動盧溝橋戰爭，他還以中立法案中之「現款自運」條款供給日本以汽油、廢鐵之戰略物資，直到一九四一年始以五千萬美元援華，較之援俄之天文數字，真九牛之一毛。日本偷襲珍珠港後，美國始承認中國為盟國。然以「歐洲第一」之故，對中國戰場僅以空運及十四航空隊維持中國軍隊之士氣，牽制日軍。他派來史廸威訓練新軍為援印之用，而不顧當時日本打通大陸走廊計畫（卽所謂「一號作戰計畫」）下中國戰場上之危險。繼而又聽信太平洋學會之宣傳，要求中國將軍事指揮權交與史氏，此被中國拒絕，自不快於心。此時史達林正多方迎合羅斯福（如解散第三國際），而羅氏之子亦稱史達林為「約叔叔」。於是有雅爾達會議。除瓜分德國、東歐而外，另有雅爾達密約，犧牲中國為蘇俄對日參戰之條件。羅斯福死，美國政府在羅氏皮包中發現此項文件，於六月間通知中國依照彼等密約，簽訂中蘇友好和平條約。這條約不僅使中國正式放棄外蒙，而也註定中共在內戰中的勝利和國民黨的失敗。戰後美國派馬歇爾來華調解國共內戰。史達林、毛澤東均已成竹在胸，而國民黨猶不知其地位之險惡，以為半年內可以擊敗中共，而文武大官之貪污，使人心迅速喪失，加之無節制的通貨膨脹，只有加速其崩潰。民國三十八年初蔣總統引退，李宗仁代，政府遷廣州，四月，所派的和談代表為中共扣留。八月，美國發表「白皮書」，「勾消中國」，然猶希望「第三勢力」之出現，亦有占領臺灣之計畫。李宗仁飛美後，蔣總統復職。中華人民共和國成立後，美欲承認而不可得，始聲明繼續承認中華民國政府。及中共抗美援朝，聯合國大會通過決議中共為「侵略者」，美國派軍事代表團來臺，簽訂中美共同防禦條約。民國五十二年，甘廼廸曾欲與蘇聯共同空襲中共之核子試驗設備，為赫魯雪夫所拒，此事尚在蘇聯、美國商量核襲中共核子設備之前。珍寶島事件後，美國與中共恢復華沙會談。至民國六十年，季辛吉秘密訪問大陸，美國宣布贊成中共入聯合國，繼而中華民國被逼退出聯合國，同年，美國宣布將釣魚臺交與日本，「臺灣地位未定」。翌年，尼克森飛北京，發表上海公報。日本則迅速廢止中日和約，承認中共，而又派椎名來臺，要求繼續經濟交流。此時美國與中共還只有「連絡」關係。在「關係正常化」的口號下，一九七九年一月美國與中華人民共和國正式建交，先期派人來臺通知「絕交」，而又由其國會通過其國內法之「臺灣關係法」為繼續利用及干涉臺灣之根據。到了一九九〇年，在柏林圍牆推倒後，東歐要獨立了，冷戰結束了，蘇聯也在崩潰中了。此時美國不僅認為中共已毫無利用價值，而且他還是冷戰的最佳新對象，因為過去對蘇聯冷戰所用的一套正好利用來對付中共，而臺灣這個地方大可利用，是對蘇冷戰中還沒有的。於是一方面以人權問題、軍售問題、奴工產品之貿易問題對中共施加壓力，支持達賴喇嘛與民運人士對中共攻訐，鼓勵英港政府製造糾紛，又鼓勵越南、菲律賓、馬來西亞諸國爭南海羣島主權。而對於臺灣，則他們早已製造理論，說臺灣民族與文化與大陸不同，鼓勵臺獨建立「全新而獨立的國家」，並勸國民黨進行「本土化」。民國七十七年以來，公開要求臺灣之「大陸熱」降溫，增加對臺軍售，尤其是鼓勵臺灣重新進聯合國為一「政治實體」，而這也是有意刺激中共。一切的一切，可以總括為他們的一個口號：「拆散中國」，即不許中國統一、再建和復興。這是與過去日本帝國主義完全相同的。

這是我的時代中國的國際環境。

二

中國是世界文明古國，向為亞洲「上國」。一百五十年間英、法、帝俄、日本、德國以及二十世紀日本、蘇俄、美國的侵害和侮辱，當然要使中國人思考外患之由來，並研究救國之道。這是一百五十年來中國人思想和行動的主要動機。簡言之，這有下述之潮流。在鴉片戰爭之前夕，中國思想界有三派：一為漢學派（如阮元），二為宋學派（如方東樹），三是經世派，此可以林則徐、魏源為代表。鴉片戰爭以後，魏源基於他對漢代應付匈奴之策的研究，提出兩大主張：「師夷長技以制夷」，「以夷制夷」。開始以夷之「長技」在船砲，我們建設海軍。甲午一敗塗地，則又以為夷之「長技」是政法，乃有變法與革命之相爭。西太后在戊戌政變以後又闖下義和團與八國聯軍的大禍，國人絕望於清廷，乃有辛亥革命與中華民國之建立。而袁世凱以尊孔為名，進行帝制。於是有「新文化運動」，即以夷人之技，無所不長，尤其是科學民主；而中國文化，尤其是孔子之學根本不適於現代生活，應全部拋卻。此即後來之全盤西化運動。歐戰結束，巴黎和會召開，西方列強支持日本繼承德國在山東權利，國人悲憤之中，爆發了偉大的五四運動。這是中國全國性的國民運動。他喚起全國的愛國熱忱，也使中國政府拒絕簽字於凡爾賽和約，並且打倒了賣國賊曹汝霖、章宗祥。但如何外抗強權，不僅科學民主不能救急，而且當時西方列強都是袒日的。五四運動也使當世兩大勢力重視中國之將來。美國召開華盛頓會議，簽訂九國公約，尊重中國領土主權之完整。然而僅止於空言。而革命之蘇俄，則列寧不斷派人來華連絡，宣言同情中國民族運動，並願放棄帝俄時代不平等條約。他除成立中國共產黨外，又軍援孫中山先生使其改組國民黨，並行聯俄容共政策。其後雖在北伐中國共分裂，國民黨走向西化或美化，但俄化運動亦因國民黨聯俄容共與北伐而擴大基礎。俄化運動可說是認蘇俄共產主義才是「最新文化」，也可說是認為夷之長技在馬列。亦如毛澤東斬釘截鐵所說：「走俄國人的路——這就是結論！」

無論西化派或俄化派，其原始動機皆出於救國之心，是毫無問題的。而結果是不僅都沒有解決中國問題，而且造成兩派之相爭和長期內戰，以及中國在美俄二超強之冷戰中之分裂；而且在世界冷戰終結後依然妨礙中國人之統一復興，形成中國之新的危險。

「以夷制夷」也造成可怕的後果。首先，李鴻章之以俄制日，幾乎造成瓜分之禍。民國以來，我們在外交上有聯日、聯美、聯俄諸派，其始亦出於「以夷制夷」之心，然國力不如人，先變為「依夷制夷」，繼而在外人利誘威脅及對西方文化與馬列主義之自卑感中，變為親日派或知日派，親美派或親俄派，而成為外國人「以華制華」之工具了。就此而言，經世派是失敗的。這原因不是經世之宗旨不正確，而在他們學問不足，只知憑一時所見的外人長處作為立國目標，既不研究夷人長技之由來，亦不研究世界究形勢的實際。而智與力皆不如人，還想以夷制夷，是未免太不度德量力了。

在這過程中，漢宋兩派如何呢？他們對西化、俄化兩大主流，有的表現了輔助作用，有的表現了糾正作用。康有為以漢學今文派宣傳變法，而章太炎則以古文經學贊揚革命。至新文化運動以後，胡適以漢學有他所了解的科學方法（大膽假設、小心求證），並一度贊成全盤西化。錢玄同則以科學方法就是疑古，且須廢止漢字。顧頡剛遂考證夏禹為蟲，否定古史。肯定中國文化與其相抗者，最早有梁漱溟、張君勱，繼而有馬一浮、熊十力。他們大抵據宋學立論，形成了現在的新儒學派。大體言之，他們是主張溝通中西文化的，也有傾向社會主義的。馮友蘭亦曾唱新理學，後來變為俄化派了。

三

我生於民國前二年，卽一九一〇年。我生活的時代，是歐帝退卻，日本對我瘋狂進攻，蘇俄利用日本進攻而侵略，美國利用日俄侵略而侵略的時期。而國人救國思想，則是西化主義、俄化主義兩大潮流鬥爭，終使中國陷於內戰和分裂時期。我與我的前輩和同時的同胞一樣，一生日夜思考的是國家的出路。我也曾受二化主義的影響，但自始至終，我是反潮流者（民國以來除西化俄化兩大潮流外，還有一個短期的西化別派——法西斯潮流）。回想起來，原因有二：

一是思想的出發點。我少年時代記憶尚鮮之事，是五四運動傳到黃陂之時。我當時還是國小學生，老師們勉勵我們長大了要打倒日本。先父是當時全縣父老推舉出來的勸學所長，他在聖廟前面泮池的三面牆壁上將二十一條全文漆成拳大的字，使經過的人都要看看。民國十年，他創辦前川中學。這原是紀念二程的。但先父和我們的國文、歷史老師教同學們為人為學之模範，是明末黃（梨洲）、顧（亭林）、王（船山）、顏（習齋）諸儒。先父每週一對同學訓話，要義是人格、學問為救國之本。反覆叮嚀的是人格修養、科學研究以及救國志氣三事。這三點，我曾在民國十三年《前川第一屆同學錄序》（我第一篇印刷文章）中加以簡述。多年來我在《中華雜誌》上所提倡的人格尊嚴、民族尊嚴、學問尊嚴實由於此。凡有背於三大尊嚴之義者，自為我不取。

二是研究和論證的方法。西化派、俄化派都是以一時中西文化之優劣勝敗，或者西方與蘇俄之一時情況或宣傳，作為自己立國的千秋大計。我認為中國出路問題應在人類長期歷史中看各民族發展的情形，世界文化進步的趨勢，了解自己的地位、需要和條件，決定自己努力的目標和手段。這在開始，是無意的；後來因新的見聞以及國家和世界之重大事變，我逐漸使我的研究和論證趨於嚴密。在數十年讀書思考過程中，我的歷史哲學經過三期的變更：一九三一年《唯物史觀藝術論》及《中國社會——文化史草書》以來為先超越期；一九三五年及《歷史哲學概論》以後為超越前期；一九五三年我寫完《古代中國文化與中國知識份子》時，我亦完成「理論歷史學」之格架，自是以來，為超越後期。茲略述三期變化情形如下：

①當初我原準備學習理工報國。在中學時，除對國、英、數，動、植、礦物學，物理、化學功課用功外，也看課外書。當時學校定有北京、上海報紙，《東方》、《學生》等雜誌，北大、南高的《國學季刊》和其他出版物。我還由上海通信圖書館通信借看當時新出版物。此外又由《國語文類選等》書閱讀新文化運動早期文章。前川創辦之年，中共立黨，民國十三年我畢業之時，國民黨改組，孫中山先生北上，共黨小册子和《三民主義》也到學校圖書館了。民國十四年我到武昌準備投考武昌大學之時，孫中山逝世，五卅慘案發生，《新青年》出版列寧紀念專號，整個空氣在變了。我考入武大後，先讀理預科。我忙於大代數、解析幾何習題、化學實驗，有暇仍看課外書。此時我已接受唯物史觀了。不久，北伐軍和國民政府來到。此時西化派刊物只有《現代評論》，而俄化派除了《新青年》、《嚮導》、《中國青年》之外，還有創造社之《洪水》等。然武漢政府在政治上，除了收回英租界使人心振奮之外，對內鬥爭亦漸起，甚至商店的店員也要對店主鬥爭，人心普遍不安。繼而有上海清黨，寧漢分裂，長沙馬日事變，武漢分共，南昌暴動，全國亦在大亂之中。這使我對政治發生惡感，此時武大沒有很好的理化教授，我開始看西方文學譯本，尤其是俄國文學，並且在民國十六年下學期進了中國文學系。此時我心中發生一個問題，如何以唯物史觀說明文藝思潮的變化？沒有人能答覆這個問題。後來看見《蘇俄文藝論戰》譯本，在其附錄一文中說到俄國樸列汗諾夫是首先研究這個問題的人，從此我記住這個名字。這年十二月半，武漢發生桂系軍人的恐怖，捕殺武大學生。我倖免於難，逃到上海進復旦大學中國文學

系。此時上海正是百家爭鳴之時。西化派有新月書店，異軍突起的俄化派是創造社和太陽社的革命文學或普羅文學。我在《北新》雜誌上發表〈革命文學問題〉（這是我第一篇刊於全國性雜誌的文章），表示反對的意見。繼而我看到樸列汗諾夫《論原始社會藝術》的譯本，我寫了〈文藝起源論〉。但階級社會的藝術如何呢？我在內山書店看到樸氏的書數種，但看不懂。五三慘案後，我寫了《日本侵略下之滿蒙》和兩本關於民族運動的小書，得到一點稿費，便到東京。我曾說，我到日本是為了找樸列汗諾夫的。我學好日文之後，便蒐集所有樸列汗諾夫著作之日文、英文譯本及有關書籍寫《唯物史觀藝術論：樸列汗諾夫之研究》。至此我才知道樸列汗諾夫是「俄國馬克斯主義之父」，列寧等皆其後學。所謂有關書籍包括《馬克斯恩格斯全集》，自奧古斯丁、伊本·卡爾東以來的種種歷史哲學，藝術哲學和重要文學藝術作品。繼而我又譯了佛理采的《藝術社會學》。《唯物史觀藝術論》是我對我在民國十六年提出的問題（如何以唯物史觀說明文藝思潮之變遷）之解答，而寫完此書以後，我自覺我已有一個一貫的思想體系或哲學了，我自稱為「自由主義的馬克斯主義」，並以此自喜。民國二十年友人王禮錫先生創辦《讀書雜誌》，我開始在上面講文藝史方法論，繼以我的自由主義的馬克斯主義，由埃及開始，講世界文藝思潮的發展。那時在世界經濟大恐慌中，馬克斯主義大為流行。我所謂馬克斯主義主要指唯物史觀。我的馬克斯主義由樸列汗諾夫來，我從未接受列寧、史達林的馬克斯主義。

我在民國十九年初考入早稻田大學並補得官費。二十年暑假中我歸國省親，九月中旬到上海已買好船票東渡繼續學業，而在上船前一天，九一八之訊震動世界了。我考慮了大半天，決定拋棄文憑和官費，留在上海賣文度日。我以稿費所得創辦《文化評論》，提倡反日。又痛感當時左翼作家聯盟把持文壇，唯國民黨以民族文學與其對抗，無黨派的自由個人幾無立足之地，我提倡文藝自由。當時在日寇進攻之下，國共仍在激戰之中，國民黨亦有寧粵之爭，一般人都焦慮中國之前途，或中國往何處去。先是國共分裂後，蘇俄即有關於中國社會性質之論爭。他們要以此決定中國共產黨的任務。史達林派說中國是封建社會，所以要實行土地革命，然後在蘇聯無產階級領導下不經資本主義，直接進入社會主義。但尚有資本主義說，亞洲生產方式說，不過被史達林壓迫下來了。《讀書雜誌》發起的「中國社會史論戰」引起廣泛的重視，王禮錫先生屢次催我表示意見。我說，我還要翻翻二十四史有關食貨資料。於是我才以我所謂自由主義的馬克斯主義研究中國歷史。我提出「專制主義論」，即秦漢以來之中國不是蘇俄所謂封建社會，而是相當於西方十五至十八世紀之專制王政社會。這是在早期資本主義起來以後，國王憑藉都市力量剷平封建貴族而成立的。我還說到宋代文化已達西方文藝復興水準，西方到一六〇〇年才趕上中國。然何以中國的專制主義時期較歐洲長達五倍之久呢?當初我將原因歸於三次的游牧民族之入侵，使中國社會經濟遭遇三次的後退與復原（五胡、金元、滿清）。繼而應用此一理論寫〈中國社會——文化史草書〉（至六朝止）。在西方進入工業革命後，中國才落後了。中國之出路是工業化、民主化，先發展民族資本，然後進入社會主義。這也是我參加福建事變的立場。上面我說我由歷史研究中國出路開始是無意的，卽我所說「自由主義的馬克斯主義」原是用於研究文藝思潮，不是為研究中國出路而想出的。

②我的自由主義的馬克斯主義又在我西游及游俄後而一變。福建事變失敗後，我逃到香港，一九三四年初被英港政府逮捕驅逐，只有向外國流亡。我經由印度、埃及而到義大利及法、英、德諸國。我看見印、埃兩文明古國比中國還要殘破。而此與歐洲之繁華不僅是對照的，亦是有因果關係的。我遊覽各國博物館看世界文化之演進，各國文化霸權之興替，後來定居倫敦，每日到大英博物館補生平未讀之書。我也由報紙，參觀，及有限交游了解當時歐洲與世界之大勢。一件驚心觸目的事是自由主義在其故鄉或母國的西歐與英國，在布塞維克與法西斯蒂左右夾攻之下已經奄奄一息了。那時希特勒於一九三三年為德國總理，莫索里尼於一九三五年入侵阿比西尼亞，獨裁氣燄薰天，英國人不僅對印度自背自由之原則，而且也有法西斯蒂運動起來，法國也一樣。這也無怪其然。他們崇拜權力，而希特勒似乎渾身都是權力。另一方面，英國「左書俱樂部」也吸引青年，法國還有人民戰線運動。而後來左右兩派在西班牙展開戰爭。一九三四年末，第三國際中國代表團王明邀請我到莫斯科，協助他們辦《救國時報》和《全民月刊》，宣揚全國團結抗日。抗日係我素願，當然答應，因此留在莫斯科一年有半。我除了譯述日本報紙有關侵華資料，分析日本侵華政策，撰寫抗日文章之外，當然也研究蘇俄制度和政策。蘇俄在經濟上比西方落後不足奇，使我驚奇者，是史達林崇拜，莫斯科大審，買東西動輒要排長龍不知浪費了多少時間，

共幹的專橫與對人民態度之惡劣；特別使我反感者，是在紅軍博物館中外蒙古已在蘇俄版圖，又他為了出賣中東路，竟妙想天開，以歡迎梅蘭芳、胡蝶至俄以塞國人之口。在莫斯科的中共黨員對我無意中流露俄人的優越感，而在黑海，我遇到許多韃靼人（蒙古後裔）表示對俄人不平等待遇的憤慨。我覺得蘇俄所行的不是馬克斯主義，但他是世人公認其為馬克斯主義的，因此，我必與馬克斯主義告別。我認為史達林的「一國社會主義」與希特勒的「國家社會主義」是一個東西，唯更缺乏效能，這是一種最獨占的國家資本主義，使共產黨為總地主和資本家。為了反日，我們必須聯俄，但他的社會主義是中國絕不可行的。正在漢奸殷汝耕幹「冀東自治」之時，一天夜晚，我傷國運之可悲而不成寐，又想到上述種種，我忽然想到民族先於階級，馬克斯以歷史是階級鬥爭史是根本錯誤；又想到西方人雖已埋葬自由主義，但人類文化畢竟是以自由之增進為目的。我覺得必須對我的思想重新整理。我想世界學問有兩極。一為原理之學，即哲學。二為變化之學，即史學。我想以新自由主義為我的哲學。自由主義以人文主義與理性主義為核心，二者是人能創造文化的基本能力。新自由主義者，是要將自由之義擴張於人人國國，非任何人種、階級之特權。我將我的變化之學稱為文化史觀。馬克斯之唯物史觀實為技術史觀，我以為文化包括技術、制度和學藝，三者皆可影響社會與文化之變動；而三者之調和與衝突，則影響社會之安定與動亂，以及進步之遲速。究極言之，三者之原動力，畢竟是人的觀念與思想，此自由思想與思想自由之所以必要。一部人類歷史即各民族以其文化成就登場之運動會，各民族之地位，亦時有先後。而在強權之世，一旦落後，卽有亡國滅種之危險。今天日本的侵略，已威脅到整個民族之生存。我之所以被侵略不是因為資本主義過多，恰恰是由於資本主義之發展遠不如他。救國之道，除了利用廣土衆民與其長期作戰外，就是要在後方發展民族資本主義，供給抗戰需要，而絕不可實行社會主義，廢止私有財產。今日民窮財盡，整個國命在日人威脅之下時，尚有什麼私產可廢或階級鬥爭可談乎？然一旦抗戰勝利，中國重工業百分之九十皆在東北，收回以後將使中國發展一種新型的資本主義了。想到這一切，我不覺大叫起來。因為我過去講的自由主義的馬克斯主義，不過將西方人的兩種學說，或西方人與俄國人的兩種意識形態合併起來，現在我才有我自己的思想了。次日，我寫成一文〈論歷史與哲學〉，後來作為《歷史哲學概論》序文。我又在《救國時報》上寫〈抗日一切，一切歸於抗日！〉，開始說到我思想的變化，卽放棄馬克斯主義，主張資本主義與新自由主義。在共產黨所辦的報上竟能刊出我提倡資本主義的文章，可見當時莫斯科中共是忠於統一戰線，而理論水準是很高的。此文我後來加以擴充，卽戰時出版的《中國革命根本問題》。民國二十五年我到歐洲與中共康生等發起歐洲華僑抗日運動。這年冬天，經美國返國，適遇西安事變，便暫在美國停留下來，並與華僑及美國人士進行反日運動。我覺得當時美國敢於批評德日，與歐洲人向軸心國低頭大不相同，我期待美國能代表新的西方文化。盧溝橋的砲聲一響，我立卽回國。到香港與十九路軍將領應最高統帥「共赴國難」之召，同赴南京。在抗戰最初二年，我並無參加實際抗戰工作機會，我在漢口辦《時代日報》，又承成舍我先生半賣半送我一套機器，使我到重慶後，除賣文外還能開一印刷所，出版《祖國》。《時代日報》與《祖國》皆以「鞏固統一，抗戰到底；法治科工，富國强兵」十六字為宗旨。抗戰以前，我生活的社會是學校和出版界，又七年在外國，對中國所知甚淺。抗戰回國，我才更深入的接觸中國社會、人民和各方面人物。我感到老百姓都支持抗戰，傳統派亦然，西化派對抗戰無興趣，俄化派擁護抗戰，然別有所圖。又抗戰回國後，我才有系統的讀四部之書，尤其是經史。我深感中西文化並無根本的不同，而中國文化在科學、民主方面都有很大的成就，而在人文主義方面尤有甚高成就。我又認為中國史書中所說「鑑往知來」，「通古今之變」，「知治亂興衰之故」，「因革損益」，「因史立法」這些觀念，都非常有價值。我認為中國文化雖一時落後於人，然後來居上是歷史上常有之事，如西方文化也曾落後於中國甚久。今天中國的出路是復興中國文化。保守復古固然錯誤，西化、蘇維埃化（或「馬克斯主義中國化」）亦是錯誤。復興中國文化之要義有二：一是發揚民族主義，二是研究科學技術。我除了讀古書之外，也重看孫中山先生的著作，我覺得他實在博學深思。當時政府力行統制經濟，愈統制物價愈漲，公敎人員叫苦連天。而國民黨是相信民生主義就是社會主義的。我通看孫先生的言論後，認為民生主義實在是一種最進步的資本主義。國民黨第一次代表大會宣言說「經濟方面由手工業的生產過渡於資本制的生產」。他再三的不斷的說，「中國受外國壓迫，追究原因，還是由於中國工業不發達」，「要發達中國工業，便應倣效德美的保護政策」。他主張國營民營並進，尤具遠見。當我為文提出這些為人所忽視的論點時，我受到任卓宣、羅隆基諸君的批評，這些批評，都是由學理立論的。而汪精衞在紀念週大發雷霆，並命一人出來在中央黨部控告我。此時陳獨秀先生出來為我辯護，並忠告國民黨說，胡秋原提出的問題值得國民黨鄭重討論。國民黨的《藝文週刊》也便討論這個問題，控案由周佛海以調停之詞了事。兩個月以後汪精衞逃到河內降敵，這件事才完全過去。民國二十八年後，戰事更緊張而艱苦，第二次世界大戰也發生了，我進了國防最高委員會，主持精神總動員之事；繼而我參加國民參政會，任《中央日報》副總主筆，更為忙碌。我要寫文章分析國際情勢和戰局，以及我們應有興革等實際問題，我打算繼《歷史哲學概論》寫的「世界史略」無暇動筆，但我縮小範圍，寫「中國思想史」。我以為先秦之學，以孔子為一大聚散，上監三代，下開諸子。先秦以後，又以兩漢為一大聚散。近人每以漢代尊儒，為學術不進之原因；又多袒護今文而忽視古文；尤多以《尚書孔安國傳》為偽書。而根據我的研究，諸子之學，並未絕於漢代。墨家之學，流入今文；道家之學，流入古文。今文雜於讖緯，不如古文之實事求是。一二八後我寫〈中國社會——文化史草書〉時，即認為古文多民權之說。至是更知其果然。閻若璩以孔傳經文均見他書所引《尚書》古經，為其為偽書之證；我以為如將孔傳《古文尚書》看作輯佚之書，則閻氏偽書之證，恰恰是不偽之證，其能流傳，絕非自魏晉以來，一千四百年間中國儒者皆是文盲，必待閻氏始發此秘。又五胡六朝之世，佛道與儒學爭長，亦互相影響。至於隋唐，古文代今文為儒學正統，然二氏仍在民間擴大其勢力。安史亂後，中國社會、政治、經濟、學術發生大的變化。在文學上，古文運動與白話文運動同時起來，反對駢體文學；而在思想上，則一方面由注疏解放，一方面對二氏獨立，對五經作自由的合理的解釋。此皆以韓愈為中心。另一方面，則由劉秩、杜佑在史學上，由帝王善惡記述或正統閏位之辨轉入制度因革之研究。雖然唐末五代又見軍閥與宦官之亂政，然印刷術之發達與書院講學之風，開闢宋朝之文治時代。自范仲淹、胡安國開風氣之先，有二程、朱熹、陸九淵之哲學，浙東及馬端臨之史學，蘇頌、沈括、秦九韶之科學，以及畫院中精緻寫實藝術，均早已達到西方文藝復興之水準。宋代文化由蒙古人傳入歐洲，才推進了西方文藝復興。自此至於明初，中國文化技術猶領先世界。此由鄭和航海之遠達非洲，可以證明。然中國文化自此逐漸停滯了。十六世紀王陽明出來大放光輝，發動一個思想解放運動。而西方在十七世紀科學革命後更突飛猛進，趕上和超過中國。過去我曾以蠻族三次入侵為中國落後之原因。至是我以為重大關鍵是閉關與航海。朱元璋即位以來，即以家天下之心，定下八股閉關政策，且廢丞相之制，造成太監專政；至嘉靖而徹底閉關。而西方則在鄭和航海事業停止以後，葡萄牙的亨利王子獎勵航海，於是有哥倫布之發現新大陸與葡萄牙人繞好望角而東來。西方之科學、武器、資本主義以及中產階級，都是在航海競爭中發展起來的。一六〇〇年利瑪竇來到北京。許多人以為當時西方科學已較中國進步，實則各有短長，此至近年李約瑟之書更證實此點。不過此時中國政治已經腐敗至極，一個文盲太監（魏忠賢）竟能操生殺予奪之權，滿清亦圖征服中國。此時徐光啓、東林諸人起來，二者也是合作的。魏忠賢殺東林黨人後，復社一批青年起來講經世之學。此即張

(溥)、陳(子龍)、黄(梨洲)、顧(亭林)、王(船山)、顔(習齋)諸儒，他們代表中國學術之最高成就。然不等到他們發生力量，在流寇之亂中，吳三桂引清兵入關了。而一位與他們關係密切的鄭成功在一六六一年(順治十八年)驅逐荷蘭人收復臺灣，表示當時中國人的船砲並不遜於當時海上之雄的荷蘭。自此以後，雖然中國學術還能對萊布尼茲和啓蒙學派發生影響，然到了工業革命和法國革命，中國是瞠乎其後了。於是便有鴉片戰爭以來的國恥。此後我介紹了四個人：龔自珍、魏源、馮桂芬、鄭觀應。我曾將討論中國思想史文章編成《經學與理學》一書，我說經學、理學是中國學問兩大宗，然實際上如李二曲所説：「吾儒之學，以經世為宗。」我又以為，復興中國文化，當由王陽明及明末諸儒出發。很多人説明末諸儒是王學之反動，或以王學為玄學，此實大誤。有了王陽明之思想解放，才有明末諸儒光芒四射之書。《經學與理學》稿曾寄上海大東書局，不久，上海内戰，此稿不知下落。但其大意我曾在〈述學上熊十力先生書〉中的幾首俚詩中述及。而若干結論，採入《古代中國文化與中國知識份子》及《一百三十年來中國思想史綱》中者不少。

民國三十二年，我已與英美訂平等新約。而史達林在擊退德軍後開始攻訐中國「作戰不力」。我也憂慮國共内戰。但我以為，太平洋戰爭後，日本必敗，我國必勝，只要蘇俄、中共的武力不致合流，卽皆不足為患。而全國統一建國的熱心，亦必能使國共皆不敢為戎首。我對中國前途是無限樂觀的。因此，雖然忙於寫作，廢寢忘食已到了影響健康程度，我仍然精神百倍。《祖國》

雖然因印刷所中了敵人炸彈而不久停刊，但正中書局的葉溯中先生願贊助我出版《民主政治月刊》。我主張集中全國人才，成立舉國一致政府，召集制憲國民大會，討論憲法，然後依據憲法，成立憲政政府。當時「政治民主化」、「軍隊國家化」的口號甚為流行，倘能如此，中國就可和平統一，進行建國大計了。

不料在日本投降前一月，我以一個偶然機會知道中蘇正進行談判，此將犧牲外蒙古乃至東北權利。我大為震駭，認為此將使蘇俄與中共軍事合流，不僅八年血戰之功廢於一旦，而且前門出狼，後門進虎，國將不國了。我不揣人微言輕，寫了一個備忘錄，寫信與最高統帥、宋子文和王世杰，主張停止中蘇談判。答覆不得要領。不得已我在八月五日發表了一個個人聲明，反對中蘇談判，寄了幾份與各報社以及參政會幾位元老。結果是最高統帥下令免本兼各職，參政會諸元老亦無回音。八月十五日，日本投降消息與《中蘇友好同盟條約》全文同時公布。此時我知道有雅爾達密約了。我想中蘇條約比二十一條還要嚴重。然二十一條在當年引起五四運動，而中蘇條約竟皆無動於衷，這可見現實主義已經使大家只顧眼前利害，不顧原則，也就不計明日利害了。再想到我當時的新自由主義仍以功效主義為價值判斷標準，雖然在「最大多數最大幸福」之下加了「最長久」的規定，依然有墮入功效主義危險。我覺得義利之辨和康德的責任與良心的道德觀才是對的。我曾欣賞羅斯福的「四大自由」，但他與史達林簽訂雅爾達密約出賣中國，我認為過去對美國估計是不足的。我覺得我的歷史哲學必須重新考慮，而中國與世界也都在大變之中了。

③抗戰勝利以後，蘇俄軍隊與中共軍隊都進入東北，內戰大起。蘇俄不斷在四外長會議中干涉中國內政，並出兵白塔山，製造伊寧事變。我與許多朋友發起和平運動，斥責蘇俄干涉中國內政。中共固然不理，國民黨且派人勸我不要談和平。我在憲法頒布後參加立法委員競選。民國三十七年立法院集會時，我曾提案，說第二國難已來，要求檢討局勢，改革軍事政治，院會不了了之。結果是國民黨政權之崩潰比我預料的還快。三十八年四月南京陷落。五月，我目擊林彪部隊進入武漢。觀其種種舉措，我認為將一代不如一代。六月我逃到香港，日夜思考中國至於今日之由來，以及復興之可能性和道路。我深感中國至於今日，與其責備軍閥官僚，不如責備知識分子。他們救國有心，不幸學問不足。我寫了〈中國之悲劇〉，說西化派否定中國固有文化造成精神真空，才使俄化的共產主義乘虛而入。於是中國人就自動的變為美俄冷戰的代理人。蘇俄一時占在上風，所以有「一面倒」之說了。然則中國的出路何在呢？這一面要看世界局勢的變化，一面看中國知識分子之覺悟與中國一般人民之努力。不久韓戰發生，美俄直接對抗。我由兩國的歷史及當前內外形勢，寫了《俄帝必亡論》。至於中國，我認為必須有新的思想起來，才能代替共產主義。

這只是我的初步見解。我還須給以學問的論證。我蒐閱我已隔離十年的外國書籍；例如東比、索羅金、阿特加講歷史哲學並對西洋文化反省的書，其次是狄爾泰以來，新康德派、邏輯實證派、現象學派以及佛蘭克福派關於史學與社會科學方法論的爭論，謝勒、曼罕知識社會學和阿佛萊·韋柏的歷史、文化社會學，以及美國帕森斯關於麥克斯·韋柏的介紹和所謂構造功能派社會學；其次是比利時皮連芮、荷蘭輝靜加、英國巴拉克羅關於歐洲史新研究，克留且夫斯基與維納茨基等的《俄國史》，法國格魯塞的《中華帝國之興起與光輝》與《歷史之總計》，美國顧理雅的《孔子與中國之道》，英國李約瑟的《中國之科學與文明》之紀念碑的鉅著。我看了德國歷史派曼芮克一文，說史學必須對價值判斷與因果說明都能提出答案。於是我又重讀康德三批判書和胡塞爾的著作。

在我且讀且思之中，我想到曼氏提出的兩大問題皆先須解決人是什麼的問題。我提出「人是創造文化的動物」。文化對自然而言。人類是一種生命，高級生命，他們有生下來的自然狀態，如家族、語言、原始工具（如用樹枝或擲石頭對抗野猪）、村落、部落，部落間交換作物、通婚或戰爭，這也便形成一定的風俗習慣。他們也有較一般動物更高的記憶力，因而將事物連絡起來的思考力。於是他們之中年老的人或聰明的人運用其思考力對種種自然狀態的工具加工（將石頭打磨）；將風俗習慣規則化、制度化；乃至將回憶想像畫成圖畫，或者在高興或悲傷之時將語音拉長，變為歌謠；也有人對天地現象、人類由來以其想像編成神話，或者有人在實際經驗中發現療傷止痛的藥物……。語言與思考力互相促進，結果共同的語言之使用促進民族之形成，而思考對人類自然狀態之不斷加工，促成三大文化構造之形成：技術、制度、學藝。人類文化是保護人類生命，並給之以安樂且為萬物之靈，並使其繼續創造文化的。基於此義，我以為價值判斷必基於康德提出的目的論，即生命與文化之目的，生命之光昌與文化之進步。

歷史上的因果關係應如何解決呢？人類文化不僅是在其部落中產生的，而且是在其更大的自然環境中產生，而又與其外圍的文化不同的部落、國家或遲或早發生和平與戰爭之交涉的。森林或草原，海洋或河川的地理，對外交通是否便利或水旱之災，外部鄰近國家之文化狀態與和戰關係，都要對一民族或國家之文化創造提供發展之方向以及有利與不利機會。

然人類創造了文化，也就創造了歷史。成文歷史至今不過五千餘年，然工具、武器、住宅、宮殿等等都留下年代的標記。而這也就使歷史成為文化史，而文化的盛衰進退，也便在歷史上留下記錄。這記錄也就保持了人類社會的記憶力與思考力。歷史與文化既然都是人造的，人類也便能依據歷史的經驗和教訓，在自己文化的基礎上，針對時勢的需要，進行適當的因革損益。

由此可見，人類歷史上的因果關係是非常複雜而又不斷變動的。一方面，一民族文化有與其自然狀態能否適應的問題（如技術是否落後，人口之增殖，食物之不足，或部落間之衝突）；或者這些文化構造本身能否正常履行其功能問題（如賦稅刑法是否公平，官吏是否廉能）；或者，隨時勢之變遷，一國文化能否對先行狀態加以改進。另一方面，一民族文化的內部構造與其外部構造（自然環境、國際關係）常在互動關係之中。這種互動關係，又因世界交通之促進，而更為增加而增強。然無論國內的、國際的新情勢需要解決之時，一國之人可能意見相同而迅速解決；

而亦可能因不同意見相持不下而互相鬥爭，變成內戰（如中國）。卽使原因相同，結果並不相同。所以歷史上的因果關係與自然科學上同因生同果的原則是不相同的。不可否認歷史上的因果關係，不過這種關係常在變動之中，所以歷史的變化是有多種可能的。又歷史上原因都是通過人力進行的，都是人為的，也就是人力可以改變的。正如伍子胥說「我能覆楚」，申包胥說「我能存楚」。因為事在人為，歷史並無規律、法則可言。歷史旣有多種可能結果，我們自應選擇最佳結果，這就是價值判斷之重要了。

由於人類歷史上因果之網是牽連廣泛的，而人類之經驗也是不斷增加的，研究歷史必須在整個歷史發展中看各民族文化之興衰，對各民族文化之形成作比較研究，了解其得失興衰之故，也就可以了解我們中國人在世界史中的地位，進而博通世界上的經驗知識，於是才能談出路問題。

在我解決了價值判斷問題和史學學問方法問題以後，我將二者合起來稱為文化批評的理論，為我的哲學的一大主要部分。將文化批評在歷史上展開，我稱之為「理論歷史學」，此卽研究世界史的變形，中西俄的歷史與文化，以及國際形勢的變化與中國問題。我應用理論歷史學在民國四十二年寫成《古代中國文化與中國知識份子》的古代篇。結論是應對自己文化進行因革損益，創造新中國文化。另一說法是「超越傳統主義、西化主義、俄化主義而前進。」這口號雖是在民國五十一年正式提出，實際上在抗戰時期和三十八年到香港後就談過的。

這是我自一九三一年《唯物史觀藝術論》到一九五三年《古代中國文化與中國知識份子》關於歷史哲學觀念變化之由來與經過。這也是一個因革損益的過程，過去兩期的想法，仍有保留於第三期者。至於第三期之較詳說明，見於本集諸文。

四

我生活於我國家、我同胞最不幸的時代。我無其他才能報効我偉大而不幸的祖國，只有多讀深思，寫出文章，意在喚起同心，共同努力。六十多年來，大概寫了二千多萬字。除已印成書本者外，單篇文章也準備印成若干類編。十多年前，周玉山先生就曾為我編成一本文選，交某書店印行，該書店停業，遂作罷論。今年周先生再提此議，我提供了一些文章。周先生說他已與東大圖書公司商量好，以五十萬字為宜，乃由他再精選一次，始成此集。這都是理論性的文章。他選得甚好，而且承他親自校對，特誌謝忱。

我寫此長序，乃欲告我讀者，文中所說不論大家覺得對與不對，是我在國家憂患之中讀書七十年辛苦得來，而且是在國家與世界大亂之際一而再，再而三沈痛反省得來。

前面我說此是第一次文選。此是因為最近北京、武漢友人都有信來，要為我出文選。我準備以編年體為北京編一本，依分類——除哲學、文學、史學外，加上國際政治與中國問題，為武漢編一本。我預料有許多文章在大陸未便刊出，我預備將大陸不便刊印的自印一集。但四集將各自獨立，無重複者。唯不知何日可完也。

民國八十二年十二月二日
於臺北新店中央新村

哲學與思想　目次

我的哲學簡述

尉天驄先生要我專寫一文談我的哲學思想。事實上，我的文章都是由我的哲學觀點出發的。現在將有關哲學者集中起來，作一簡述。

(一)西方哲學問題

如大家所知，哲學一詞，係日人對「philosophy」之譯語，此字來自希臘，義云「愛智」。哲者，智也。

哲學一詞在西方其始指人生之智慧，此後用於各種知識學問之全稱，尤其是究竟實在之探討，即亞理斯多德之形而上學。至十七世紀，牛頓之天文物理學仍稱「自然哲學」。啓蒙時代討論社會問題之書，亦稱「道德哲學」。

在西方中世，神學至上，信仰第一，哲學是「神學之婢女」。文藝復興後，知識日見重要，理性之地位日增，於是十七世紀以來，由拉丁文來之 science 一字爲學者所用（如培根、維可），此字意爲知識（knowledge）、學問（learning），德文之「Wissenschaft」亦包含知識學問二義。於是哲學亦轉向知識論、方法論之探討。此外，對於形而上學，有的與存在論（舊譯本體論）用於同義（如 Calovius）；有的將形而上學分爲宇宙論、存在論、心理學與神學（Wolff）。十八世紀科學日益發達，康德對形而上學原取保留態度。他的三批判書是對科學、道德、藝術奠立理論根據之書，使哲學成爲各種學問基本原理之學，此亦有助於科學之進步。賽因斯一詞之普遍使用，實爲十九世紀初期以來之事。我國先譯「格致」，後沿用日人科學之譯語，蓋取分科研究之意，實不甚佳。唯沿用已久，亦約定俗成耳。

十九世紀以來，各種科學獨立發展，以實證之成績確立其地位，昔日的道德哲學也要倣效物理學來建立了。哲學似乎無所事事，且有哲學無用之論。而此時黑格爾出來，講精神之邏輯和「時代精神」之歷史哲學。然孔德的實證哲學正在流行，黑格爾派遂發生分裂。形而上學被認爲是過時之學了。然亦如叔本華所說，人類有形而上學要求。十九世紀後期，陸宰認爲形而上學之目的是研究價值，事實與普遍法則則是手段。繼而新康德派之文德班認爲哲學是要對我們實際生活和科學知識進行反省的思考，建立一個正確的世界觀。英國斯賓塞則謂哲學爲研究第一原理之學，或者綜合科學之學。亦有謂科學哲學之分界，在於一能實驗證明，一僅在思辯階段，尙待證明者。此時是科學萬能的時代，敎哲學的人大都講哲學史，哲學似乎沒有特別的題目了。

此時法國人認為道德崩潰，已至「世紀末」。尼采報告「上帝已死」，虛無主義已來到歐洲。至二十世紀第一次大戰後，歐洲人高叫西方文化危機，蘇俄則以馬列主義對西方挑戰。在西方文化危機中，哲學的地位又見提高。英美觀念論大盛，在歐陸柏格森、杜里舒等以生命名義批評機械論的科學，傳到中國，有科玄之戰。但新科學之發展（量子論、相對論）鞏固了科學的權威，實在論起來反駁觀念論，這還是十八、九世紀哲學之延長。

由於第一次大戰後凡爾賽體制之不正不公，在義德發生法西斯運動。經過經濟大恐慌，使世界進入二次大戰，大戰結果，四百年來主導世界文化的歐洲，一時倒下被美俄所瓜分了。

歐洲之倒下，遠因是其虛無主義與好戰（見下），而近因則是其主流的自由主義受到左右之夾攻，同時在哲學上未能形成一個主流使西方文化能重返正軌。二十世紀以來，他們也有人談到哲學就是要建立世界觀與人生觀，也有人提出，哲學是科學的批評，這是很正確的。但他們沒有循此發展下去，而盡力探求哲學的新題目。梅倫說哲學要研究「對象」乃至「圓的方」，胡塞爾說哲學應直觀事物之本質。而他的學生海德格則以為哲學要研究人之實存狀況，那是走向死亡之無聊過程。羅素認為哲學就是邏輯。邏輯實證論要以哲學為科學婢女，遵照科學報告格式製造科學語言，而牛津學派認為哲學是日常語言的分析。卡西列說人類意識是要將世界符號化，而雅士培說哲學是要經由暗號解讀而接觸萬有。馬理當認為文藝復興使歐洲文化誤入歧途，哲學應回到聖多瑪的人文主義。二十世紀以來，新舊教神學較十九世紀有更為興盛之勢。這是與孔德三階段說根本相反的。

由上可見，西方所謂哲學似乎沒有固定的問題與內容。不過就西方哲學史而言，他們自古迄今，討論的問題主要有三：存在論、認識論、價值論。文德班之《哲學概論》是西方哲學教科書之藍本，其中分哲學為理論、實踐二部：理論部分包括存在論、變化論（又譯生成論，即因果論與目的論）、認識論；實踐則指價值論。他所謂理論部分也就是形而上學（還有神學）。二十世紀有兩大形而上學系統，一為N．哈特曼之《存在論》，二為淮德海之《宇宙論》。兩人也都討論知識論和價值論。故西方哲學內容，可列為左表：

- 哲學
  - 形而上學
    - 存在論或宇宙論
    - 知識論或認識論
  - 價值論

此外，有種種特殊哲學，如自然哲學、歷史哲學、藝術哲學、政治哲學、經濟哲學、法律哲學、宗教哲學等等，都是討論各種範圍的基本原理或理論根據的。

（二）中國哲學之特色

我國先秦之世，「經」相當於西方之哲學。「六經」是儒家哲學，《墨經》是墨家哲學，《道德經》

是道家哲學。其他諸子各以其書代表其哲學。而「道」之一字，是各家認爲最高原理者。漢代《淮南子》討論宇宙，董仲舒講歷史哲學。至於魏晉六朝則有「玄學」。《周易》、《老》、《莊》，討論有無，此與佛敎之空有二宗，都是存在論。宋代有「道學」「理學」，他們的文章、語錄，也都談到宇宙論、知識論和價值論的問題。至王陽明提倡心學，丁文江說他是玄學家，其實王陽明說「致吾心之良知於事事物物」，是以理性思考事物之意，我曾以其所說與笛卡兒之書對照，是非常相似的。（按當時玄學，係 Metaphysics 之譯語，然稱之爲「玄學鬼」，不僅輕蔑，而且仇視了。）

又從前馮友蘭說中國過去無現代哲學，此殆指無知識論而言。其實中國自「格物致知」、「無徵不信」、「博學、審問、愼思、明辨、篤行」，以至宋人區別「聞見之知」、「德性之知」，都包含知識論在內。不久以前，還有人說中國文化是「反智的」。此一由他們對英文反主智（anti-intellectualism）之誤解，二由於他們忘記智是中庸三達德之首，也忘記「一物不知，儒者之恥」的古訓。

實際上，近世西方諸國之重視知識而有哲學上之知識論，乃因在中世信仰重於知識，其後亦僅以書本上之知識爲知識。文藝復興後由自然求知，毋寧是受了中國和回敎的影響。

在學問上，中國的天文曆算之學、植物學、醫學、農學、陶磁學、建築學，都因有實驗、實用基礎，足稱科學。明代航海學較之哥倫布的水準只有過之而無不及，只是明代實行閉關之政，講八股之學，才使中國學術停滯下來，而西方人在航海殖民事業中猛進，使他們的學問在十六世紀趕上中國，在十七世紀超過中國了。因此，在哲學的知識論方面不如西方之精密亦是事實。然在價值論方面，中國則有其長處。此不僅指人文主義的道德學說而言，在美學和文藝理論方面——如《詩品》、《文心雕龍》、《古畫品錄》及《詩話文評》等——是至今仍有其價值的。

中國學問與哲學最卓越者，我以爲是史學與歷史哲學。西方的歷史學，直到蘭克時代，還是政治史。以後才有經濟史與文化史、文學史。二十世紀才有世界史，而除了哲學史、社會主義史較早外，思想史之引起史學界重視，是兩次大戰以來之事。然中國正史自《史記》、《漢書》以來，都有當時外國之事，以致今日亞洲各國歷史，須取材中國史書。此外儒林、文苑、方技、藝術以至名醫、列女、富商、隱士，均與帝王將相，同登正史。此外如《荆楚歲時記》、《東京夢華錄》之記民間風俗市場，《明儒學案》等思想史，皆早於西方遠甚。所以中國史書，早已是文化史。於是由歷史來討論哲學也自然成爲文化哲學，我們稱爲經世之學。我國在形而上學之研究方面或不及西人之精深，然在歷史、文化哲學方面，則西方不如中國之切實。略舉數點：一、我們認爲史學之目的，是「鑑往知來」。如何鑑往知來？此卽司馬光所謂「鑒前世之興衰，考當今之得失。」二、歷史是不斷變化，不斷有新問題發生的，我們必須在制度上、學術上與時變通，進行因革損益，使國家治而不亂。如揚雄所說「可則因，否則革；新則襲，敝則益損之」（《法言》）。班固所謂「因史立法」卽由歷史經驗進行適當的因革損益。三、我們早看出歷史變化的原因。有的注意地理因素（《左・僖十五》，「生其水土而知其人心」）；有的注意生活方式（如太史公分西域爲居國、行國》；有的注意政治（《左傳》，「國家之敗，由官邪也」）；有的注意經濟和道德（《管子》，「衣食足然後知榮辱」、「四維不張，國乃滅亡」）；有的注意到技術之進步（葉適云：「上古聖人之治天下，其道在於器度，其通變在於事物」）。然更根本的原因，總是「得人心者昌，失人心者亡」（《孟子》）；「與民爲仇者，或遲或速而民必勝之」（賈誼）。而如何治國以及如何改革，必須人才與學問（王符《潛夫論》云：「爲國以富民爲本，以正學爲基」；「天地之所貴者人也，聖人之所尚者義也，德義之所成者智也，明智之所求者學問也。」）但治國之道，有當變與不變的。「衣服器械，各便其用；法令制度，各因其宜」；「治國有常，而利民爲本」；「仁以爲經，義以爲緯，此萬世不變者也」《淮南子》。四、中國歷史哲學有其目的論。此即上述仁經義緯，萬世不變之道。蓋無論個人或國家不斷有人意圖損人利己，爲獨裁獨霸之計，但無不在歷史上證明失敗，故人智終必覺悟必須互助以求存，此種歷史目的論是與猶太教、基督教及其他宗教之末日論大不相同的。（我過去論中國歷史哲學之文，以《中華雜誌》六十五年四月號〈歷史哲學與史學方法論（中）〉較詳）

（三）我的哲學內容

我的哲學，依然是討論哲學上三大傳統問題——存在論、知識論、價值論。不過我將知識論提升爲學問方法論。理由是：其一，西方四百多年來，在知識由來上是理性論與經驗論之爭。在知識之形成上，是觀念論與實在論之爭。此種論爭，不過主體客體重點之不同。事實上，認識或知識之形成，總是主體、客體之不斷對話。所以四種理論，是可以並存的。再者，數學家維爾(H. Weyl)之《同型寫像論》(*Isomophism*)可說是相當的解決。

其次，近世哲學之知識論，是方法論的前提，如培根之《新工具》，笛卡兒之《方法論》。他們說的，還是論理學的問題。但學問(科學)是有組織、有系統而經過證明的知識，不是零碎的斷片的知識。它不僅包含學者個人之見聞知識，而且要參考今人或古人的見聞知識，所以知識是社會的知識，歷史的知識；還要不斷觀察，訴諸想像，反覆推理；又或者在太空攝影，由光譜推遠處星體之存在；或者由核子之撞擊，推測某種粒子之存在。這都不是知識論所能範圍的。要之，方法論可以包括知識論，而知識論不能包括方法論。

其三，西方人在自然科學方法論上的成功，使他們有自然科學之迅速發展，也增強了他們的力量。但他們將自然科學方法擴張於歷史、社會科學，卻造成他們在社會科學上之失敗，並使「科學帝國主義」促進帝國主義，危害人類。

而中國在學問落伍以後，遭遇更慘。除了在長期戰敗，割地賠款訂不平等條約以外，又在自己學習西學過程中漸忘其所有，且進而盡棄其所有，這不僅造成許多精力浪費，而且在全盤西化之時誤解他人的科學方法，科學既無所成就，又轉而從事俄化，並多方被人誤導，造成自相殘害

的惡果而尚不知悔。（詳下）

由於學問方法論包括知識論，而西方將自然科學方法應用於歷史社會科學，我們的誤解、及被誤導，造成世界及中國之損害必須糾正，所以我將知識論改為學問之方法論，此與價值判斷論結合起來，可以進行文化批評成為文化哲學基礎。此外，我還有兩點用意：一則，中國學問之特色既是史學和歷史哲學，我有意在史學方法論方面對中國哲學加以發揮。其次，如果哲學是一個時代最重大問題，則我也以為文化批評應是現在哲學最重大任務。我的哲學內容可如下表：

哲學
- 存在之分析
- 學問方法論 ＼
- 價值判斷論 ／ 文化之批評

（四）存在之分析

我的存在論，受突創進化論的影響。一九二〇年澳洲哲學家亞歷山大出版《時空與神》，提出突創進化論或層創論。世界時空及事件之總體的現在的存在，共有四層：①純粹運動，②物質，③生命，④心靈。將來的第五層將是神性。同時或稍早，英國生物學家摩爾干分世界為四層：①心理物理事件，②生命，③心靈，④精神或上帝。突創進化論與達爾文進化論不同者，在後者認爲進化是一逐漸而連續過程，而前者則認爲進化有突進、有創新、有層次，而各層次是累積的，不可還原的。突創進化論始意是要對自然之歷史作一種說明，但對後來的存在論亦有影響。例如淮德海亦主張宇宙是一種創造的前進。N．哈特曼分實在存在爲四層：物質、生命、心靈、精神；與其對應的認識存在，則有知覺、直觀、認識、知識。在實在世界之構成中，對十二範疇定立了許多法則，如較低層法則性愈強，而較高層則自由愈多等，亦與突創論相近。我將他們的四層或五層簡化爲物質、生命、人類三層。又一九五五年，曾參與「北京人」之發現的法國神父德日進著《人之現象》，說宇宙中最基本的成分之粒子亦有意識或精神能。此是與突創論不同和相反，而我不取的。

我的存在論，主要來自中國哲學。《易傳》以天地人爲三才（卽材）；又說，「有天地而後萬物生焉」，地上之物，如岩石、水土，是天帶來的，天地所生之萬物主要是生物，卽動植物，終於突出人類。所以我們古來所說天地人，恰與物質、生命與人類心靈、精神相當。《易傳》並說三極或三層各有法則：「有天道焉，有地道焉，有人道焉。」「立天之道，曰陰與陽；立地之道，曰柔與剛；立人之道，曰仁與義。」又說：「剛柔相推而生變化。」剛柔指晝夜，亦卽時間，蓋謂在時間中萬物發生變化。當地球離開天體而自己運行之後，又受太陽及大氣影響，有水、有沼氣、有藻類、有植物、動物，然後有人類。亞歷山大以神爲最後階層存在，《易經》雖爲占卜之書，而其所謂「神也者，妙萬物而爲言者也。」

到了漢初，我們又以宇宙稱天地。四方上下曰宇，往古來今曰宙。《淮南子》以人頭圓而足方，等於小宇宙。德國史賓格勒稱歷史爲「第二宇宙」(此人謬論甚多，但第二宇宙之說可取)。

在此劃分之後，固然有許多法則可以提出，我以爲最重要之點有四：

其一，就變化法則而言，三層次有同有不同。同者，三層次都受因果關係之支配；不同者，支配之程度不同(如N．哈特曼之所說)。其次，在生命與人文層次，則目的衝動或目的意識發生決定性的作用。在物質界，其運動變化完全受因果法則之支配。在生命界，自單細胞以至植物動物，一方面有生長、生育之目的或本能與衝動；另一方面，也要受自然環境、生存競爭，因而在自然淘汰、人爲淘汰之因果作用影響下而變化。至於人類，他抱著生命安全，生活改善，以及發揮其才智，保衛其國家種種顯明目的，進行創造歷史文化，但他的工作及其成敗，與其時代及國家的文化狀態、國際情形，又有因果關係。不過此種因果關係，與物質界、生命界不同者，不是絕對的、固定的，而是隨時間之推移及人羣之努力的方向而使因果關係發生變化的。亞歷山大認爲純粹運動是三層次的原始狀態，我以爲由於因果關係與目的意識程度之不同，使物質、生命、人文三界在宇宙進化過程中表現爲運動、生育、創造三種動態或過程。

其二，三層次不可還原。三層次各有其學問。如物質界之天文學、物理學、無機化學。如生命層之有機化學、生物學、以及分子生物學。人文層之人文社會科學、文學、藝術以及哲學。不能還原者，雖然生命層由物質層突然的創進而出，但大都由於在一種特殊的條件之下所產生，我們不可以物理、化學來解釋生命。為生命基礎的蛋白質能複製自己，是不久以前分子生物學才知道，這不是物理、化學所能說明的。又如，雖然人類是由類人猿進化而來，但數千年間，我們不曾看見有何處類人猿進化而為人類。大概當初變人的那一科猿類是在一種特殊條件下成長，獲得特殊能力——如有音節的發聲——而成為人的。我們可以將人與動物比較，但不能以動物或猩猩來說明人類。這原是突創進化論之原則。

其三，是不可將三層次合而為一。萬物有靈論以一切東西，如木石，皆有靈魂；反之，唯物論者以一切都是物質。十八世紀 La Mettrie 以人是機器，近世柏格森反對唯物論，但以人與昆蟲之不同只是生命躍動方向之不同；一向本能發展，使用有機工具；一向悟性發展，使用無機工具。近年以來，我國新儒學家喜歡說「心物合一」、「天人合一」是我國文化特色。如果心物合一，既無思想之可言，亦無對象之可言了。而《易經》區別天道地道人道，顯然不主張天人之合一。子產說「天道遠，人道邇」，申包胥講「天人交相勝」，《中庸》說「道不遠人」，皆可見儒家無天人合一之說。孟子說「天時不如地利，地利不如人和」，也是將三者分開的。西方哲學上有唯物論、生機論、觀念論之相爭，也表示三層之不能相合。不過他們有「人與上帝結合」之說，也可說是「天人合一」論。德日進說的人類進化的終點（omega），也是「天人合一」論。

其四，中國文化特色是人文主義，不可能講天人合一。這不是說，物質、生命、人文，或者天地人三層沒有關聯或不當發生關係。沒有太陽，地球亦不能存在。我們早說過「有天地然後有萬物」。我們也主張效法天地之道。此指兩點而言：一是不斷活動，「天行健，君子以自強不息」。「君子以厚德載物」；其次，「天地之大德曰生」，所以應「體上天有好生之德」，效天地之高明博厚，法天地之無私，「贊天地之化育而與天地參」（與天地並立爲三）。與天地並立亦非合一。道家尤其主張「道法自然」，雖然他們說的天道與儒家有點不同。

最重要的是應求天地人的大諧和——所謂「太和」。天地的運動早已進入平衡狀態了，但還有人的問題。我們說順天應人，說愛惜物力，不可暴殄天物，說斧斤以時入山林，說人不可與水爭地，都是求人與天地之諧和。近世西方人以科學可以「征服自然」，直至本世紀二次大戰以後，才知道地球資源之有限，才知道必須保護環境，也就是保持人地之諧和。人類雖站在進化的巔峰，畢竟依賴自然而生，所以古人說天心仁愛；王陽明說到「天地萬物一體之仁」，這也就是普遍的愛心。西人最知此義者，有施懷澤。

據上所言，可見次頁：

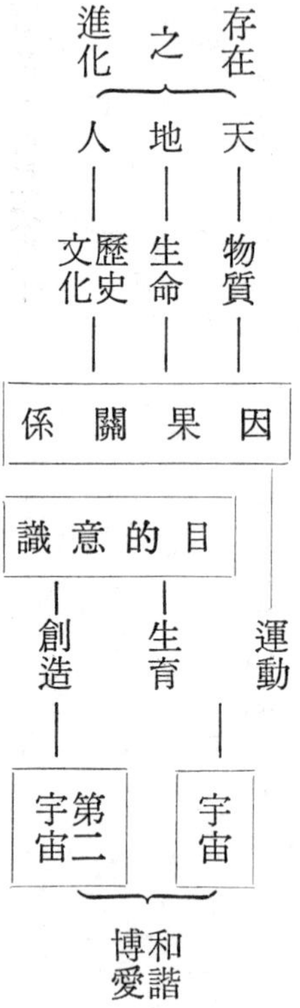

（我過去論存在之文較詳者有《論多元的宇宙》，見《世紀中文錄》）

(五) 文化之批評

九一八前夕，當我的興趣由文藝史轉向哲學與歷史哲學時，世界哲學界也常在各種科學獨立後討論哲學的任務。我逐漸認爲哲學應該是文化之批評，而批評的憑藉則是學問方法論和價值論。這觀念由下述種種而來。其一，當時已有哲學是科學批評之說，而義大利哲學家克羅采認爲哲學卽歷史哲學，辦了一個雜誌，名曰《批評》，副題是「文學、史學、哲學之評論」。我認爲哲學任務還可擴張到整個文化。其次，我當時正熱心於馬克斯主義，尤其是唯物史觀（對於唯物辯證法或階級鬥爭，我從未重視），我認爲這是研究歷史與社會科學的正當方法，但對於價值標準，我不贊成馬克斯的階級觀點，而贊成馬克斯主義以前的自由主義。唯物史觀的方法論，自由主義的價值論是文化批評的兩個支柱，所以九一八後我回國創辦《文化評論》。以後我對唯物史觀與自由主義的看法有變，但以哲學爲文化批評，而以方法論與價值論爲支柱的主張則始終未變，只是增強根據，擴張方法論與價值論之內容。

我之所以在九一八前夕由文藝轉向歷史哲學，由於中國內戰正烈，預料日本將要大舉進攻，我想由歷史哲學的研究，探討中國與世界之將來。接著日本不斷進攻，希特勒崛起，中國與世界進入大亂之中。我也更勤的閱讀中外史學之書，我曾在抗戰初期寫了一本《歷史哲學概論》，這是我十年思考的結論，此時我已放棄馬克斯主義，並認爲西方人已違背自由主義了。經過抗戰與二次大戰以及經由雅爾達而使大陸變色以後，我重新考慮我的歷史哲學，也看了戰後西洋人的史學新著，我在民國四十年達到我現在的見解。這是九一八後二十年了。

此時我曾對史學下一定義：「史學爲研究人類活動及其成績之經過之學，換言之，史學對象是全人類文化發展之過程及其形態之變化，簡言之，歷史卽文化史。」因此，歷史哲學卽文化哲學或文化批評，我亦曾稱之爲理論歷史學。

這理論歷史學或文化批評之理論根據是哲學人類學，卽人爲創造文化之動物，人創造了文化也便是創造歷史，此其所以爲「第二宇宙」之主體。文化批評有兩大手續：一由史學方法論看各民族文化形成與變化的原因，一由價值判斷論其得失；並由其現狀看其可能的前途與應有的前途；最後，還可由文化批評得到人生哲學。自是以來，我寫《古代中國文化與中國知識分子》以及評論世事之書文，都是我的文化批評之應用。茲述其要點於下。

(六) 哲學人類學——人為創造文化的動物

人是什麼？亞理斯多德說，人是「理性動物」，人是「社會動物」。富蘭克林說，人是「製造工具的動物」。近年以來，很多人說人是「能夠語言的動物」。現象學派的謝勒說，人是「能認識本質的動物」。實存派的海德格說，人是抛到世間的現存在。

周武王說「惟人萬物之靈。」孔子說「人者天地之心。」孟子說「人之異於禽獸者幾希」，異者，在人有四端：是非之心、惻隱之心、羞惡之心、辭讓之心。為人之道，亦擴充此四端而已，四端是眞妄之別與道德意識。

整個馬克斯學說，是由「人是製造工具的動物」這一基本命題出發的；於是有生產力之學說，而生產力充分解放後，便能有「各盡所能，各取所需」的天堂。

其實，馬克斯也知道，人類使用工具是在社會勞動、集體勞動中發生的。人類在使用工具時，不僅先在腦中有工具的觀念，此是理性能力的表現，而且此時必已有家族乃至部落之組織，工具是在合作互助中集體智慧之產物，即所謂「社會的動物」也。我國稱許多原始發明家為燧人氏、伏羲氏、神農氏，也表示用火、漁獵、耕種之技術，是氏族之集體發明。而在人類使用集體智慧製作工具時不僅已有語言，而且一定有神話，神話中人物，如盤古氏，如雷公與電母，都是使用一定工具的。工具是一系列文化中之技術，不是單獨發明的。所以應該說，人是創造文化的動物。

我將文化與自然對照：自然產生自然、銀河、太陽、地球、山河大地、動植物，都是天造地設，也可說是自然本身的變化。文化則是人類的人力人工創造的。我將文化、文明用於同義，指一切人造物而言，這包括：技術（工具）、制度（社會、政治、經濟等）、學藝——自語言文字、道德風習、神話宗教、各種科學、文學藝術與哲學。

人類創造了文化和文字，也便創造了歷史。文化的進步使人類對自己生活的變化發生深刻印象，而文字則將變動的大事記錄下來。於是人類的歷史卽文化史，而哲學也便成爲文化哲學或批評。

卡西列說人與動物之不同，在人類並非生活於物質世界中，而是生活於符號世界中，卽語言、神話、藝術、宗教，乃至歷史、科學中。這些東西將人類複雜混亂經驗組成符號之網，而由此人工媒介來了解外界事物，而走入文明之路（*An Essay on Man*，第二章、第三章）。但他所說的符號並不包括工具和制度。而說動物由信號（sign）反應（reaction）刺激，而人則能由符號（symbol）來回應（response）刺激，未免晦澀而牽強。我以爲不如將他說的象徵形式與人工媒介直接稱爲文化或文明。

（七）何以人能創造文化？

然則何以人能創造文化而其他動物不能？

動物有認知力，如犬認識其主人。動物有一定想像力，如猴能模倣人類動作。動物有一定組織力，如蟻能列陣而戰，鵲能以樹枝建巢，幾乎製造工具了，鳥類能辨別方向，候鳥且能預感氣候，結隊遷居。動物雖不能言語，然能以聲音表示某種東西之存在與情緒，甚至據前蘇俄植物學家之研究，植物也能表示感情而發笑。談到能力，人不如牛馬，更不如獅虎，也不如鳥之能飛天、魚之能游水。但人有兩種能力，是其他動物所沒有的。一是形成抽象概念之能力。例如一與多，原因與結果，卽康德所謂悟性範疇者。實際上，人類經驗中，是無數因果關係之連環。遇著一件新事件之發生，就是小孩也不約而同的問「爲什麼？」常識豐富的人記得很多個別事物間的因果與同因生同果的過程。學問（科學）就是要有組織的研究同類事物間的不變關係，這主要也就是因果關係。而人類生活方式，從漁獵到農業，其技術與工具無不利用自然界因果關係，而到工業時代，這關係計算得更爲精密。

二是人類在共同生活中，由共同的平安、愉快之願望，產生生活上精神價值的觀念，形成共同生活規範的能力。植物有向水性、向土性，植物與動物皆有個體保存、種族保存之本能。此亦皆可謂目的。但到了人類，在社會生活中形成明確的共同目的，例如安全、安定、和睦、互助，並且還希望在精神上生活得如意、有意義。這包括自由、自主和對同類的責任，於是發生了美、善、眞的價值觀念。爲使美的價值具體化，就有身體裝飾以及歌舞等，由此有文學藝術之發展。

我們甚至難以否定禽獸亦有一定道德意識。虎不食其子，母鷄保護其雛，烏鴉反哺，蜂蟻勤奮的集體勞動，牛羊成羣在草原上「各取所需」而不相犯，而歷代文章中所記義犬之事甚多，甚至主人死而犬亦不食而死。這無論是出於種族保存之本能，或對愛護者的感激，也都是道德的根苗。但到了人類，爲了共同生活之秩序與安寧，爲了衣食足之外還有品質之提高，於是有正義、公道的觀念，爲人「應該」如是之規範。於是形成風俗和習慣，道德之褒貶，繼而包含於種種制度之中，而對違反道德致於危害他人和社會者，以法律加以制裁。

有了目的以後，自必講求實現的手段。在一切手段之中，最基本的就是求知、求眞（眞知識）。而所謂知，關鍵是事物因果關係。而就種種手段以及求知而言，目的又成爲原因（亞理斯多德所謂目的因或究竟因）了。但人類追求因果關係，走過非常廻曲的路，不僅中外神話、巫術都用因果說明，我國的陰陽五行說，更是應用因果關係的。不過他們所說的因果關係多是基於想像的。十七世紀以前，我們由長期經驗和推理知道許多事物之因果關係；而因果關係之大明及其證實，是十七世紀科學方法確立以後之事。

要而言之：人類能夠創造文化，由於人類能把握存在之變化的兩大原理——原因與結果，目的與手段，因而有道德與學問之相互推進。而我所說文化批評之兩大根據，也就是對創造文化的兩大動力成績之審議而已。

（八）自然科學與社會科學之同異

我所謂學問，即一般所稱之科學。在英美法，單說科學，指自然科學，關於人類社會之學，則稱社會科學，或人文科學。德國人則自然科學、精神科學（文化科學）分別使用。

何謂科學？爲簡便計，我引用愛因斯坦有名的定義：科學是一種理論構造，這構造是思想上邏輯的一貫系統，足以將我們混沌而複雜的感官經驗整理起來，使能與思想系統相符合，即使個別的經驗能與理論構造發生關聯。他又說：科學是人類的一種主觀的努力，但要尋求獨立於人類主觀的事物之間的關係，一種不變的關係。

科學是人類有系統的眞知識，是一套眞實命題或理論，包含諸多概念（如速度、溫度、電子、質子等）。所謂有系統眞知識者，即概念、命題形成構造，構造全體一貫，而皆與感官經驗對應。不變關係者，包括因果關係、相互關係或函數關係。這就形成許多科學上的法則（定律）。我們藉科學的理論與定律來應付外界事實，有如以地圖來旅行或訪友一樣。科學給人類以預見力，使我們可以早爲之準備，而且，了解事物性狀及其與他事物之關係，我們可以由果推因，設計發展種種技術，加以控制，利用厚生。

愛因斯坦的定義是就自然科學而言，對於社會科學即不能完全適用。固然，由於人性有基本的相同之點，我們可對人類社會現象，即人類在社會中的活動，作學問的研究，而這研究也同樣是要求得社會現象中之因果關係。但是，社會現象與自然現象有極大的不同。一則，自然事物的性質及其相互關係比較固定，例如今天的太陽還是數十億年前的太陽，地球繞日已數十億年了，而此處的空氣和水與美國的空氣和水是一樣的，這是可以直接觀察而獲得感官經驗的。但是歷史固然不能直接觀察，各國人民的思想和行動，政治經濟現象各不相同，甚至一國早晚不同（如去年俄國政變之日）。對此如僅憑感官經驗，將毫無意義，而是必須通過一國歷史文化才能理解的。二則，自然現象是物質運動中相互作用之過程，其中只有不變的因果關係，無所謂目的，也就用不著價值判斷。而社會中的人類活動皆是有目的的（無論有意識或無意識），這目的構成其活動的原因，而其活動的方式亦受其他因素的影響，所以社會科學無法避免價值判斷。所謂行為科學說不論價值，不過表示其維護現狀的態度而已，所以至今並無普遍的社會科學。最成熟的經濟學，如魯賓生夫人所說，一半是科學，一半是意識形態。如何避免意識形態，是社會科學根本問題。由於有此兩大不同，兩種科學的方法不能一樣。

（九）西方自然科學方法之偉大成功

人類自古以來就多少知道使用科學方法。神農嘗百草，是實驗，《堯典》所載派四人觀察四中星以定曆法，是許多世代觀察的結果。不過明確的科學方法，是伽利略和牛頓以來，即科學革命以來之事。伽利略之所以能夠奠定近代科學者，一是萊翁納朵・達・文西提倡實驗；二是文藝復興以來數學大有進步；三是航海之需要，他在造船廠中由工匠們獲得種種啓示；四是恰恰此時望遠鏡發明，增加了觀察的效果；五是當時義大利人已在醫學上進行疾病原因的研究；最後是羅馬法的復活，受到「自然法」的啓示。先是羅馬貴族爲求平民合作，先有「公民法」，其後版圖擴大，乃有「萬民法」。此後受克己派（Stoic）「四海之內皆兄弟也」之影響，乃有「自然法」之觀念，以一切法律應用於一切人類。這司法上之自然法很容易轉變爲「自然之法則」。時至今日，科學上之定律皆以「law」稱之。

伽利略的方法大體如下：

ⓐ觀察討論的現象，選出共同的特點。

ⓑ思考這些特點的本質內容，歸納出一個特殊的原理（暫定的假說）。

ⓒ對此假說的原理演繹出詳細的結果。

ⓓ觀察相同或相似的現象，在經驗上在實驗中加以證實。

ⓔ然後對此假說加以接受或放棄。

這實驗方法是與數學並行的：

ⓐ對於選出的特點應以量的術語表示。

ⓑ假說的形成應包含量的觀察到量的數學關係。

ⓒ由假說演繹其結果，加以證實。

ⓓ在條件變動後繼續觀察，盡可能包括數學大小之計量。

ⓔ假說之接受與拒絕。

ⓕ一個接受的法則將作爲付諸實驗的新假說之出發點。

(J. Needham, *Science and Civilization in China*，第三卷一六一、一五六頁引用 Crombie 與 Koyr'e 之書)

所謂「共同特點」，也就是概念。所謂應以量的術語表示，例如牛頓萬有引力定律：兩物體間引力之大小，與其距離之平方爲反比，與其質量之平方爲正比。萬有引力不僅是蘋果落地的原因，也是天體運動軌道形成的原因。

牛頓以後，因果法則成爲科學方法探求之對象。休謨首先對因果法則提出懷疑，此刺激康德之研究，他終認爲是「第一原理」。十九世紀初法國拉普拉斯說，如我們能知現在(之因果法則)，我們就能知未來。英國穆勒認爲歸納法是科學方法的主體，其目的在探求事物間之不變關係——因果關係；而自然之整齊性則爲歸納法之根據。所謂因果關係不指個別事實間之關係，而是在事件之「類」之間成立的。要而言之，「在相等之條件下，常有相等之事發生。」但他也提到歸納法之蓋然性。因果律多少有決定論之性質。二十世紀量子論出來，有不定原理，因果性頗受懷疑。然不定原理指在小宇宙中人類觀察力之有限，如原子運動之速度與位置不能同時測定。於是概率法則、統計法則又與歸納法併用，這是熱力學第二法則發現後的一種趨勢。事實上，四百年來，科學上一切重大發明，都是在觀察、實驗、數學及因果推理過程中獲得的；也沒有一個科學家說世間之事可以無因而發生。

在生物學上，方法與物理學已不完全相同。林納的植物分類學，達爾文的進化論，孟德爾的遺傳論是生物學上的三大理論。二十世紀以來，分子生物學成爲新的學科。在方法論上，較早的是組織分析法，以有機體構造之解剖、比較爲實驗方法。十九世紀以來，原因分析又爲許多生物學家所採用了。兩種方法都獲得重要的成績。

(十)自然科學方法越界使用之重大禍害

在自然科學因其方法而日益發展之時，西方人使用之於人文社會科學。這在啓蒙時代已經開始，而正式實行者是實證主義之祖的孔德。他倣效物理學，建立社會學爲社會科學之基本原理，而分人類社會爲神學、形而上學、實證三期。他所謂實證時期，也就是科學時期。他原是社會主義者聖西門的秘書，希望改革社會者。然其社會學將社會當成物體，將人類看作機械，是將使社會科學成爲控制人的工具，而非增進人的自由。他晚年亦自知其非，提倡「人道教」，是回到一種神學時代了。繼而進化論與，實證派又將進化論補充實證主義。其結果有兩點甚爲重要。其一，以西方人的優越感，提出許多進化階段，如宗教由多神進於一神，文字由象形進於拼音，人類以西方人在人類進化之頂峰。其二，將生物學上的達爾文主義變爲社會的達爾文主義，以強者卽爲「優者」、「適者」。於是有哥賓諾之人種不平等論，張伯倫以至希特勒等的雅利安種最優之說，並將生物鬥爭應用於人類。達爾文說生存鬥爭（原文 struggle 本爲鬥爭，嚴復譯爲競爭），俾斯麥倡「文化鬥爭」、馬克斯倡「階級鬥爭」、干普洛維支倡「民族鬥爭」，至希特勒則有「我的奮鬥」。於是以弱肉強食爲有理，鄙道德、人道爲迂談。故實證主義實爲帝國主義、虛無主義之由來，而今日新實證主義尚承此謬誤而不悔。民國七年孫中山說：「此期（人類）進化之原則，則與物種之進化原則不同。物種以競爭爲原則，人類則以互助爲原則。國家者，互助之體也；道德仁義者，互助之用也。……人類今日尚未能守此原則者，……一切物種遺傳之性尚未能悉行化除也」；意卽禽獸之性之遺留。（《孫文學說》第七章）孫先生是超越當時一大思想家，於此可見一斑。

（十一）歷史主義、馬克斯主義、新康德主義、新歷史主義皆不成功

西方亦早有人反對實證主義。當啓蒙時代法國百科全書派以自然主義說社會，甚至以人爲機械之時，德國有歷史主義之興起，這也有種種不同的理論。首先是赫德爾（Herder）倡歷史哲學，以各國歷史是各國民族精神之發展。其後黑格爾、蘭克也支持這一觀點，促進德國民族主義之發展。蘭克有志使歷史學成爲科學，他提倡批評（考證）方法，使歷史能記載「確曾發生之事」，一時使德國執西方史學之牛耳，但其後學與弟子意見不一。英國柏雷（Bury）以歷史是科學，不多也不少。缺微揚（Trevelyan）認爲歷史是文學，而蘭克最有名弟子以《義大利文藝復興期文化》一書知名的瑞士之布哈特（Burkhardt）認爲歷史是文化史，不能成爲嚴格的科學。

一八六一年英國實證派之巴克爾（Buckle）著《英國文明史》，以地理、氣候、食物說文明變化之原因。並認爲歷史與自然科學同樣是科學，方法亦相同。德國歷史派之菊生（Droysen）認爲自然科學上現象，常是週期反覆的，而歷史上之人物是限於一次出現的，只有一個凱撒或拿破崙，歷史是繼續而非重演的。他還提到歷史研究重在理解（verstehen）。然而世界上並無兩

片樹葉完全相同，無礙植物學之成立。人各不同，但有共同的人性。同一事件很少重演，但同類事件之重演在歷史上是很多的。

在德國歷史主義起來之時，又發生歷史主義的經濟學派，批評亞丹斯密的經濟學。他們用歸納法研究經濟發展階段，不同階段的國家應有不同的經濟政策。首先是李斯特主張保護主義，後有施莫勒主張社會政策。

馬克斯原爲黑格爾信徒，後來也研究歷史派的經濟學，終於將黑格爾「倒過頭來」提出唯物史觀。他以生產力及生產關係爲社會經濟基礎，在上面的是政治法律之上層建築，基礎與上層建築上面第三層是學術的意識形態。而生產力與生產關係之衝突，造成社會之變革。這有四個階段：亞細亞的、古代奴隸制的、中古封建制的、現代資產階級制的。由於私有財產制和國家妨害今日世界性的生產力之發展，故當以社會主義革命取消私有制來解放生產力，進而實現「各盡所能，各取所需」的國際主義的共產社會，這時國家也「凋謝」了。他還有一句重要的話：「不是人之意識決定人之生活，而是人的生活決定人之意識。」

唯物史觀得到極多人的信奉，甚至海德格也認爲是歷史哲學中之最好者。我也曾經相信過，但我逐漸看出其毛病。一、他的「生產力」的概念非常模糊。他專指工具、機械和技術，還是包括勞動力的熟練和組織，乃至土地的開發利用，以及資本之再生產？二、不僅政治可以影響經濟，恩格斯亦承認最上層之意識形態亦可影響經濟，此則與生活決定意識說發生矛盾。三、以生產力與生產關係之衝突說明社會變革可用於封建社會到資本主義社會，但如何說明由亞細亞到古代，由古代到封建社會？四、馬克斯之四階段論，分明是指西洋編年史由埃及、兩河到希臘、羅馬，到中古封建時代及現代資本主義之過程，但此非一個社會所必經過的階段，是誤以編年史爲社會史。五、馬克斯所謂「各盡所能，各取所需」之地上天堂，乃不知地球資源之有限，誤以爲生產力可無限發展，此眞是「烏托邦的」。

歷史主義因強調歷史之民族性，常被批評爲相對主義。一八八一年，歷史學派之狄爾泰發表《精神科學導言》，說自然科學與精神科學之不同在於方法。前者是說明，後者是理解。說明是說明因果，理解是理解意義。他所謂理解方法，主要是「入情」——設身處地之意。但科學之所以爲科學，在求得統一的理論。而他「理解」的結果，得到三種不同的世界觀：霍布士式的實證主義，康德式之自由觀念論，黑格爾式客觀觀念論。這便還是走到相對主義。

於是新康德派之文德班、李開特出來，他們將精神科學改稱文化科學，認爲自然科學是法則定立之學，而文化科學是個體（個人，個別團體與國家）記述之學，此種個體是一次出現的，文化科學應論此個體之獨特的文化價值。然而，如不能了解一種個體文化現象之由來及其變化，又如何能評論其文化價值呢？

繼而新歷史派之M・韋柏，亦認爲社會學方法應求理解意義。他所謂意義指行動之動機與目的，而具有動機與目的行動，與其社會也形成一定的因果關聯。他又以宗教影響行動與歷史甚大，新教倫理是歐洲科學與資本主義之動力，而東方在魔術影響之下，故不能有西方之合理科學與合理資本主義。

繼而奧國邏輯實證論大起。他們提倡科學方法之統一，認爲價值問題無意義或僅爲情緒表現，爲科學所不論。他們到美國後還倡導了行爲主義政治學。和此派有關之頗柏，特別反對歷史主義，認爲是「開放社會之敵人」。

邏輯實證論的科學方法統一論，引起社會科學上方法論爭。反對者或依據現象學（如 Schutz），或依據維根斯坦後期哲學（如 Winch）。

繼而佛蘭克福學派起來批評邏輯實證派以及頗柏。他們認爲自然科學與解釋學各有其範圍，但還應有解放之學。

近年以來，在後期維根斯坦影響之下，有庫恩、費耶拉本等後經驗派對自然科學方法論加以否定。同時，達加美對解釋學反對狄爾之理解說，認爲理解不是方法論而是存在論，其最終目的在於認識自我。

學問方法論的論爭是二十世紀學術上最大論爭：自然科學方法是否可以同樣應用於歷史社會科學？歷史社會科學是否應有自己的方法？而百年論爭主要在自然主義（實證主義）與歷史主義之間進行，論爭焦點是因果說明與意義理解。最近的結果是，在實證派的統一科學方法失敗之後，在自然科學上因果說明的權威亦大減，而歷史社會科學上的意義理解也理解不一，這是西方學問方法論的危機，實證主義是過去了，但反對者每批評多而建立少。

此外，還有幾個人的名字應當一提。一爲歷史派之曼芮克，他主張史學應對因果性與價值並重。二爲創立知識社會學之謝勒，他認爲社會有兩部分，文化部分尤其是思想，常提出前進理想，而下部或實質部分則加以選擇或節制。三爲A．韋柏，他分社會爲社會過程、文明過程、文化運動三個過程，其後又加上外部構造，來看一個社會的位置和狀況。四爲比利時史家皮連芮，主張史學必須在世界史中比較。五爲荷蘭史家輝靜加，說史學永遠要研究「何處去？」六爲缺爾契，他主張擴大人格愛，對不同文化與宗教作「現代綜合」。

——以上多摘自《西方文化危機與二十世紀思潮》——

(十二) 我國學界在方法論上之誤解和被誤導所造成之禍害

我國對西方科學方法論之介紹，始於嚴復所譯《穆勒名學》。但我們尚未消化，新文化運動中，就有一個流行的誤解，即「大膽假設、小心求證」的八字訣，繼而又以疑古爲史學方法。或者，只有考古學才是「科學的歷史」。在否定中國歷史後，俄國人以馬列主義進行俄化宣傳，說中國是封建社會，教中國人進行階級鬥爭，即自相殘殺，在抗戰中還不停止。戰後繼續自相殘殺，直至一九七六年爲止。而馬克斯的「亞洲生產方式」到美國變爲「東方社會論」，說中國生來就是一個權威主義社會，中國人受了權威主義的儒學之教育，根本無法民主。再加上帕森斯抄自韋柏的傳統、現代化二分論，使許多臺灣「菁英」渴望脫離中國，實現臺灣獨立和現代化。在自己的歷史被否定被歪曲後，我們自己不認識自己，經西化、俄化而人格殖民化後，也就沒有自己的靈魂，當然也沒有自己的學問，於是各以俄國人、美國人的政治學、經濟學為自己的政治學與經濟學。並且還自命先覺，張牙舞爪，這只表示國難未已而已。

（十三）我的學問方法論

由於西方實證主義之有害，歷史主義、馬克斯主義、新康德主義不足以代替之，而我們由於誤解和被誤導而不自知至於自殺，此我重視和研究學問方法論之故。

在自然科學上，我認為伽利略以來的方法是正確的。一般而言，我贊成維爾在《數學與自然科學之哲學》(*Philosophy of Mathematics and Natural Science*) 一書中、布列希特在《政治理論》一書中關於科學方法論之所說（見《中華雜誌》五卷十二期、六卷一期）。

但關於歷史社會科學，我既不同意實證派的兩種學問的同一方法論，亦不同意歷史派、新康德派的因果法則否定論。既是學問（科學），便必須研究事物之變化，首先必須研究事件發生的原因，但因果觀念，在物質、生命、人類社會三界意義亦有不同。在物質界，有連續的因果關係，有不連續的概率關係。在生物界，有構造中各種因素之相互作用與相互制約或某一因素在構造中之功能。在人類社會與歷史上，因果關係遠較物質界、生命界爲複雜。其一，有動力因（發生動力的個人、團體、思想、運動、潮流）和目的因。其二，在相互作用中有相生相尅之不同，此在國際政治上之同盟與均勢中最爲顯明。其三，各種因素之相生，可謂因緣和會，工業革命首先發生於英國，戰後美俄兩超強之出現，是多種有利因素造成的。其四，原因有在時間上持續者，則形成趨勢或太史公所謂「事勢之流」，亦所謂「積」（如積弱）。歷史上常有遠因、近因之說，實則近因固可說是誘因，不是眞因（如奧太子被刺，並非第一次大戰原因，因卽無此事，戰爭亦不能免），而是「事勢之流」之一撮。其五，歷史上原因最特殊者，是一種思想可以埋沒甚久，一旦發現，可以發生重大作用，如王船山之著作。凡此一切，決非如實證派所說，可以論理學上「必要與充足條件」來說明的。

我曾在很多文章和書中說到我的史學方法論。玆節引〈歷史哲學與史學方法論〉（下）（《中華雜誌》六十五年十四卷五月號）所說者如下：

甲、史學方法之第一步，是史料之蒐集、鑑別，確定個別事實，然後加以連結。

乙、史學方法之第二步，就是要對一個時代，一個社會及其文化現象作內外構造分析，並由此構造看其以前和以後的重大人羣活動，作過程分析，看其因革損益，成敗興衰之因果。

我們可對一時代一社會的構造作三種分析，一種關係對關係的分析。此卽：

①社會內部和外部環境關係，

②先行狀態和現存狀態關係，

③個人和其時代、社會的種種關係。

社會內部指一民族一國家之社會結構。這可由四部分考察。①族羣（有血緣性之家族、部族、民族性等，以及人口），此卽一社會生命力之核心，是不斷成長的。②政治制度（政權之性質及統治層之構成，階級與集團，行使權力的制度法律，與人民之自由狀況，統治層與人民之合作與對抗情形等）。③經濟制度（一般農村與都市之生產、消費狀況，農工商業之階級與職業分化，所有權、經營與交換之制度，資源開發與人口之供需情形，對外貿易與政府政策等）。④觀念系統、語言文字而外，精神方面之宗教、道德、風俗、思想、知識、學問、文學、藝術；以及物質方面之技術，主要的及次要的生產力，和戰時武力等；此是文化創造之最能動的諸因素。此四部分互相影響，形成一個社會之安定、矛盾與再安定之節奏。一般而言，④與①合同決定②與③。而思想和知識是一社會最基本的動力因，沒有思想，亦無技術或道德或政治經濟活動。但思想知識亦受技術及政治、經濟之節制或促進。道德風俗直接與生命力有關，在社會生活中，對社會文化之創造活動表現保護作用，對寄生的佔有的腐敗活動表現抗毒作用。此四部分共同構成一社會之文化總力或國力。

外部環境指①自然環境，包括地理、資源、交通位置。地理是歷史之基礎，在文明初期，影響其發展途徑。②鄰國狀況，尤其是技術之對比。③以及由此而形成的戰爭與和平關係影響一社會，即供給一社會文化創造之有利或不利機會。

先行狀態指一時代一社會內部狀態之前期狀態，即是其歷史。此對一社會形成遺產或負擔關係。因而一社會的現存狀態對先行狀態進行其因、革、損、益工作，先行狀態亦有其促進與節制之作用。

上說種種因素均須有人為代表。個人與時代、社會之關係云者，有四方面可言。一是一般的個人與社會之關係。此指人是歷史創造者、主動者，又指歷史所研究者非個別個人之行為，而是集體活動，但集體活動亦必由少數人發動或為核心。然此特殊個人之思想行動亦非憑空而起，而係受其時代與周圍之影響而來，而其效果亦視社會狀態與周圍人羣之反應而定。二是個人與個人，集團與階級相互作用之模式，此卽合作與衝突，模倣與競爭，團結與分裂，或對內團結，對外抵抗，或對內鬥爭乃至利用外力而對內鬥爭。三是個人或集團在上述制度中所處地位與脚色，政治上的支配者與被支配者，經濟上之所有者與勞動者，以及在二者之間活動的知識分子。四是某一定個人或集體對整個社會與國家的立場與態度，創造或佔有，服務或寄生，服從或反抗，贊成或反對，改革或革命，以及「聽天由命」，隨波逐流。

丙、作此分析後，可以看出歷史中之變動，總是由於在內外因素之互相作用中，發生重大問題，例如人口之增加，新世代之出現，疾病、天災、洪水、資源之缺乏，政治上種種人禍，貪汚、特權和不法，知識技術之不足，外來的威脅……需要解決。人類需要共同合作解決問題，也要共同設法解決，這便是道德意識與知識技術之所以發生和成長。而也要有人來執行解決，這便是人才問題。在人類文明初期，能爲大家解決問題的人物成爲自然的領袖，而種種政治經濟制度也是在解決問題中形成和發展的。一部人類歷史，實際上是人類解決問題的歷史，在此過程中各種正面的反面的因緣和會造成種種事勢之流，因而有成敗得失之歷史。各種因緣之因，因時而變化，然有一較爲不變之因在其中作用者，總是社會平時生活上之共同需要，而這也便是目的。而有兩事在社會學上甚至歷史哲學上談得甚少，而在歷史上幾乎是家常便飯者，即國內的革命與國外的戰爭。前者常因國內問題不得解決而起，而後者幾與人類歷史以俱來，且常被野心家變爲民族目的。兩者都是僅次於人類平時生活需要，改變歷史的重大動力，而後者尤爲重大，是理論歷史學必須研究的問題。

丁、以此分析看人類歷史，可以看出有兩種法則或初步法則。

一是趨勢的法則。例如人口之增加，知識、經驗、技術之進步，社會分工合作的範圍之擴大。又如，財富刺激財富欲，有財富者愈欲增殖其財富。權力刺激權力欲，有權力者欲愈擴大其權力，內亂外患由此而起。最後，無論人類如何製造內亂外患，多數人總有天下太平，安居樂業的願望，沒有這一點，所謂治亂興衰也便無根了。

二是在變中亦有許多不變現象。例如，有共存現象。如金屬之使用，文字之發明與原始國家常同時而起。都市之發達、印刷之發明與白話文學，航海與科學，都是共存的。

有繼起現象，如部落先於國家，神權先於武力政治，武力政治先於財權政治。而此亦產生新的分化與結合，職業、階級之分化，因而有財富權力之分配問題，形成種種對抗與合作。

當內外因素相同或相似時，有重演之現象，如五帝時代之共主與禪讓；或平行之現象，如湯武、周武之革命，春秋時之篡弒，以及漢唐之統一帝國，三國、五代及以後之宋金夏之分立。

需要與因緣合會亦可產生新因素。例如種種新思想，新技術之發明，戰國時代士的階級之出現，西方都市成立後「布爾喬亞」階級之出現。

種種內外因素，尤其是制度、思想、技術三者相生之時，促成社會文化之迅速發展。霍布森說工業革命其所以最先出現於英國，即是一切有利因素最先具備於英國。

雖有有利因素出現，然亦有相剋因素出現時，發生停滯作用。明朝航海技術大進步，其所以沒有像十七、八世紀歐洲之發展者，閉關政策是一大阻止的因素。

有共生之現象。當資本主義發生後，封建時代之種種因素仍可與其共生。

亦有新型社會之出現。秦漢帝國比春秋戰國是一新型。法國革命後之歐洲，市民階級在財富知識雙方大進步後，要求掌握國家權力，完成純粹資本主義社會。

亦有似為新型，實為舊型之強化者，如蘇俄之於沙俄。

這些現象之重疊交錯，以及因其所引起的利害禍福之不同，最後可歸結於因革損益之適當與否，社會治亂與文化興衰。當一社會構造調和、功能健全時，必可造成治與興的狀態。當一國內外問題發生，能爲適當之因革損益解決問題時，社會總可保持治與興的狀態。構造不調和，功能不健全，不能爲適當之因革損益解決問題，必趨於衰亂，這就要看有無新生力量，和他們有無解決問題之能力。大抵一社會能保持內部之親和，有公平的競爭，則文化創造力不衰，必有人才之出世。而權利集中必然腐敗，腐敗必然造成文化衰落與無能。治亂興衰，歸根結底也還是道德、學問與人才問題。由於問題及解決皆反映於思想，所以歷史亦歸結於思想史。

戊、其次，說人羣重大活動過程之因果分析。所謂重大活動，卽當時重大問題非對過去中之損益所能解決，而必對整個構造有所興革之意。一切大的思想文化運動，社會經濟運動，政治革命皆是。

己、在社會文化構造與人羣活動過程之因果考察之後，還應有二者之比較研究。比較是古今比較與中外比較。我們可以將相同的現象建立類型求其共同原因，亦可於同中見異，了解不同的結果。例如辛亥革命原有效法美國革命、法國革命之意，我們可將這三種革命加以比較，構成類型，求革命發生的一般原因，再看何以別人成功而我們尙未成功。

以上所說的繼起關係、共存關係、平行關係、共生關係以及治亂興衰規則，如由比較方法而證明，他便可以成爲有力的經驗法則。再只要能由上述人文世界事故之原因之特點演繹而出，就可以成爲科學法則了。

藉比較研究，可以了解兩種或多種文化形態接觸後的相互關係，如移植與模倣，征服與同化，相生與相尅，或者產生文化之新種，或者一方的頹敗也引起另一方的頹敗。我們可以比較遊牧民族入侵農耕民族的結果，比較近世西方工業國侵入農業國的結果，並將這兩種情形再加比較。我們也可以將佛敎輸入中國與基督敎輸入中國後的情形加以比較，將寺院與「洋場」加以比較，和尙與牧師加以比較。毫無疑義，許多「規則」、「法規」是可以由比較看出的。

庚、以上構造、關係、過程、比較方法，是我的史學方法要點。雖然如此，此不足使史學成爲嚴格科學，因爲人力的作用是變動甚大的。但是，史學有比自然科學多的地方，那便是他還要作價值判斷。

辛、史學方法與社會學及其他社會科學關係如何呢？人類一切行爲、活動，皆在歷史過程之中，文化環境之內，不經由文化史的觀察，無法理解。尤其是社會學，他是歷史學之橫斷面。所以史學方法論是一切社會科學之一般方法論，雖然各種社會科學還有他別個的技術方法。

(十四) 社會科學之重建

現在要談世界主要國家社會科學的情形。雖然西方人在史學和社會學方面模倣自然科學，或附會自然科學（如社會達爾文主義），至今爲止，社會科學並未成爲「科學」。以政治學、經濟學、法學三者爲例，首先，科學須有普遍性，而此三學各國不同。在古代，例如亞理斯多德的政治學由最善的制度出發。至於近世，所謂政治學總是該國政治制度之記述或與其他國家之比較，附加若干著名學者之言論。德國人稱爲「國家科學」，意卽國家主義。法律完全是規範性的，大陸法與英美法頗不相同。至於經濟學，可說是各富國經濟政策之「有理化」，各國政策不同，一國先後不同，經濟學也不一樣。甚至經濟學之名稱也不一樣，在英法原皆稱爲「政治經濟學」，奧國學派起來之後，二十世紀始改稱經濟學（Economics），而德國則稱「國民經濟學」（Volkswirtschaft）。其次，科學總當提出原理、法則定律。在政治學上只有若干規則，如多數決定，制衡等等。經濟學上有若干定律，如供需律、報酬遞減律等。此皆普通商人、農人之所知的常識，殊難稱爲定律。大恐慌及凱因斯以後，有巨視經濟學，還有計量經濟學。政治學者非常羨慕爲使政治學成爲純正科學，他們宣稱，政治學應該研究政治行爲，如集團、過程、參與、決策等，而且要不論價值。他們機械的模倣生物學上的體系論，襲用科技術語，如「反饋」之類。他們熱鬧了三十年左右，終於發現此路不通，也沒有提出一個政治的原理，因而自己取消了。巨視經濟學推動了「成長狂」，但對「停滯膨脹」毫無辦法。計量經濟學使用數學方式進行經濟分析，或者將物價及一定時期之出售量化爲方程式或曲線，或者企圖在市況之波動中找出經濟循環的機構，而以方程式加以表示。但是，計量經濟學的預測日益失靈，已經無甚信用了。至於在蘇俄，全部社會科學是馬列主義宣傳，在經濟上宣傳資本主義必然崩潰，階級鬥爭與民族革命戰爭，不斷的五年的計畫將使俄國由社會主義進入共產主義；「英特納雄納爾就一定要實現」，然而在他們建國七十四年後，共產主義先崩潰了。所以，如果西方社會科學尚未成爲科學，蘇俄的一套只是僞科學，這由於在學問方法上不得其道。比較起來，德國歷史學派的經濟學由一般的經濟發展階段論德國特殊的經濟政策，還是最有科學性的。以我之見，如果一方面，由史學方法看世界政治經濟之發展，了解一國政治經濟現狀之由來，另一方面，由政治經濟之目的，由最善之價値標準（如一國國內之自由平等與國富增進，世界和平及消除貧困），研究一國政治經濟因革損益之道，才有眞正的政治學與經濟學。

此處最後要說到我中國人的社會科學。在古代我國對於政治、經濟現象是早有許多定律的；如「得人心者昌，失人心者亡」，如「國雖大，好戰必亡；天下雖平，忘戰必危」等等。又如，「財聚則民散，財散則民聚」；「生財有大道，生之者衆，食之者寡，則財恆足矣。」王符還說到帝王制度是一治一亂的原因。我們要求國泰民安，一切政治經濟能利國福民。我們主張輕徭薄賦，政簡刑輕。我們也早有政治學、經濟學，這便是「三通」，尤其是《通典》和《文獻通考》，此在中國稱爲典章經制之學。但自對外失敗和廢科舉與學校以來，已被我們的社會科學家忘記了。我們以西方與蘇俄的社會科學爲自己的社會科學，而這只造成國家的流血與分裂，這是我們沒有自己的新的社會科學之悲慘後果。自然科學是各國皆同的，完全照抄，也不嚴重。社會科學是各國不同，照抄別國社會科學不僅不知如何治國，也就不能自主命運，成爲附庸。主人不同，便有自殺之內戰。但是，這不是說百年之間，中國人都是外國人的留聲機。至少有三個人在社會科學上使中國之優良傳統與外國之優良制度連結起來。這便是沈家本之於法學，孫中山之於政治學和經濟學，張君勱之於憲法學。而且，由於他們做了很好的奠基工作，才有中華民國，使我們今日還有一塊立足之地。我們正當效法他們繼續發展我們新的社會科學，重建國家。我相信我的史學方法論和價值判斷論對此能有幫助，可是，正有自外生成之徒要出賣中華民國了。

(十五) 西方與中國價值論

再談文化批評論的另一重要基本工作：價值判斷論。

今日西方所謂價值論，指眞、美、善而言。研究眞者，是邏輯與科學方法論。研究美者，是美學與藝術哲學。研究善者，是倫理學或道德哲學。邏輯、倫理學，亞理斯多德均有專書，他還寫過《詩論》。美學之名，是十八世紀博文加頓才創立的。文德班在其《哲學概論》中，將眞劃歸認識論；而在價値論中，美善之外，還加上聖 (Heilig, Holy) 或宗教哲學。且以聖爲眞美善之極致。

所謂眞，十九世紀以來，有一貫說與符合說，此在今日，已合併於愛因斯坦的科學定義之中。不過實用主義又增加一個標準，即由結果證明其實用價值。

柏拉圖與亞理斯多德皆認爲美與藝術皆自然之模倣。至今學說雖多，仍可分爲三派。第一是自然主義。桑他耶那認爲美是一種事物或形式，能在感官上引起快感者，而藝術則將素材、形式與模型（pattern）結合起來，以引起美的快感。美國美學會主持《美學與藝術批評雜誌》的孟羅（Munro）且以美學是一種科學。

其次，可謂主觀主義，認爲藝術形式引起新鮮與奮之感者爲美，否則爲醜。藝術家自己的美感移入藝術之中。克羅采之直觀說亦屬此派。

第三是康德。他亦承認美感是一種快感，但是無關心的快感。他也談到壯美。而在《判斷力批評》中，特別談到目的論，他說有生命之物之現象需要用目的論而非機械論來說明，雖然目的論也不足成爲一種「構成的原理」，而只是一種規制（研究嚮導）的原理。

關於善與道德問題，在樂觀主義與厭世主義，快樂主義與克己主義之對立以後，有功效主義與康德的「善意」論與義務(責任)論。功效主義以「最大多數最大幸福」爲善的標準，而康德則以爲善必基於善意；此是一種神聖意志，發自內心，有如神意，「汝必如是行爲，使此行爲可成爲普遍法則。」又說，我們必視人爲目的，而非手段，亦是善意的標準，這是人的義務或責任。康德並且以爲學問，純粹理性與「是」的問題，是現象世界之事，而道德，實行理性，是「應該」問題，是本體世界之事；因此，實行理性重於純粹理性，亦即道德重於學問。

穆勒發展功效主義，以「可欲」（desirable）說善之性質，並提高快樂、幸福的品質。至二十世紀價値論大興，愛倫飛以價値是心理上的意欲（desire）作用，N．哈特曼以價値是可直觀的理想實體，而美國柏瑞（Perry）以價值是「任何關心的任何對象」。但關於價值究在客體的事實，還是主體評價（如究因可欲而有價值，還是因有價值而可欲），而主體評價是認知的還是情緒的，加上目的與手段問題，是議論紛紛莫衷一是的。而價值與評價的由來及其同異，也能以因果說明；但價值觀念的根據何在，則很少人明白討論。

這是只能由目的論說明的。但自十七世紀以來，西方流行的是機械論的因果論，即使生物有機體，也認爲是上帝所造的機構使然。康德提出目的論，但並不認爲是實在之性質。功效論也還是由因果論立論的，卽道德行爲可得到最大多數最大幸福之結果。

到了二十世紀初，生物學家杜里舒復興亞理斯多德之「隱的」（entellechy，圓滿發展之潛力）說，倡生機論，頗受非難。直至二十世紀中葉，生物學家貝特蘭菲（Bertalanffy）提出一般系統論，指出：在孤立的化學反應系統中，在平衡獲得之後，其物質之集中，依存於起始狀態。但在生物之開放系統中，在可以得到一種穩定狀態，其中最後之集中並不依存於起始狀態。而且，在其穩定狀態之時因其作用之物質之量的加減而受到擾亂，他將重建自身，而此決於整個系統之性質，而非此系統之特殊狀態。此使生物系統表現一種目的，此卽恢復常態（Homeostasis）之機構。維爾亦認爲，在生物學上，目的論的概念不可少。繼而有許多人指出，許多人造機械，也都有維持常態的功能。

十九世紀之末，新康德派法學家施丹姆勒說社會生活之法則性不僅有因果關係，而且有目的手段關係，曾引起布哈林的攻擊。二十世紀幾位大哲學家，如杜威、淮德海、胡塞爾都主張目的論，不過沒有明顯的將價值與目的論結合起來。

邏輯實證派認爲提到目的論便是玄學（形而上學），並以價值只是情緒表現，爲科學所不論。帕森斯、伊士頓依貝特蘭菲之體系論講社會體系、政治體系，但只談到安定體系之目的，而不知社會、政治是超有機體，目的不僅在安定而已。

再略說我國過去之價值論。在論理方面，孔子說過兩句重要的話：「修辭立其誠」，「必也正名乎！」誠指眞實無妄，正名則是使用正確概念之意。孟子所謂「是非之心」，是非即眞妄（僞）之別。此時有名家，有墨辯。又《大學》講「格物致知」，《中庸》講「博學，審問，愼思，明辨」。至於漢代，先有河間獻王倡「實事求是」，後有王充，說「事莫明於有效，論莫定於有證。」三國兩晉六朝之時，老莊、佛敎與儒學競爭，名理之學大盛。唐宋以後，名學始衰。其原因我以爲是古文學家在古文《義法》中，必須講究「持之有故，言之成理」。然而理學家仍討論格物致知，講「貫通」，「推理」，求「所以然之故」，及「當然之則」。不過，明代中葉以後，當西方人進行航海探險以求自然法則之時，我們大概無此必要，反而閉關。於是，在學問方法論方面，我們沒有達到伽利略的水準。如李約瑟所云：

> 對於自然的興趣是不夠的，控制的實驗是不夠的，經驗的歸納是不夠的，日月食的預測與曆書計算是不夠的，這一切，中國人都有。但似乎只有重商的文化才能做農業的官僚文化

所不能做的事情——將原來分離的數學和自然知識帶到融和點。(*Science and Civilization in China,* Vo.3, p.168.)

在論美與藝術方面，我國有其先進與優勝之處。《舜典》已經說到「詩言志」（志者，心之所之，有理想、目的之義）。季札至魯觀周樂，不斷以「美哉」稱周南召南以及衞齊魏之詩（時西元前五四四年，孔子年八歲）。其後孔子以禮樂爲刑政之本。禮樂之用，皆以「和」爲貴，「先王之道，斯爲美。」「和而不同」與西方以美爲「複雜之調和」相同。孔子又說詩除了「多識鳥獸草木之名」外，還有興、觀、羣、怨（感發意志，考見得失，團結，諷刺）以及勸導忠、孝之功。至孟子，說「充實之謂美，充實而有光輝之謂大」，其所謂「大」，指壯美而言。而以充實說美，是與當代美學家蓋格（M. Geiger）與杜威之藝術論相同。以後南齊謝赫以「氣韻生動」爲繪畫六法之首，此四字亦可說是美的特色。自此以後，論文論畫論書及詩話之書甚多。近大陸有人輯爲《中國美學史資料選編》，可見內容之豐富，由上所言，我國關於美的思想，有三大特色：一爲美的觀念之來源在人的生活之中，非如西方認爲在自然之中。美非模倣自然而來，恰恰相反，自然之美乃因他類乎人體人心之美。二爲藝術之欣賞，不是僅是情緒之快感，而且有知識與意志在內。三是美的原理不僅應用於藝術，而且應該用於政治與社會。

我國在善與道德哲學方面，有六個特點。其一，五經莫不言善，講道德，說仁義；但也說利；尤其是《易經》，開始便說「乾，元亨利貞」，而全部《易經》是講求趨吉避凶的，而《書經》洪範五福，先言壽、富。但孔子說「君子喻於義，小人喻於利。」孟子尤重義利之辨。蓋以當時諸侯（梁惠王之類）以私利爲利也。《易經》說「義者利之和」，「利物足以和義」，《大學》說「國不以利爲利，以義爲利也」，這可作西方功效派與康德派之爭之結論。其次，孟子說「可欲之謂善」，早於穆勒、愛倫飛者二千二、三百年；而孟子所謂之可欲係指天下之同欲，此卽康德所說必須能成爲普遍法則之行爲始爲善行。後來朱熹忽於此點而有天理、人欲之分，引起戴震的反駁。其三，旣是天下之同欲，則人皆可求之。富貴人之所欲，然得之必以道。「不以其道得之，不處也」。所以他說「不義而富且貴，於我如浮雲。」這是說，雖是合理之目的，手段不可不合乎道義。其四，善不僅是個人的社會的行爲標準，也是集體的政治經濟制度的標準；如〈大禹謨〉所云：「德唯善政，政在養民」；《大學》引康誥「天命不于常」，「道善則得之，不善則失之。」其五，中國（尤其是儒家）的道德信條，如仁義忠恕，禮義廉恥，智仁勇等，皆由古聖先賢嘉言懿行而來，而就人羣需要立論，與猶太人以耶和華名義，由摩西所傳十誡大不同，亦與耶穌以天國名義所傳敎訓（《馬太福音》五～七章）大不同。其六，由美與善都有普遍性，再加上性善論與「天道無親，常與善人」以及報應觀念，使我國價值論有宇宙的目的論的性質，此與西方之原罪論及僅以上帝意旨爲目的論也是大不相同的。

（十六）我的價值判斷論

我的價值論有三個基本原理。其一，價值須由目的論立其根據。人類爲了個體和共同生命之安全、自由、健康、愉快和不斷改進，創造了種種文化。而眞、美、善就是人類文化能否達成其目的的標準。眞美善是生命與文化之目的，即人生的共同希望與要求。

其二，這人類文化之要求，有一般的和特殊的。眞對假而言，我們希望交眞朋友而非假朋友，我們希望手上的金戒指是眞金而非鍍金，我們希望所聽到的消息是眞話而非謊言，這是一般的要求。我們特別研究科學，這是具有概括性的關於事物之眞知識和事物關係的眞理。同樣，美對醜而言，我們希望看到的是美人，美的動作，美的風景或愉快的場面。然而事實上，醜人醜事或可悲的事甚多，於是特別創作文藝，揚美而抑醜，安慰人生。善良是與惡劣或罪惡對照的。我們稱鋒利的刀爲好刀，有效的藥爲良藥，善跑的馬爲良馬。他如良師益友，良妻賢母，良相良醫，則指其才德勝任其職而言。而好筆、好墨、好酒、好茶、好菜則指其品質，合用，合胃口而言。而道德的善則特指人類相互之間的行爲規範，如仁義禮智、孝弟忠信、勇敢和平，這是維持社會安寧所必需，亦改革社會弊病之動力。而這些原則，當然應該擴張於國家制度、政策之上。而反道德過甚者，尚須以法律制裁。

其三，手段與目的必須相符。我們旣以眞、美、善爲目的，亦必以眞、美、善之手段達成之。如作學術辯論而強詞奪理，乃至訴諸人身攻擊，斯無知性眞誠矣。如贊成或反對某種文藝，而不在理論或作品上求勝，而訴諸權力或謾罵，斯自曝其醜矣，而凡此知識上之不誠與藝術上之醜陋，亦皆在道德上爲惡。至於行動之目的在損人利己固爲罪惡，而一種行動縱動機與目的良好，而手段不道德，或訴諸陰謀暴力，或不辭勾結外國，這都將流入虛無主義，其爲害之烈，較目的動機之不道德者爲尤甚。

（十七）美與藝術、善與道德

再說我對於眞與學問，美與藝術，善與道德之主張。前者已略述於學問方法論中，茲略說後二者大意如下。

我贊成上述中國美學之三特點，並以體系論，分子生物學及腦神經學補充之。首先，我認爲所謂美，是人類生命與文化之根本要求。人類內外結構和動作，如勻稱、均齊、對稱、遞進、律動、節奏、整個的調和，是人體中美的蛋白質裝置的工作方式。一切外部的物象，如顏色、聲音、形體、狀態、動作，與人體之結構同型或適合者，在感官上皆是美的，反之爲醜。其次，人類生命及其複雜神經系統，在與外界接觸時，以情感爲反應信號，喚起知性注意，採取行動，並要請同類共同行動。凡能保持內心平衡，預期成功之展望，因而保持生命常態並提高生命之意興者，都在情緒上引發美感。其三，凡危害生命之病毒，都是惡的；不適合生命常態與預期者，都是醜的。在人類日常生活中，遇著有害個人與社會的醜惡事物，由外部感官傳達於腦後，大腦皮質即以情緒的信號發出，以便採取實際的行動來加以控制。因此，凡是克服醜惡，轉變醜惡之努力，促進生命之正常活動者，在情緒和理智上都是美的。其四，在人類生命發展爲社會文化生活後，爲了排除醜惡，追求美善，需要種種實際努力，人類創作的文學和藝術，可說是一種美的人造物，一種人造的生命體，促進感覺與神經自動反省調整的裝置。

我國美學由情意出發，較西方爲圓滿。荀子說美意（「美意延年」），所謂美意，就是「有情化」的態度。《文心雕龍》說：「以情觀物」，又說「情往似贈，興來如答。」張彥遠說：「畫外有情。」比較起來，李卜士之入情說就嫌笨拙了。有情就不是無關心。歐陽修云：「關心只爲牡丹紅，一片春愁來夢裏。」所以我贊成康德的目的論，而不贊成其無關心快感說。美意和有情化的活動就是想像（屈原云：「思故舊以想像兮」）。杜甫說：「天地有順逆，人生半哀樂。」這是說人生在世，總是有缺恨的。美感的，有情化的想像，就是要來塡補這缺恨的。孟子說：「充實之謂美」，即表示人類主觀上生來即有美的願望與要求，即生命之自己充實。謝赫所謂「氣韻生動」，即生命充實的活動狀態。

應用美之原理，製作美的東西，通過感官、情感與理智作用，發生美感效果，來充實生命和社會生活者，就是藝術了。

但要使美意美感變爲藝術，則需要想像與理智結合，運用匠心，將媒材（文字、聲音、色彩、線條、金石土木等），構成人物（形象）情景，將其經驗、感情、思想在作品中「組織」（《文心雕龍》用此二字）起來。我曾有藝術的定義：「藝術是經由想像之過程，將媒材結構爲情景，傳達觀念與感情，經由美感的作用，發生鼓舞、安慰、團結人心的人工品。」

再簡化之：「藝術是藉想像使人類精神美化的作品。」

再說善惡與道德觀念之由來、性質與功用。史賓格勒說人類原是食肉獸。但看人類的牙齒扁平，不是食肉獸之尖齒。猿猴大多以花菓爲生，唯狒狒肉食。最早的人類——直立猿人，當初一定是靠花菓爲生的。在冰河退去，野獸遍地，受到威脅時，發明用火，以火燒肉，才喜肉味。於是發展石器，對野獸進攻，也便吃人。「北京人」（很多人以此爲中國人祖先，是荒謬絕倫的）、內安塔德人都是吃人的。人類停在舊石器時代有百萬年之久了。如果人類自始是食肉獸而且也吃人，則人類將還是今天的狒狒，不會有文化的創造。但到舊石器時代末期，「眞人」（「智人」，Homo Sapiens）出現，很快的轉入中石器時代，開始馴養狗，即將狗家庭化（domestication），再很快的在一萬年前轉入新石器時代。此時人類除增加家畜外，有四大發明：農業、陶器、打磨石器和紡織，於是人類才進入文化或文明。此時很少武器發現，可見是一和平時代。正因有長期和平，人類才能突破歷史時代的文化。所謂文化與文明者，實由人類將自己和自然家庭化開始的。

摩爾干之「古代社會」以印第安人爲例，說人類由集團雜交而一夫一妻，由原始共產而私有財產，於是由酋長權力變爲階級社會，恩格斯據之作《家族、私有財產及國家之起源》。但猿猴是羣居動物，基本單位是血緣關係，非洲的猿猴經常以十到二十個以血緣關係結合之羣住在一起，雖受雄者支配，但雌者常與幼者相處。一個小猿在三年內不能離開母親，而這也是養成他們腦力的時間，人類自需要更久的時間。母親對子女之看護，必須限制其本能的性交。人類由動物脫出之時，已不是雌雄之羣，而是父母和子女之家了。周口店的猿人，已有住宅和家庭。正因人類能節制性交，才能保持內部和平和創造文化。

最近人類學家發現原始社會基於血緣，有三個血的法則：避免同血統的性交，不可殺同血統者，如被外人所殺則以血還血。但家庭只是原人社會之核心。人類社會活動是三重的：家內的、部落的、部落之間的。人類養育子女作爲自己生命之延長，所需時間長於任何動物，人類自始有較固定的家庭保護幼小者的安全。親子之愛，擴張於家族、部落間之相扶互助，是道德之起源。可說道德起源於家庭，擴張於同類。孔子說：「孝弟也者，其爲人之本歟?」在此意義上，孟子說人性本善，也是有理的。

金斯堡在一九六〇年《大英百科全書》〈比較倫理學〉條中引人類學家泰勒的話，說初民社會中都有一種規則，即「自然的休戚一體性」，要求維持內在和平與秩序，有利於社會需要與生存，而制止擾亂社會安寧之行動。一切已知社會倫理法規之相似，在以下諸點尤爲顯著。禁止自相仇殺和傷害人身，損害名譽的亦被禁止，雖因雙方身分而有不同。偷竊必須懲罰。在家庭中，母親須看護兒童，男人須保護婦孺，兒童須協助父母。幫助較遠的親戚是一種義務。說眞話，守諾言，廣泛的受到讚美，驕傲，妄自尊大，作僞與殘忍，廣泛的受到譴責。如有歧異，則由其社會情況使然。在人類生活範圍擴大時，道德之權利義務亦隨之擴大，同時道德亦趨於合理化。

然則惡由何來？所謂惡，主要是損人利己，狡詐殘忍，此開始是原始狩獵人對付野獸之法，後來用於部落間戰爭。而在貧困和無知情況下也用於自己；如殺老、溺嬰、易子而食、殺人祭河神等。

然罪惡亦隨文明之進步而更頻繁而擴大。種族間的戰爭，始而將失敗者殺絕，其後則迫之爲奴。隨著財富增加，權力機構形成，爲了獨佔，或爭權奪利，各種凶毒殘忍行爲出來，而在競爭失敗者中又發生流氓無賴或小偷，更使善良的平民受害。到了近世，且有以文明爲名進行帝國主義的征服，或以革命爲名進行獨裁者。這是公然否認道德或玩弄道德的虛無主義，達到罪惡之極點。不過，這也促進反侵略、反壓迫力量之增強，正義和平人權運動也國際化了。

道德不是奢侈品。他對社會之功用，有如血之於人體。紅血球輸送氧氣與養料，一旦有細菌入侵，白血球起而抗毒，這有如道德之克服罪惡。道德保持一個社會之安定團結，促進人民之平等合作，克服勢利主義罪惡，並鼓勵一個社會成員爲善的責任和勇氣，保持社會之正義。於是才有社會之安寧，文化的發展，而這是人道之條件。人道者，創造文化、創造歷史的人之所以爲人也。

反過來說，如果一個社會道德廢弛，走向勢利主義、虛無主義，也就必然造成社會之內亂，文化之衰敗。

所以道德振靡與社會治亂、文化興衰，形成因果關係。此在我國與印度皆有「報應」之說，希臘人亦以爲有女神 Nemesis 主管報應或報復。我以爲報應並非有神主持其間，而是社會當然之理。一則，一人不能爲大惡，他必有同黨。頭子爲惡成功後，如不受到受害者方面的報復，也常受到其同黨的效法。二則，爲惡總是少數人，如社會多數人，尤其是有資格講話的人不起來糾正，則是鼓勵惡人爲惡，則整個社會亦自亦同食此惡果。

新實證派常說價值判斷沒有客觀標準。實則善有形式與實質標準。形式標準即如康德所言，必須是人人可行者始爲善，此亦中國「恕」字或俗話「來得去得」之意，亦卽孟子所說「與百姓同之」。其次，是實質標準。由於我們不僅生活於自己的社會之中，也生活於國家世界之中，我們必須求①個人才性的修養增進；②社會親和、文化、公益、人才之促進；③一國國民之團結，政治經濟、學術之進步；④世界和平與普遍人道之促進。

因此，可爲善下一定義：一切個人或集體行爲，凡動機、目的、手段合乎人道，而對以上四項實質標準作或多或少之努力者，皆是善的。

還有一點亦須提出。眞美善雖有訴諸知、情、意重點之不同，但他們是互相關聯的。美與善的判斷必有眞的證明，眞與善亦與人以精雅崇高之感，而眞與美也當然是善的，大家之所想望的。如英國詩人丁尼生所云：「美、善、知識是三姊妹／相親相愛，友善人類／在一個屋頂下同居／如若分離均將流淚。」

——以上摘自《中華》十二卷十期至十三卷十一期論價值、道德藝術諸文——

(十八) 文化批評之三方面

有了學問方法論、價值判斷論，我們就可以作文化批評。這有三個方面：

其一，將有史以來各主要民族與國家之歷史，放在世界史的過程中，作同時比較，看他們國家之治亂、文化之興衰以及他們的相互關係，這也就是看各民族在文化史上的位置，判斷其價值。大國興衰與文化領導權的更迭，常造成歷史的轉形。

其二，再將某一民族或地區連貫起來，看此一民族或地區的文化在全人類文化史上的地位與價值，亦即其文化的特色、優點與弱點。

三是對個別的哲學家、科學家、文學家、藝術家及其著作，或者重要政治家、經濟家的事業，評論其意義及其價值。

（十九）世界歷史之轉形——九大時期

上說歷史是文化史，而世界歷史也便有如世界運動會，各民族與國家以其文化登場競賽，選手與得獎者是更迭很大的。

就有史時代而言，我曾將人類文化史就選手與得獎者之更迭，分歷史爲九大時期。

第一時期，自西元前三千年左右至前一六〇〇年左右。此由文字之發明到國家之結成，埃及兩河最先進入此期，稍後中國進入此期，卽黃帝、堯舜夏及商代前期。

人類由漁獵進入農耕，逐漸形成國家（土地、人民、政事），此東西（此西包括西亞、近東）之所同。國家的形成，主要有兩種方式：一如中國，由部落連合，推舉共主。此因當初中國人集團在血緣與語言上大體同質，故能沿黃河長江在和平勞動中發展。二如地中海四周，人種複雜，鬥爭激烈。有原住民建立的城市國家，如兩河埃及；有外來種族入侵後建立的地方國家，如希臘。印度也是以外來種族入侵而建國的。

第二時期，自西元前一六〇〇年左右至西元後四（三三一）、五世紀。此爲王國競爭兼併，成立帝國，以及東西兩大古典文明成立的時代。埃及中王朝最先成立帝國。此後有巴比倫、亞述帝國、波斯帝國，以及以色列王國之興亡，有希臘（亞歷山大）與羅馬兩大帝國之興亡，此兩大帝國形成了西方古典文化。在中國，周代商而興，經春秋戰國而秦，開始成立帝國；而自春秋至兩漢西晉，是中國古典文明形成時期。五胡亂華與日耳曼人滅西羅馬，是東西古典文明之結束。此外，在印度，西元前五世紀佛教代婆羅門教而興，前三世紀，阿育王大弘佛法，並自此傳於東方各國。

第三時期，自四、五世紀至十世紀（九六〇，即宋初）。在此時期，中西在政治上皆有新的主人；在文化上，都有外來宗教代替古典文化。在中國，五胡是中國北方的主人，佛教大盛，且促進道教之成立，一時二氏幾乎壓倒儒學。在西方，西歐以及北非，都在蠻人蹂躪之下。基督教雖由君士坦丁大帝承認，在羅馬帝國時代並無政治力量，但在西羅馬滅亡後，他一時成為最高權力，帝王必須由他加冕了。

又中國有東晉南朝，西方有東羅馬帝國各保持古典文化成分（亦皆非原物），也是相似的。然有大不相同者：五胡中最後勝利者的鮮卑終於努力漢化，自隋唐至宋初，中國重新統一，並使中國文化作第二度高揚。而西方則羅馬一亡而不可復，並進入封建時代，直至八世紀，還在黑暗時代。

但在七、八世紀，世界上又出了一件大事。唐代開國之初，穆罕默德倡回教，其後繼者一舉而建三洲大帝國，其文化遠在歐洲基督教徒之上。天寶九年（七五〇）唐軍在石國為大食軍所敗。造紙法自此西傳，兩年後，安祿山造反。後演為五代十國之紛爭，至宋始再統一。

在印度，至七世紀，秘教起來，佛教開始衰落。繼而八世紀桑羯羅倡印度教，漸代佛教而興。至十三世紀回教侵入印度，佛教竟消失於印度，只在東南亞和中日流傳了。

第四時期，自十世紀至十三世紀。此是兩宋時代，亦十字軍時代（一○九六～一二七○）及歐洲政（皇帝、國王）教（教皇）爭權時代。宋朝在唐朝基礎之上，使中國科技（活字印刷，羅盤，火藥，時鐘等）、文學（詞、語體小說）、哲學（理學）、史學、繪畫，都達到歐洲文藝復興期的水準或有過之。在西方，一百七十多年的十字軍戰爭各以法郎克人及突厥（土耳其）人為主力，而勝利終歸於回教徒，這證明回教文化高於基督教文化。不過基督徒亦努力由回教學習，甚至經由回教翻譯，始接觸希臘的古典。十二世紀，法國英國亦模倣回教徒設立大學了。

第五時期，自十三世紀至十五世紀。此為蒙古大帝國興亡時期。蒙古之西征，一時給回教徒以打擊，故歐洲人視為救星。而「蒙古之和平」促進歐亞之交通，馬可波羅以後中國文物之西傳，促進了義大利之文藝復興。蒙古帝國首先在中國終結（一三六八）。明成祖時，鄭和七下南洋，表示中國國力之強大。但鄭和以後，明朝停止航海；而葡萄牙王子則獎勵航海，西班牙繼之而起。然一四五三年土耳其人滅東羅馬，仍見土耳其人之力量，不過此時英法已成立了民族國家。一四九二年，西班牙在驅逐回教徒後，倔哥倫布到達美洲，開始歐洲的殖民主義了。

第六時期，自十六世紀至十七世紀。十六世紀（一五一六），葡萄牙人已至中國，而明世宗開始閉關政策。神宗時，兵援朝鮮失利，散兵潰卒在遼東者多為努爾哈赤收拾。熹宗時魏忠賢專政，造成國家混亂，崇禎誅魏忠賢後，仍信用太監，李自成入京，吳三桂引清軍入關（一六四四）。十七世紀後期，中國在大亂中。但一六六一年鄭成功由荷蘭人之手恢復臺灣，尚可見當時船砲並非西人之專利品。而十七世紀黃顧王顏諸儒之著作，在亡國教訓中對中國文化有新的發展。在西方，十六、十七世紀是西班牙的黃金時代，西班牙人羅耀拉組織耶穌會，爲舊教護法。更重要的，是十七世紀歐洲由伽利略和牛頓提出科學方法，完成科學革命，奠定了西方文化的優勝地位，這是西方趕上和超過中國的時代。

第七時期，十八世紀。西班牙承繼戰爭（一七〇一～一七一四）後，西班牙衰，成爲法國世紀，此亦卽啓蒙時代。此時英法殖民戰爭甚烈，這引起美國獨立和法國革命。英國開始工業革命。俄國彼得一世努力西化，學習西方技術，與奧國合作，進攻土耳其。普魯士亦整軍經武。雖然十八世紀啓蒙學派對中國仍表敬意，然以當時最高文化成就之《四庫全書》言，許多重要書籍是由《永樂大典》輯佚而來。亦可見明清之際中國文物損害之慘重。一七七六年亞丹斯密《原富》出版，說中國之停滯（stagnation）由於不知國外貿易之重要云。

第八時期，十九世紀。滑鐵盧戰後，世界是英國世紀。英國人說，打敗拿破崙的不是惠林頓的將才，而是利物浦的煙囱。俄國起來挑戰，英法俄奧瓜分土耳其，此所謂東方問題。東方問題擴張爲遠東問題，卽瓜分中國；鴉片戰爭爲第一聲。一八七七年，英國正式滅亡印度，同時列強進行瓜分非洲。又一八七〇年德國統一，有後來居上之勢。於是法國勾結俄國，英國勾結日本，打划中國。

第九時期，二十世紀。英法兩海洋帝國主義者與德俄兩大陸帝國主義者爭霸，引起第一次世界大戰。戰後美俄勃興於世界，日本勃興於東方。繼而日本大舉侵華，希特勒與史達林勾結發動第二次世界大戰，日本掀起太平洋大戰。中俄人民之血戰，美國的馬達，擊敗軸心，然歐洲亦被瓜分，殖民主義結束，美俄冷戰在第三世界展開，戰勝國的中國在美俄冷戰中分裂。一九九〇年冷戰結束，翌年蘇俄共產主義自動崩潰了。

第十期（二十一世紀）的世界，將是如何的世界呢？先說我們由上面歷史轉形可以得到的若干啓示。

（二十）國家興亡與文化盛衰

馬克斯說「人類有文字以來的歷史是階級鬥爭史。」但世界史上的主體是民族，不是階級。必先有民族，然後才有階級。就在「共產黨宣言」中，他也說到階級鬥爭可以使一個國家同歸於盡，如羅馬帝國。我認爲歷史是民族競爭和鬥爭的歷史，平時各以其文化競賽，在戰時，各以其文化爲武器（包括戰場上的武器）進行戰爭。

在各民族各國家以其文化競爭鬥爭中，國民的道德學問的水準是一國國力的源泉，而政治之開放與否，或統治層的賢愚又爲道德、學問升降、發揚或敗壞的關鍵。在上述歷史之各個時期，總有一個或一個以上的國家成爲世界上之霸國或領導國，這可能是由於當時其他國家在衰亂之中，給他機會；但亦須這個國家在文化上有其優勝之處，而且在發展的狀態。這或者因爲本爲先進之國，因能革過去之弊而復興，或者在學問技術上有新的發明，而其政權亦必是開放的，能奬勵學藝，延攬人才，而也就保持了國家的團結。如漢唐之中國，初期羅馬帝國，十二世紀之埃及，十五世紀之奧斯曼，十六世紀之西班牙，十八世紀之法國，十九世紀之英國，以及二十世紀前期之美國。

但沒有一個朝代，國家或帝國能永遠或長期保持霸權的。這大抵由於既得利益使政權趨於封閉，貪庸在位，以歌功頌德爲能，此卽趨於腐敗，不僅道德崩潰，而也學術衰落。

或者因爲內外情勢已經改變，而當局知識不足，不能在文化上進行正當的改革損益，或者對改革的意見不一致，形成黨爭。這都必定造成民變或內亂，這也必定引起外患，而使其他勢力或國家乘機進攻，代之而起。

中國歷代之亡，多亡於末朝之腐敗，此以漢唐明末之太監專政爲最著。這說明，權力之過度集中，必然產生特權，壓迫言論自由，造成學問人才的衰落和內亂。北宋則是因黨爭而亡的。阿拉伯國家，奧斯曼帝國，西班牙帝國，都是因爲故步自封，不能應時改革而衰落的。

世界上各民族地位固然因爲競爭與戰爭而變動甚大，但最大的變動起於文化發展之不平衡。

這有兩種形式。一是游牧民對農商民之進攻。此卽所謂「蠻族移動」。日耳曼人入歐，是代表的例子。在漢代唐代被中國趕到歐洲的匈奴和突厥，前者推動蠻族移動，後者曾爲歐洲霸權。在基回二教衝突中由北方南下的所謂「海賊」（Vikings），也對英俄建國發生重要作用。火器發明後，游牧民不足爲歐洲之患。中國最先發明火藥，也使用火器，但未能改進，遂受遼夏金元以及滿淸的分割或統治。

二是自西班牙征服新大陸，至十九世紀西方工業國侵略農業國的帝國主義。他們除了砲艦外，還有其他經濟、文化和政治的武器。受害最慘的，是美洲和澳洲的原住民，大概難免絕種的命運。但在亞非二洲，他們終於都不得不退出了。

這也就是說明，一個霸權，不能靠武力征服來維持。東漢之末，用兵西羌，終於造成董卓、曹操之類軍閥，而亡其國，流毒四百年之久。唐代國力甚強，其初頗能節制。至開元之末，邊將喜開邊立功，乃有節度使之設，終於自亂，乃有唐末五代之無恥時代。宋人力矯其弊，不過未免矯枉過正耳。在西方，羅馬以尚武興，亦亡於好戰。西班牙亦以黷武而衰。近世歐人藉科學增強武力，以武力攫取財富，號稱文明，終於失敗。此不僅由於如甘廼廸所說，帝國的過度伸張浪費國力，顧此失彼；且由於崇拜財富權力必定造成虛無主義，自相殘殺，而爲美俄所瓜分。至於蘇俄之政權，乃十六、十七世紀西班牙之新版，亦終於自潰。

在各民族的文化中，宗教是一重要因素。二、三千年間，世界上的興亡不計其數，但幾個大的宗教——基督教、回教、猶太教、印度教、佛教、錫克教——不僅是民族的紐帶，甚至是全洲標誌。此因宗教包含道德和生活信條，是文化創造之原動力。中國人雖無國教，但儒學代替了他。固然同一基督教曾引起宗教戰爭，迄今基回二教仍有衝突（黎巴嫩、南斯拉夫）、印度教與回教、錫克教亦常發生流血衝突，但這只是局部的暫時現象，隨著宗教寬容，信仰自由原則之確立，世界和平運動之進展，這總是可望消弭的，而且已有宗教聯合或綜合的主張了。

對有史以來人類文化加以通觀，可說：近東開化最早，繼而是東亞之中國與西南歐之希臘羅馬並駕齊驅，南亞之印度亦差鼎立。西羅馬亡後，千餘年間，是中國、印度、阿拉伯、土耳其的世界。文藝復興後，四百年來，是西方人的世界。十七世紀之末以來，土耳其疊遭俄英宰割，繼而印度與阿拉伯在十九世紀被滅亡或殖民地化。中國向為亞洲之安定力，自顧不暇，東南亞與中亞東北亞諸國遂先後淪亡。這當然引東西（非指俄美）之鬥爭，於是俄國乘機而起。

(二十一) 西方之歷史與文化

文化批評還應就各個系統的文化，特別是中國、西方、俄國三個區域的文化作一評估：他們的特色、價值、優點和弱點。先說西方。

西方歷史照例分為古代、中世和現代三期。古代西方文明以希臘、羅馬為代表。希臘人以商業兼海盜起家，他們的學問起於小亞細亞（今土耳其）希臘人殖民城市，實自赫梯、呂底亞而來，其學者大多也到埃及「留學」。希波戰後，雅典成爲文化中心。然而蘇格拉底以瀆神及誘惑青年之罪被處死刑，柏拉圖亦曾被賣爲奴，且主張斯巴達式專制政體及妻與子公有，亞理斯多德亦主張奴隸制度，可見以希臘代表自由、民主者實爲誇張。希臘科學之最高成就，是在公元前三世紀亞歷山大城完成的，如歐幾里德與亞幾默德等之著作，而這也是有埃及科學之基礎的。無疑的是，希臘人愛智求眞，由古代東方學習，終於超過之。他們求事物之原理，及論證之至當，於是有形而上學、幾何學與論理學之成就，給人類文化以寶貴遺產。羅馬人尙武愛國，竟以一城市而建立三洲大帝國。而殘暴亦絕倫，如「毁滅迦太基」。羅馬人在學問上完全接受希臘人的遺產，他自己的兩點特殊成就是法學與建築。自然法雖不承認奴隸，但帝國時代羅馬人口約一百六十萬，其中奴隸爲九十萬！義大利半島四百萬人中，三分之一以上是奴隸。他們以奴隸作工，自由人擔任作戰，此外尙有由軍人推薦而承包稅務之「新人」（西塞洛即其代表）。皇帝崇拜，軍閥專橫及其驕奢淫佚，奴隸生活之悲慘（他們是說話工具，其身強力壯者則訓練之至劇場與獅鬪），乃有基督敎之興起。而整個社會腐敗後，所謂蠻族便起而代之了。

日耳曼人之出現，使歐洲換了主人。我曾以下列十二點說西方文化之發展：①野蠻狀況，②封建制度，③基督敎與敎會，④都市與市民階級，⑤民族國家，⑥文藝復興，⑦宗敎改革，⑧航海殖民運動，⑨科學革命與啓蒙運動，⑩工業革命，⑪代議的民主政治，⑫帝國主義、虛無主義、世界大戰、極權主義。此在《西方文化危機與二十世紀思潮》上册二三四頁以下有較詳說明，此處略說若干要點。

如法國史學家與政治家基左在《歐洲文明史》中所說，羅馬帝國崩潰後，歐洲在野蠻狀況，神權、君權、貴族、平民互相亂鬥。又如比利時史家皮連芮所說，七世紀阿拉伯人使地中海成爲阿拉伯內海之後，西歐進入封建時代。封建制度使歐洲在奴隸制度以後進入農奴制度，但也介紹了選舉皇帝（神聖羅馬帝國）制度。歐洲從未形成一個政治單位，使歐洲聯合起來者，是基督教會。自查理曼帝國瓦解後，教會成爲最高權力。於是有十字軍之倡導。在十字軍的過程中，有都市和市民階級之興起，於是有民族國家，並由阿拉伯人之譯本接觸希臘之古典。騎士制度和大學，也都是倣效阿拉伯人的。而在蒙古人打通歐亞後，他們又由中國學到許多東西。於是有文藝復興、宗教改革、航海殖民運動。航海運動促進科學革命與資本主義的發展，於是有工業革命，布爾喬亞之發展，美法革命以及民主政治的發展，以及帝國主義之橫行了。

西方文化一大特色是其鬥爭性。住在多島海和亞洲半島之上，不對外鬥爭不能生存，希臘羅馬人如此，近世歐洲人亦然。阿佛萊・韋柏（A. Weber）又提出，希伯來主義（基督教）與希臘主義（現世主義）之內在緊張衝突，使近代歐洲富於動力性。此外，基回二教之爭，民族之爭，階級之爭，政教之爭，新舊教之爭，使歐洲人盡力團結內部以對外，並盡力學習敵人（回教）的技術，研究新的技術。阿佛萊・韋柏和雅士培（Jaspers）都指出，西方文化之突出成就，只是由於一六〇〇年後，他掌握了技術上之優勢。布格斐說，東方對西方失去技術之平衡是十七世紀以來之事。

在技術之進步中，首先西班牙征服了新大陸。十七世紀以來，他們利用土耳其、印度的衰敗，進行分割和侵略，到十九世紀，向中國開砲了。

這便是帝國主義。西方帝國主義造成湯奈所說的貪利的文明(acquisitive civilization)，亦卽金錢崇拜。這種金錢崇拜與基督教甚不調和，於是經由玩世主義而否定道德，這就發生了虛無主義。科技文明只能發展「工具理性」，協助貪利主義。貪利主義要求佔有和控制，勢必爭鬪，於是有第一次世界大戰。失敗者走向權力崇拜或暴力崇拜，這是虛無主義進一步的發展。西方文化的危機，在藝術上哲學上表現出來。終於有希特勒發動第二次世界大戰，歐洲一時倒下了。

在歐洲倒下之前，淮德海曾批評西方的科學唯物論造成對價值、美感之忽視，知性之不平衡和民主政體之危險。羅素批評西方文化的機械主義造成殘忍、浮躁、壓迫弱小，專求物質利益。胡塞爾批評文藝復興以來的自然主義的合理主義，使西方人喪失了希臘人的普遍哲學精神，造成自然科學方法的獨覇，使人喪失主體性，不自知其生存的意義。歐洲倒下以後，A・韋柏以無限沈痛之筆寫〈歐洲歷史之告別或虛無主義之克服〉，說現代歐洲之三大過程——現代國家、現代資本主義、現代科學皆發揮權力，皆有「吃人傾向」。結果是精神上的虛無主義與社會大衆之出現。由現代權力鬥爭而生的虛無主義由馬克斯給以理智形式，而希特勒則是其化身。納粹德國發生的一切——荒淫、殘忍、集體屠殺，不過是整個歐洲虛無主義後果之一部分。

美國原以反帝國主義精神開國，他始立世界上第一部成文憲法，其民主政體實有足多。雖然後來在西部開拓中殘殺紅人，養成惡劣傾向，但也因歐洲難民之不斷移入而得到一種精神上的平衡。在文化上美國成就最大的還是科技方面，而其科學唯物主義，又較歐洲強烈。二次大戰以來，他受了許多德國「現實政治」學者之誤導以及在冷戰中學習蘇俄的特務政策，加以「軍工複合體」的形成，使美國在冷戰中日益步過去歐洲帝國主義之後塵，不斷表現他的金權與軍權的虛無主義面目，於是在冷戰結束後，竟夢想獨霸世界了。這無非自毀前程，因爲科學技術不是任何一國可以獨佔的。

（二十二）俄國的歷史與文化

俄羅斯人屬東斯拉夫系，早期歷史不明。大約三世紀後，爲日耳曼人所奴役。八世紀時，他們在伏爾加河及黑海一帶者，爲《唐書》所說之可薩突厥所役屬。爲脫離可薩統治，他們請瑞典海盜保護。瑞典海盜號稱「俄羅斯」（Russ），即船夫之意，此其得名之由來。十世紀時，東斯拉夫人將瑞典人之王殺死，形成基輔公國，一種封建國家聯盟。其時公國之長，尚稱「可汗」。其後突厥族之欽察族（即庫曼人）與俄人爭戰，俄人被迫退入森林，俄人爲求東羅馬保護，接受東方正教。一二三八年（宋理宗時）蒙古西征，欽察人多逃入匈牙利，俄人諸公國均臣服蒙古。欽察汗國以莫斯科大公爲稅務總管，此莫斯科公國得勢之由來。至伊凡三世，娶東羅馬末帝之姪女，此使東正教士以莫斯科爲「第三羅馬」。此時蒙古已衰，伊凡三世得以脫離韃靼之壓力而爲俄人第一個君主，他也許是首先使用沙皇（Tzar，凱撒訛讀）稱號的人。如俄國史家維納茨基所說，俄國在政治上是突厥蒙古承繼者，在文化上是東羅馬承繼者。以後俄國歷史上之重要發展如下。

①擴張農奴制度，加強專制，進行內陸殖民。一五三三年伊凡三世之孫伊凡四世（恐怖伊凡）繼位。他成立親衞兵團，大舉屠殺舊貴族，而以親衞兵之頭目代之。他厲行專制，並擴大農奴制度，而此時西歐則已經一般的將這不人道的制度取消了。一五八一年（明萬曆九年）他利用哥薩克人（由第聶泊河及頓河一帶韃靼中一部及波蘭、立陶宛一帶逃亡農奴所組成的軍事團體）進攻烏拉山東之西伯利汗國。自此一路東進，至彼得一世之時到達黑龍江，被清軍擊退而於一六八九年訂尼布楚條約（康熙二十八年）。

②彼得一世進行西化，並向東西輪流擴張。他進攻土耳其失利，遂親自留學西方，學西方船砲，進攻瑞典，建彼得格勒，「向西方開窗」，進行西化運動。繼而又轉向東進，僱丹麥人白令在東西伯利亞探險，一七二五年到達白令海峽，並進入美洲。俄國內陸殖民（俄史家克留且夫斯

基所用名詞）收穫之大，遠過西方之海上殖民。

③俄國成爲歐洲強國之一。彼得一世以後，俄國經過女王專政，宮廷政變，對土耳其戰爭，與普魯士和奧國三次瓜分波蘭。一八一二年拿破崙進攻俄國失敗，亞歷山大一世參加同盟軍進入巴黎，參加維也納會議，發起神聖同盟，俄國成爲歐洲強國之一了。

④俄國是不斷革命之國。在農奴、專制制度及壓迫少數民族之政策下，俄國也是不斷革命之國。最初革命是十七、十八世紀的農奴暴動。亞歷山大進軍巴黎之後，許多軍官看見西方的文物，而以自己的落後爲恥，決定推翻沙皇專制，遂有一八二五年十二月黨之暴動（道光五年），一八三〇年第一次波蘭革命發生了。

⑤思想界兩大派，以及人民主義與虛無主義。尼古拉一世血洗十二月黨卽位，宣布專制、東正教、人民原則（narodnost），爲立國三大原理，而所謂人民原則實指農奴制度而言。此時俄國已開始工業化，歐洲思想傳入俄國，使俄國知識界發生西化派與親斯拉夫派之爭。前者之代表有赫爾岑、柏林斯基、巴枯寧等，後者多爲官廷派及東教會人物。然都反對農奴制度。這也開始俄國文學之黃金時代。尼古拉一世進攻「近東病夫」土耳其，英法出兵援助，引起克里米亞戰爭（一八五三～一八五六），俄軍大敗。尼古拉一世死，亞歷山大二世繼位。他宣布解放農奴（一八六一），但條件苛刻，甚至有名無實，於是在「到民間去」的口號下，有「土地與自由社」和「民意社」的組織。巴枯寧的學生尼卡也夫受耶穌會的口號——「以暴力對付肉體，以謊言對付

靈魂」的啓發，主張不惜以任何手段來毀滅俄國黑暗的沙皇權力，號稱虛無主義（Nihilism）。按：虛無主義一詞在中世紀已用於對異端之稱，而其普及，則始於屠介涅夫的小說《父與子》（一八六二）。

⑥由人民主義到馬克斯主義與列寧主義。亞歷山大二世被刺死，但亞歷山大三世繼位後更反動而殘酷，革命黨人認爲必須別求出路。而尼古拉二世繼位後，亦深感成立國會之必要，於是政黨起來。先是一八八〇年「土地與自由社」的樸列汗諾夫亡命歐洲接受了馬克斯主義，著作傳入俄國，促成一八九八年俄國社會民主黨之成立，樸氏遂被稱爲「俄國馬克斯主義之父」。由於俄國是一資本主義落後之國，如何應用馬克斯主義，是一不斷討論的問題。一九〇三年該黨第二次大會中列寧認爲俄國無產階級不足，可以農民、士兵補充之；生產力不足，可以暴力補充之。他並主張社會民主黨應爲少數革命職業家團體，使用合法與不合法手段奪取政權。列寧主張在該次大會中，竟以多數通過，此即「布塞維克」之由來。他們並在一九〇五年成立第一個蘇維埃（工農兵會議）指揮罷工，其次爲社會革命黨，此由人民主義運動來。他們主張以俄國農民公社爲基礎，實現社會主義。其三是自由聯盟，他們在沙皇十月宣言後成立十月黨與民憲黨。

⑦兩次世界大戰與共產主義之興。雖然俄國一片亂象，但俄帝依然向中亞擴張，進行俄化運動，不斷侵略中國，並以泛斯拉夫運動與德奧之泛日耳曼運動在巴爾幹競爭，這促成第一次大戰。俄軍被德軍擊潰。時皇后以奥人而迷信妖僧，政府威信全失，暴動四起。於是有二月革命，

沙皇退位，成立聯合臨時政府；繼續參戰，繼續戰敗。此時列寧等回國，發動十月（十一月）革命，奪取政權，將布黨改爲共產黨並成立共產國際，號召世界革命。在世界經濟恐慌中，史達林實行五年計畫之時，英國費邊社領袖韋柏認爲他是一種「新文明」。二次大戰中轉敗爲勝後，以超強地位與美國進行冷戰，就武器言，並不相上下。一九八五年戈巴契夫登臺，企圖對內改革開放，對外結束冷戰。東歐反共潮流大起，隨冷戰之結束蘇聯的共產主義也崩潰了。在說共產主義興亡之故以前，對中俄關係略說數語。

⑧俄國是我國外患中爲禍最烈之國。俄國爲歐洲國家中最初與我有正式外交關係者，雍正時其駐華公使薩瓦郎有滅華計畫，而其實際侵略，始於木喇福岳福利用英法聯軍之役，佯表同情，繼而強佔烏蘇里江以東，黑龍江以北，等於法德兩國之土地，包括海參威在內。繼而進兵中亞，滅基華、浩罕，強佔帕米爾我國領土，甚至佔領伊犁，經曾紀澤交涉，以其他土地換回。第三次是中日戰後，三國干涉還遼，市恩要求派李鴻章赴俄訂立中俄密約，許其將西伯利亞鐵路延長入滿洲及其他權利，包括旅順大連之租借在內。第四次是義和團事後，除參加八國聯軍外，出兵佔東三省。這引起日俄在中國作戰。俄國大敗，將南滿權利讓與日本，復與日本訂立三次密約，瓜分滿蒙。第五次是辛亥革命之時，與英國宣布外蒙西藏「自治」，並以中華民國之承認爲彼等承認中華民國之條件。此外夜移界碑，公然屠殺（如江東六十四屯事件）尚不在內。

⑨以上是沙俄之事。蘇俄成立後，對華宣言放棄帝國主義行爲，故國人認其爲「以平等待我

之民族」。然他一直在外蒙駐軍。其後利用國民黨不遂，專門扶植中共，製造中國內戰。抗戰以後，又攫取新疆權利，兼併唐努烏梁海。日本投降前夕，與美國訂雅爾達密約，恢復一九〇四年前帝俄在滿蒙權利。在原子彈下降日本後，出兵東北，先刦去東北工業設備，繼而助中共作戰，終於成立「中華人民共和國」。雖然不久其新沙皇與社帝之面目爲中共看清，而立反俄自立之志，然中國已分裂四十餘年，貽誤中國再建之大業了。

⑩共產主義之興亡，是二十世紀大事，其興亡之故，值得研究。就其勃興而言，重要原因有：甲、上說歐洲文化之內在矛盾增加其動力性。俄國除二希矛盾外，還有西化主義與斯拉夫主義矛盾。他雖然落後於歐洲，但也很快的學得歐洲人的技術。乙、俄國的地理與氣候，使其易守難攻。除蒙古速不臺外，拿破崙、希特勒攻俄皆失敗。而在俄國獨立之始，他即有一目標，即與西方爭霸，取而代之。西方派、斯拉夫派都有此觀念。丙、西方對東方的侵略與東方的反抗給他於中取利機會。繼而他看見西方文化的衰敗，而認爲可用馬克斯主義社會主義來打倒西方，領導世界了。戊、繼而世界經濟大恐慌，增加了蘇俄信譽，繼而史達林雖然非常殘忍，但希特勒更爲可怕，所以羅斯福邱吉爾還要和他結盟，助其成爲戰後超強。總之，共產主義之勃興，是西帝促成的。

然而，子、由於俄國統治之特殊殘酷，產生了人道主義文學和托爾斯泰、克魯泡特金等大思想家，此是俄國文化之精華，但也造成革命者之走向極端。如馬薩里克所說，俄國人對西方學說，缺乏批判精神。更壞的，是加以曲解。馬克斯只說無產階級專政，列寧變爲一黨專政，因此，蘇俄行的，只是極權主義，不是社會主義。這一時也許有效，然久之必然腐敗。丑、亦如貝加也夫所說，蘇俄共產主義非由馬克斯主義來，而是由尼卡也夫的虛無主義來。寅、也可說由俄國專制，農奴制度的傳統來。東歐的衞星集團，也還是泛斯拉夫運動的變相。所以法國人以一句法諺批評他，「越變越一樣」。卯、俄國原是不斷革命之國。史達林以來不見革命者，一來是擴大特務和整肅，代替革命；其次，以對外聲威轉移國民視線。馬克斯曾說「俄國是兼併繼之以兼併，擴張繼之以擴張」。二次大戰後，史達林帝國向歐亞非美四洲擴張了。然狄托和中共反抗，也促進蘇俄集團之離心和解體。辰、蘇俄對西帝與美帝批評並非絕無理由，不過，比較起來，蘇俄是更大的病而非治療，即他的虛無主義比西方更爲猛烈，他無資格代替西帝；且如戈巴契夫及葉爾欽所說，共產主義對俄人是失敗和悲劇。巳、何以共產主義能在俄國持續七十年之久呢？此一由新聞控制，人民不知眞相；二因俄人不願在冷戰中失敗。等到開放了解眞相，冷戰宣布結束之後，他們便不再忍耐；列寧格勒恢復聖彼得堡之稱，是對共產主義之全面否定。不過，蘇聯共產主義之崩潰，並非俄國之崩潰，他還是一大強權；在世界上也非社會主義之崩潰，因仍有民主社會主義。

（二十三）中國歷史與文化

新石器時代中國人即已居於中國之西北。中國歷史開始的一大特色，是中國文化起源於相對孤立的長江黃河上游，民族大體同質，在和平勞動中逐步向東遷移的。此可由中國無史詩，以及西北在考古學上只發現種種陶器，未見兵器而證明。在中國，戰爭是秦與西戎作戰以及匈奴來到以後才頻繁而劇烈的。這一點，與西亞及歐洲諸國皆在地中海四周互相兼併，印度、希臘皆自外來，俄國在民族征服之過程中立國完全不同，此對中國文化發生永久的影響。

中國開化甚早，而成就亦多。西方文藝復興後，培根推崇中國人四大發明。十七世紀萊布尼茲的哲學深受中國哲學的影響。十八世紀啓蒙學派都贊揚中國文化中民貴君輕、德治主義與理性精神。十九世紀西方工業革命後，中國屢被擊敗，始被輕蔑與侮辱。然他們有學問的人，仍對中國文化表示敬意，他們並能看出中國文化的許多特點。例如加爾根（Calquhoun）指出中國地方政治之民主。羅素說中國文化三大特色——無宗教，無階級，有特殊之表意文字；又說中國人愛好和平，重視智慧、美以及單純生活的樂趣，遠較西方文明優越。高本漢說中國表意文字基於單音語言，而連合使用變化巧妙。濟斯（Keith）指出中國文化最大價值在主張和平。穆勒（H. J. Muller）說在於人文主義。李約瑟認爲，近世西方科技，所負於中國者實多；後來中國科學雖在機械論上落後，然在有機論上仍貢獻甚大。顧理雅認爲中國文化對世界最大貢獻是認爲必有才德始配治人，因而有考試制度；又認爲儒學西傳對美法革命都有一定影響；而M．韋柏所說的現代國家，中國在秦漢已經實現了。東比認爲中國文化的精華就是和諧，在此意識形態對立時代，如中國不能取代西方領導世界，則人類前途將極可悲。此與羅素說「只要外國人不干涉破壞，中國人很可能發展出一種比世界上任何一種文化更優秀的文化」是一致的。又本世紀初期，M・韋柏說西方其所以有合理的科學與資本主義，實以新教倫理爲動力，這是東方沒有的。而不久以前卡恩（H. Kahn）著書說儒家倫理較新教倫理更爲合理，此所以有亞洲四小龍出現之故。

對於外國學者提出的中國文化特色，我都贊成，但還願補充四點。一是自由民主精神。儒家所謂無爲而治，卽不干涉；而以民意卽天心，尊民之至。二是道統高於政統。歷代知識分子尊孔，用意亦在於此。昔法國芮南（Renan）以「上帝的歸上帝，凱撒的歸凱撒」爲西方自由主義之源泉，而我國道統高於政統之說更爲現世化，新文化運動時要「打倒孔家店」者在於不知此義。三是義利之辯。此對虛無主義有防禦的作用。四是在經濟上早已公營私營並行，合乎當代混合經濟原理。

但中國文化非無弱點。最重要者：第一、我們雖然承認民爲邦本，且人民有誅放暴君之權，但沒有經常控制皇權的辦法，以致漢唐明皆亡於宦官，造成治亂循環之局。其次，科舉制度避免了貴族政治的害處，但使知識分子趨於仕宦之途，影響了他們開拓理論與實用技術之熱心。其三，由於反戰過度，竟未在自己發明的火藥方面加以發展，以致受到金元壓迫和征服。羅素說到中國人三大缺點（貪婪、怯懦、缺乏同情心）也可說是與文化上的三大弱點有關的。

更壞的，是朱元璋開始的閉關政策，以八股文取士，而其子又重用宦官。繼而嘉靖放棄航海領導權，造成中國的停滯和落伍。魏忠賢時代，已表中國文化的嚴重危機和墮落。此時一批青年（復社）受到國難的刺激和西學的啓發，研究經世之學。然不等到他們的學問見之實行，流寇大起，清人入關了。

而在工業革命，自由貿易，美法革命使世界政治、經濟、學術大變之時，在清人統治下，我們只有《四庫全書》和漢宋之爭，「十全武功」的內戰與和珅的貪污。士大夫沈醉於鴉片，而天理教已經起來了。知識與文化的落後，加上內部滿漢及官民之對立，就不能應付英國和列強的進攻，造成近百餘年的損害和恥辱。

最不幸的，是我們對於新的世變不知其由來（閉關之故），故不知如何應付。在傳統辦法不斷失敗後，開始學習西法。西法久而無功，至新文化運動走入全盤西化之路，完全否定傳統。

一個落後國趕上先進國，首須研究其知識與技術，自能根據自己的需要與條件改正自己的傳統。西方學習回教學術，並未全盤回化。俄國雖努力西化，也沒有全盤，日本亦然。而完全否定自己傳統，等於從頭學習他人，也就必然形成一定時期的精神眞空。在西化沒有成績之時，俄國革命後馬列主義襲來，知識界又一窩蜂轉入俄化主義了。西化、俄化兩派進行內戰正烈之時，日帝大舉進攻。血戰八年方慶勝利，戰後美俄冷戰又使中國內戰在西化、俄化的背景下大起，終於造成四十多年的分裂。而由二化帶來的殖民地化的虛無主義，還造成人性的墮落。二十世紀世界各國人民之苦難悲慘，無有過於中國者。

中國文化由於具有上述種種優點，故能成其久大。雖屢經游牧民族入侵，終皆漢化以成中國之大。而世界文明古國能持續至於今日者，亦唯中國。中國文化，在古代與希臘羅馬並駕齊驅，在中世，中國文化爲世界最高水準。唐宋時代，中國已進入西方文藝復興時代，元代打通歐亞，使中國文化對西方與俄國皆有貢獻。只因明代因閉關八股而停滯下來，而近百年疊受侵略之後，又因西化、俄化之錯誤，造成國運之顚連與分裂。

所以今天中國人的責任，就是恢復統一，再建自己的國家，復興自己的文化，保障自己的安全，並有貢獻於人類的文明。這必須由自己優良的傳統出發，而革除不良的傳統，採併世界各國優良成就來建立自己的新文化。此即我向來所說的超越傳統主義、西化主義、俄化主義而前進。

（二十四）第三世界之覺醒

此處對第三世界略述數語。今日亞非、拉丁美洲第三世界的歷史文化，過去受到西俄日諸帝的抑壓破壞，二次大戰中先後捲入美、俄影響之下，或者國內亦分爲兩派，或者由親美而親俄，或由親俄而親美。於是美俄遂得以第三世界爲戰場，爲代理人，進行冷戰。但他們逐漸覺悟，力求自主。拉丁美洲諸國要求脫離經濟的依賴，實現阿爾幾尼亞和墨西哥提出的國際經濟新秩序宣言，美國黑人拒絕白人社會學，到非洲尋根。而非洲有幾位思想家不僅批評白人社會學，而且批評馬克斯不脫西方布爾喬亞的成見。坦桑尼亞總統標榜非洲人的「家族社會主義」。如果最落後的非洲人尚能獲得思想自主，可以想像任何新帝國主義不可能了。但美國正挾其冷戰勝利者之餘威，在中東挑撥回教世界，而在東亞，正多方進行「拆散中國」的計畫，所以世界將來，又不是可以完全樂觀的。

（二十五）文化批評之第三方面

文化批評除了以上對整個歷史，對三、四個重要區域與國家有所論列之外，還有第三方面，即思想上，文藝上，乃至政治經濟上許多重要個人之批評。例如我關於孔子、孟子及司馬遷、杜甫與韓愈、王陽明、黃梨洲、顧亭林、龔自珍、魏源、鄭觀應、嚴復、梁啓超、孫中山諸文，關於伽利略、牛頓、萊布尼茲、史賓諾莎、康德，以及《西方文化危機與二十世紀思潮》中關於馬克斯以及當代哲學家等文之所說。

（二十六）世界與中國之將來

我們研究文化史，進行文化批評，主要目的，是爲了預見世界與中國之將來，並實現一個更好的世界與中國之將來。但如上所述，史學方法論只能得到若干可能的前途；故尚須有價値判斷論，促進大家努力，實現一個最好的應該如是的前途。

冷戰結束時，美國很多人認爲世界將是他的獨霸時代，紛紛提出新秩序之論。但馬上他的經濟衰退的信號出來了。至少，他心有餘而力不足。

也有人預料，兩超強之後，將是五強之局（歐、日、中、美、俄）。在一定期間可能如此。不過，在獨霸世界之夢及意識形態之爭過去以後，這五強之間發生戰爭之可能性似乎很小。自歐洲經濟共同體成立以來，東南亞及其他地區有同樣動向。所以，二十一世紀將是集團經濟競爭的局面。

二十世紀以來，有東西（俄美）與南北兩大問題。現在東西問題解決，但南北問題尚未解決。不過大多數低開發國家都在努力開發。他們逐漸進步，消除世界經濟與文化之不平衡發展是可能的。於是世界將進入無強時代。

就以上情形而論，世界的正義、和平、合作、普遍的人道，是大有希望的。這也是人類應有的目標。局部的種族衝突（如塞爾維亞與波士尼亞等），沒有大國參加，也不致成爲大戰。

可慮的，是一貫標榜和平的美國的態度。他們之中的帝國主義者有兩大幻想：一是利用以色列控制中東石油，二是利用藏獨臺獨乃至民運人士拆散中國。他還可煽動第三世界國家在南海一帶參加拆散中國的工作。所以二十一世紀之和平能否確保，要看美國的有識之士的主張，第三世界的態度，以及中國的政策，共同努力，實現一個和平合作的世界。

解嚴以來，很多國人喜歡引用外國人說過的一句話：「二十一世紀是中國人的世紀。」我常勸大家不要說。一則，這可以增長虛驕之氣；二則，這句話還包含一個意思，卽在二十世紀後最後年代中，將中國打倒使其不得翻身。果然，現在美國就有人說要「拆散中國了」。

以中國及中國人的潛力，他是早應該成爲世界富強之國的。機會雖多，但被國際形勢破壞了。抗戰勝利是一機會，但被冷戰破壞了，也是被自己的幼稚輕率所破壞了。天佑中國，在蘇俄藉原子彈進行勒索敲詐之時，大陸的科學家造出原子彈。而臺灣也在盤根錯節之中發展經濟成就，爲亞洲四小龍之一。兩岸統一起來，加上全球的華人科學家企業家的力量，自能使中國成爲富強國家。珍寶島事件後，我不斷提倡兩岸進行談判，將兩個憲法合併爲一，在聯合的民族主義、民主政治、混合經濟之原則下再統一起來，再建我們的國家。中國之統一，不僅是兩岸統一，而且是全世界中國人之團結。這不僅結束中國人骨肉流離之痛，確保中國領土完整與安全，而也是恢復歷史正常，進行復興中國文化的文化史任務。我以爲這是中華民國政府政治與道義的責任，而對臺灣人民也是非常有利的，所以我於民國七十七年到大陸提出我的主張。大陸朝野對我的主張雖未盡同意，但表歡迎，且願討論。我絕未想到，臺灣有人視爲仇敵。不久我了解仇視的動力，來自外國。他們要保留臺灣的分離，作拆散中國之基地之用。

雖然如此，看兩岸人民來往之頻繁，和臺灣人民到大陸投資之踴躍，以及多次民意調查，贊成統一者佔絕對多數，可以相信統一是不可抗潮流，其實現只是時間問題。

但不可忽視困難。除了美國公開的秘密阻止中國統一以外，主要困難是我們菁英所患的西化、俄化病的後遺症。他們的想法不僅與我的一代大異，也與一般人民相反。在我寫此文時（八十一年十一月）臺獨、獨臺正在拼命表演特技，然皆語無倫次。在大陸，中共至今對於蘇俄共產主義之崩潰無誠懇而明智的檢討，不僅還有左右之爭，而且官方還在說互相矛盾的「兩個基本點」。所謂「一國兩制」，也是權宜之計，違反立國原則的。還有民運人士主張先民主而後統一，不知統一運動就是民主運動。

統一運動遲遲不進，使英國人企圖延長他在香港的特權。這也有協助美國拆散中國人之用意。所以中國統一，也有夜長夢多的危險。

打破這些困難，首先需要中共完全放棄俄化主義的包袱，完全站在中國歷史文化的立場，主張由兩個憲法的討論合併，重定國家統一大法；同時需要海外華僑組成團體，倡導統一，並對兩岸施加道義壓力。

中國統一以後，大事是鞏固國內和平，集中人力、物力，重建國家。除了加強漢人與少數民族之團結合作以外，在政治上發揚我國固有之民主，參考並世之成就；在經濟上發展過去中國的混合經濟，參考並世之成就；此實中華民國憲法之內容，甚望大陸朝野多加採擇。我還要說明，我們建設之目的，決不可追求美式的提高生活水準或每人所得。以中國人口之多，我們必須過節儉生活。我們應求生活品質之提高。在學術上，要重新研究中國歷史與文化，洗刷西化、俄化之曲解。為了利用厚生，自須發展科技。但這決不可違反諧和的原則。如所謂三峽工程計畫，既破壞自然生態，又破壞人文史蹟，是決不可行的。我懷疑這是外國人謀害中國的另一種陰謀，但該國亦有科學家認為過於殘忍而反對的。我們不可執迷於十九世紀西方人的科學唯物論破壞自然之美與有文化史價值的古蹟；不可因「生產力狂」而進行慢性自殺。

在對外方面，統一以後，我們已是一富強大國，也足以國內和平保持外部和平。我們尚須發揚國際道德，一反過去西方與俄國的帝國主義惡風，決不以武力為對外政策工具，決不用權謀術數，干涉他國內政；我們一本誠實，力求互惠合作。我們「汎愛衆而親仁」，對我特別友好者，亦自對其特別友好。除在聯合國決議之外，決不介入他國爭端，亦決不與任何國家結盟。杜牧詩曰：「廣德者強朝萬國，用賢無敵是長城。」這在今天還是適用的。

要之：我們確保國內和平，在新的知識技術基礎上發揚我們人文主義的，和平的，和諧的文化；對外亦貫徹和平政策，在藝術學術的交換上表現我們人文主義，和平和諧文化之特色。這是在國際規模和現代科學標準下，實現我們古老的理想：天下太平，安居樂業。

但國際上也常有小人。為了使國民保持警覺，一定要保持言論自由，也就是不使政府身當其衝。又我們以正義和平為目標，但亦必保持第一流的戰力，始能不受人欺侮，雖然我們決不開第一槍。（以上參看《胡秋原演講集》中〈歷史學如何才能研究中國之命運〉）

(二十七) 宇宙觀與人生觀

哲學最後總要涉及個人的處世態度，或古人所謂「安身立命之地」。我認爲我先哲之宇宙觀與人生觀是正確的，我只加以補充。

我們先哲認爲人類是天地宇宙的最高產物。人在宇宙中的地位如何呢？《中庸》所說「贊天地之化育，則可以與天地參」，使人的地位與天地同尊了。所謂「天地與我並生，萬物與我爲一」，「上下與天地同流」，「萬物皆備於我」皆是此意。到了漢初《淮南子》，以爲人是一小宇宙。將人與宇宙放在同等地位，是中國哲學的特色。

其後陸象山謂：「宇宙便是吾心，吾心便是宇宙。」又說：「宇宙內事是己分內事；己分內事，是宇宙內事。」這是說應對天下之事關心和研究之意。王陽明特別說：「天地萬物一體之仁」，是推親親仁民愛物之意於天下之人與物的博愛之意。作爲宇宙中一分子，我們應對其他分子皆抱關心愛心，是中國哲學之又一特色。

人類創造文化與歷史形成第二宇宙。歷史是人類言行之記錄。《左傳》上叔孫豹以人生大事是立德、立功、立言爲三不朽，此與西方人以靈魂入天堂而不死大不相同。其後孔子作《春秋》，褒貶善惡，使世人知流芳遺臭之差別。至於宋代，范仲淹爲秀才時即以天下爲己任，而以「先天下之憂而憂，後天下之樂而樂」自勉勉人。張載曰：「爲天地立心，爲生民立命，爲往聖繼絕學，爲萬世開太平。」抗戰回國以來，我常以此四語自勉，便是因爲前二句是由宇宙論出發，後二句是由歷史論來的。文天祥所說「天地有正氣……於人曰浩然……時窮節乃見，一一垂丹青」，也是同樣的意思。

要之，本天地的愛心，繼續前人的業績，在歷史和文化的創造上盡自己之所能，亦使自己的辛勞留在歷史上；此所謂繼往開來，是我們中國人傳統的人生觀，也是我的人生觀。

但我的一生所目擊的，是西化派與俄化派之相繼而起（國民黨清黨後是包含美國派與德義兩種西化派的）。我曾反對俄化派之否定文藝自由以及國民黨對日無抵抗。抗戰歸國，我發現眞正支持抗戰的是一般的民衆和自由知識分子，西化派不願抗戰，俄化派則是利用抗戰，他們對中國文化及至中國文字都是輕蔑的。我提倡文化復興，主張民族主義與發展科學，反對西化及蘇維埃化及法西斯。入臺以後，我極力提倡超越傳統主義、西化主義、俄化主義，前進創造中國新文化，此是恢復統一與重建中國之根本問題。如何超越前進？首先，是要激發國人獨立自尊之志氣，解除人格殖民化之卑屈心理，本知性精誠求學問之自立，故提倡人格尊嚴、民族尊嚴、學問尊嚴；其次，依學問之方法，人類生命與文化之價值研究學問，對中國文化進行正當的因革損益。要之，我由哲學研究建立我的人生觀，我也依據我的人生觀著書立說，盡我對天地、歷史、我中華民族、歷代聖賢豪傑、我祖先、父母、師長和天下後世的責任。

總括以上所言，作下表：

人爲創造文化動物、歷史即文化史 ── 哲學即文化哲學、即文化批評

史學方法論──分析各民族文化之〔宇宙觀與人生觀〕
〔由來、特色、並論其將來〕
價值判斷論──評論各民族文化之〔宇宙觀與人生觀〕
長短得失、並論其應有之將來

──八十一年十二月十五日──

中國文化復興論

——中國文化之過去、現在與將來

精神文化（Culture）是物質文明（Civilization）之花與實。民族沒有復興，抗戰建國沒有成功，中國文化自然不能根本復興。中國如果沒有完成一個現代國家，就不能完成自己的文明。

然文化也是抗戰建國的輔導工具。即使我們還不能建立我們的現代文化，我們能學習他國的現代文化，運用現代精神與方法，來促進我們現代化的工程。隨我們抗戰建國事業的進步，我們也能在客觀上逐漸提高我們文化的水準，奠立新文化的基礎。而在抗戰建國過程中，我們尤應在主觀上鍛鍊我們文化的這一工具。

因此，我們對於我們文化的過去現在與將來，應有一番正確的認識。爲的是了解自己的優劣，確定努力的方針。

（一）中國舊有文化之評價

對於中國固有之文化與文明，有兩種相反的估價。

其一是由純技術的觀點出發，認爲中國文化只是農業社會文化，或所謂封建社會文化，卽在今日業已落後陳腐的文化！因此，在今日它也只有歷史的價值而已。許多社會學者或革命家以及多數西方人士支持這一觀點。

第二是由感情的、精神的觀點出發，認爲中國文化至高，而甚至是人類文化的前程。十八世紀法國啓蒙派曾有這種看法。十九世紀是西方輕視中國文化的時期。然還有托爾斯泰寄讚嘆於中國。歐戰以後，因歐洲對工業文明的幻滅，頗有感覺「西方文明衰落」，傾向返於東方者。而中國之抱殘守缺，聽了一、二倭鏗的話，或一、二泰戈爾的話，也高談其所謂東方精神文化；甚至一個有思想力者如梁啓超先生，在其晚年，也爲自己的舊文化而自滿。

這都是不對的，至少是不夠的。

先說第二種看法。文化是一民族的生活方式，亦是保障和改進其生活工具。如果這一百年以來，我們在國際舞臺上事事失敗，我們國民生活在國際水準上相形見絀，我們便無理由滿足自己的文明。誠然，今日歐洲文化亦表現重大危機，但這並不能證明中國文化卽比他們高尚，而只是說，我們還要創造超歐洲的文明。關於這一種看法，我已在其他文中加以批評，此處不贅。

至於第一種看法，也是不充分的。文化是一民族精神創造和精神創造力的總和。無疑技術是一測量一民族文化水準的主要尺度。但是並非唯一尺度。第一、一種技術的成就，不僅要看這一技術的效能，還要看這一種技術的熟練程度，其全部智力及生活是否與這種新技術完全調和。打字機易於抄寫，但一個熟練的錄事，速於一個生手的打字生。現在德國和美國的技術，特別在電氣和汽油動力方面，超過英國。但無人能說，英國文化比德國美國落後。因英國在若干近代工業的精工這一點上，爲任何國所不及。誠然，中國過去文化是農業手工業文化；但在這同一技術的水準上，中國完成了最莊嚴優雅的成就。全世界沒有任何民族在農業手工業的技術上，超過中國人所完成的精練。傳統的熟練和創造，使中國人在這一方面的創造力達到了最高點。不獨後來如此。卽遠在中國的製作，如在仰韶等地發現之彩繪陶器可以證明的。在同時代的水準上，無能超過我民族優美的。總之，文化之進步，不僅靠新技術之採用，還要看這一技術之普遍採用，及其所達到的熟練（skill）與精緻（refinement）。並且，僅有新技術，而不能充分使用，或使其生活適應於技術，則不僅徒然，而技術也會退化的。前者如英美技術沒有用於國防，所以一時爲德國所威脅。後者如羅馬人的技術比蠻人進步，然終於爲蠻人所滅亡。

其次，技術有進步落後，但人智水準是相同的，而人類所要解決的問題也是大體相同的。不過技術能夠增進人智之力，所以隨技術之進步，人智更精微。但是，如果人類不使用其智力駕御其技術，縱有技術，也是枉然。例如人類現代的技術超過希臘人，但這不是說每一個讀書人都能超過亞理斯多德。中國過去的技術水準雖不如現代諸國，但吾祖先精心大力之創造，値得我們驚嘆。例如明末諸老的思想力，眞突破同等技術水準上任何國家所能達到的境界。大智之目光，常能超越時代。一代大師萬古常新之故，亦卽在此。不過一個思想家總要有新的材料，才能充實其思想。

不僅如此。人類文化以及技術追求一個最高目的，卽人類之普遍自由，和平及建設——蓋必如是，人類社會始能提高與發展。故文化之價值在其貢獻於人類自由如何爲斷。否則濫用一技之長，只是文化之墮落。由此言之，今日使用飛機大砲以肆殘殺之倭寇及其同盟者之行爲，決不能用以汚辱「文化」二字。一民族一社會文化之進步，可以其社會中人類所有自由之深廣而決定之。資本主義社會比封建社會進步，畢竟因前者在民族範圍以內供給了較多的自由。然我們何以不承認初民社會爲文明社會呢？因爲在那裏，整個人類爲自然所壓迫，人類文明史就是人類由自然及同類壓迫解放的歷史。而中國文化的價値，又在其對於人類之目的——自由進步，作了極偉大的貢獻，而中國文化之精神，依然能爲人類之將來提供有價值的啓發。

所以，如以歷史的科學的眼光來看中國文化，我們可以說，在農業手工業的技術水準上，中國文化在各國之先，且達到這一水準上人智最高點。只在工業技術上，中國一般落後，但這種落後，並非決定性之事，一種新技術之獲得，不是困難的，只要決心去獲得它，不是困難的。而現代技術上面所建築的文化，已發生流弊，我們不僅要學習它，還要救濟它。但要救人必須勝過他人。一國文化總是一國自己的產物，自己傳統之改革翻新。我們的祖先在他們的技術水準上，留給我們無數寶貴遺產，這正要我們以新的技術方法去發揚，去擴充，去再創造，並再造世界之文明。

還有一點必須指出。文化和有機體一樣，有健康的時候，有衰病的時候。中國文化中有精華，亦有糟粕。民族與文化之興衰，是互相關聯的。

大抵一國政治失修，該民族逐漸衰落，一般文化亦隨之衰落。但一個民族要轉弱爲強，亦必須該國文化有一種新興的精神與力量。特別是該國先進之士能夠振衰起敝，然後才能復興民族，使一般文化爲之復興。

中國之衰敝極矣。但這不是命定的，也只是一時的。中國曾經在物質技術方面，表現創造力，而且在精神文化方面，表現偉大的精神。不過過去每因政治腐敗而衰退，近百年來因技術落後而頹敗。我們無以自立，自亦無以立人。自己受強暴侵凌，而世界蠻風大長。我們要想自保生存，匡扶世運，必須恢復自己的創造力，恢復自己的偉大精神，掃除自己的弱點，尅治自己的惡疾，並獲得現代立國必備的技術知能和條件，使中國在新技術水準上發揚其創造力，發揚其偉大精神，使中國永遠屹立於世，而且使這世界日益光明，這便是我們的義務。

(二) 中國對於世界物質文明的貢獻

許多人——中國人和外國人——將東方文化與西方文化對照，以中國文明之精神文明與西方之物質文明對照，這是再錯誤不過的見解。文化與文明可以分別，但不能分開。先秦、漢、唐、宋明時代，是中國物質文明最發達的時代，也是精神文化最絢爛的時代。我們有大思想家，大文學家，也有大政治家大工程師大戰略家。在十六世紀以前，中國在天文、曆數、水利、農田，以及築城開河的工程方面，不僅有輝煌成績，且在世界物質文明史上作過極偉大的貢獻。

中國最初為西方所知的發明是絲。這是中國對羅馬世界的重要輸出品。以後，羅盤、印刷與火藥——也是中國發明的。沒有這，近代發明發見及文化之普及，幾乎不能想像。磁石之應用，在中國可追溯於極古之時期，周漢六朝均已盛用，而在唐宋之時，卽有今日之羅盤。特別是文化工具之發明，全世界的人智，不能不感謝中國創造之天才。紙製作於漢（二世紀），印刷發明於隋（六世紀），活版盛行於宋（十一世紀），此外，火藥在唐業已使用，不過多作鞭砲之戲與穿山裂石之和平建設用途，而非用以殺人。這三件事經阿拉伯人傳入歐洲，使歐洲中古時代迅速結束者，此三者之賜。此外，卽為鑄鐵（cast iron），精製於唐；煤在漢已使用，元時更盛用。此近代文化兩大材料吾祖宗使用之，均較歐人為早。直至近世，中國哲學與法國啓蒙派以莫大鼓勵，而瓷器園藝裝飾爲歐人所模倣，形成羅可可（Rococo）藝術之時期。惜乎自此以後，中國遂日益落後而頹廢，也談不到有所貢獻於世了。

本世紀第一年，倫敦《泰晤士報》記者加爾根（A. R. Calquhoun 按即中山先生《建國方略》中之加爾根）說：

> 西方世界由中國得到許多東西。還有許多東西，我們不知道以前，已由中國所使用了。羅盤火藥及傘之使用屬於前者，下述許多東西也多半如此：文官考試制度，最初之電報（烽火塔），鬥牛，劇場，小說，國勢調查，輪種方法，印刷，孵卵器，鈔票，報紙，種痘等等（"*China in Transformation*", 1900）。

（三）中國文化之基本精神

而中國之哲學與思想，其菁華的部分和優秀傳統，可說是和從來人類最優秀的思想相通，足爲治國和指導世界的最高原理的。

第一是自由平等的精神。中國歷史上有可自豪者二大事：一曰無宗教思想之殘殺，二曰無階級制度之抑壓。重思想自由，重萬民平等，此爲中國文化之一大特色。我不是說中國無思想壓制與階級制度，然較之歐洲平和多了。「民爲邦本，本固邦寧」，「防民之口，甚於防川」，這是先聖之訓，也是世界最古的自由主義與民本主義。孔子進退百王，筆誅強暴；墨子尙賢尙同，孟子更倡「民爲貴，社稷次之，君爲輕」之說，以爲聞誅一夫紂矣，未聞弒君也。這較之亞里斯多德之擁護奴隸制度，其高下相去如何？莊子亦將自由平等之學說，衍爲逍遙齊物之寓言。惜乎政衰學敝，梟主鄙儒，務爲愚民弱民防民之術，這就是違背中國文化之古典精神。

第二是尊重勞動的精神。尊勤儉，戒佚豫，鄙視不勞而食，是中國精神第二大特色。男耕女織，帝后亦嘗躬親，中國民族之始祖黃帝不是天神而是民族的戰士和科學家，嫘祖不是女神而是蠶絲的發明者；這較之其他民族之傳說，以及祖先爲妖怪爲魔王者，更可看出我炎黃子孫是由如何偉大而堅苦精神所培植起來的。在中國古代的文學中，擊壤之歌，讚勞動之神聖；七月之詩，念稼穡之艱難；碩鼠之章，訶寄生者之奢侈；惜乎世衰俗弊，浮華荒嬉，腐食國本。但這正違背中國古典文化之精神。

第三是正義自尊與堅毅精神。孔子言仁義，仁是人道，義是完成人道之方法——完成責任。義之所在，肝腦塗地而不悔。孔孟對於個人要求爲君子，爲大丈夫。君子有立身之準繩——仁義禮智信。大丈夫有處世的風格——不淫、不移、不屈。舍我其誰，這是何等抱負？至大至剛，這是何等精神？民胞物與，這是何等理想？「知其不可而爲之」，這是何等氣概？惟其執着正義，所以能自強不息，弘毅任重而道遠；而甚至殺身成仁，捨生取義。中國在異族凌夷內憂外患之餘，其鼓勵我們守正不阿，氣節凛然，不惜犧牲以全道者，就是這種偉大精神傳統之感召，是這原則精神責任精神之感召。惜乎世衰道微，苟且成風，廉恥道喪，而這正違背中國古典文化之精神。

第四是現世與實務精神。孔子不言性與天道，孔墨都非命，他們都是熱誠奮鬥的改革家。孔子的理想是文質彬彬，其教育是文事武備兼重。墨子的理想是刻苦節約，摩頂放踵謀國家之利、生民之福。這種悲天憫人之心，經國濟世之義，都是先賢最光榮的遺教。空談與高調，是與我們古典精神緣遠的。惟其如此，才有中庸之至德。中庸就是正道，這種公明平實精神，一壞於黃老之虛無，再壞於腐儒之心性，章句之空疏與支離。而在今日，先賢讀書明理致用之精神，也還沒有復活。

第五是博愛與和平精神。以力服人，中國所最反對。即對於異族，未聞主征服者。孔子說：「遠人不服，則修文德以來之。」墨子主兼愛非攻，至比侵略者為盜賊，其「非攻」可說是世界上非戰文獻中最光榮的一篇。不僅如此，他是實際組織非戰運動以義戰制止不義戰之人。中山先生說得好：「中國人有一極好道德，就是愛和平。中國人幾千年愛和平，都是出於天性，論到個人，便重謙讓；論到政治，便說不嗜殺人者能一之。」這一美德，為全世界所公認。史汀生先生在其《遠東危機》一書中，謂中國和平文化是遠東安定力，可謂知言。

然而第六，中國並不主張屈辱的和平，我們是以自衞國家為大義的。我們重夷夏之防，我們不侵略他人，然對於侵略者，一定要膺懲。孔子讚美攘夷的管仲，執干戈以衞社稷的汪琦。而春秋的微言大義，即在尊周攘夷之中。惜乎自五胡以來，此義漸晦，學鮮卑語者有之，爲胡兒者有之，稱兒皇帝孫皇帝，靦顏事仇，媚外陷忠及自稱順民者有之。然我民族之忠義英雄之奮鬥，亦史不絕書。民族精神，賴以不墜：有讀〈張巡傳〉「男八！男兒死耳，不爲不義屈！」之句而不自覺其尊榮者乎？有讀陸放翁臨終之詩「死去原知萬事空，但悲不見九州同；王師北定中原日，家祭無忘告乃翁」而不流涕者乎？有讀世傳石達開檄文「忍令上國衣冠，永淪夷狄？爰率中原父老，還我河山！」而不躍然而起者乎？

最後第七，必須說到中國文化獨立創造的精神。世界有四大文化之搖籃，即西亞、愛琴海、印度及中國。如前三區域在最古之時尚有交通，得互相砥礪之益；中國文化則是拔地倚天，戛戛獨造的。最顯明的一點，即是中國之語言文字。中國之語言文字，自成系統；在很古時候，複音變爲單音；而簡明合理之文法，歐洲文字中惟有英文足與相比。雖書寫識字較爲困難，但此無礙中國言語爲世界最進步之言語。近人不明乎此，欲將此種文字改爲系統完全不同之羅馬化或拉丁化，是無異將黑髮變爲黃髮，天腰束爲細腰。國人或以中國文法不如歐美文法之嚴密，殊不知歐洲文字由表格之語尾變化進爲思惟之論理次序，爲自然的進步。而此種進步，中國比任何民族語言最初完成。若干人只知道西洋文學拼音有語尾變化。但蒙回文字拼音，東胡及西藏語都有語尾變化，可見語文之進步並不在此。稍知高本漢（Kalgren）諸人之研究者，決不至妄自菲薄其母舌。歐洲進步之語言爲英語法語。法語之發音，有由複音趨於單音之勢；而古英語之變爲今英語，卽表格語尾變化（Inflection）之逐漸消失（今英語中僅代名詞尚保存一部分之變化，名詞只保存's 且多以 of 代之）。此種過程，至中文而達完成之域。中國落後者，在於技術，不在語言。恰恰相反，中國簡單合理之語言，是我們最當自豪的創造之一。在鴉片戰爭以前，中國文化雖亦常受遊牧民族乃至希臘印度之影響，然中國之施，遠多於其受。我們有孤立的悲哀，然也有孤立的光榮。雖然今後我們不能孤立也不願孤立，但那種獨立精神是必須永遠保持的。

這幾點，是中國文化的基本精神，也是正義世界之基本原理。

（四）中國民族及其文化之頹廢

在我看來，中國近代的歷史，是一個墮落、衰頹、腐壞的歷史。我民族過去的光榮偉大日就萎頓，今天我們是在新生。然想到過去的恥辱，想到未來的腐敗，可爲痛哭，可爲戰慄。我們到今日爲止，墮落到如何程度，自己不可不知。我們墮落的根本原因，自然是由於技術及武備的落後。而主觀原因則由於政治失修與民族精神的消失，使野族入主中原，而這又加深了中國的病痛，使中國民族更趨於頹廢。這不幸的墮落，是由五胡亂華開始。

桓靈以來，宦官專政，民族解體，致有後來五胡之禍。江左文華，雖未衰竭，然民族元氣大傷。唐代民族復興，宋初學術亦頗有進步。不幸政治腐化，國家陷於內爭，遼金元之禍隨之，民族生機，毀頓幾盡。明初又得一復興之機，然明末以來宦官執政，至於亡國。清初尚有新興之氣，然唯恐漢人不愚不弱，中國之大大墮落者，又三百年於茲矣。而最近一百年來，因列強特別是日寇之直接間接摧殘奴辱，不能不使我們愧痛，有辱黃帝之英明。

這墮落的表現，最直接顯著者，首先自然是國勢的凌夷。五胡以來，異族正式入主中國者三次。許多人談什麼同化，他們曾否想到，這同化之中，有無量山河與子女的淚血！他們曾否想到，不是後來能夠光復，又如何能夠同化？異族之入主，說明華族抵抗力量抵抗意志之薄弱。歷代亡國之因，多如陸放翁所痛哭的！「陰平窮寇非難禦，如此江山坐付人！」朝中驕奢誅求，人心痲木渙散，臨陣無敵愾之氣，後方有內爭之勇，過去我民族之衰微，主因實在於此。繼此而來者，是民族道德之墮落，是廉恥之喪盡。這一百年來，帝國主義者挾其優越武器經濟文化以俱來，更非從前國難可比。由不平等條約之束縛，到國土之奪取，勢力範圍之劃分，由軍事的威脅到軍事的進攻，由經濟的掠奪到精神的征服，喪權失地，國困民窮。祖宗所開拓的疆土，被人佔領；祖宗遺下的財寶，被人掠奪。然國難日深，荒唐難改。內爭之急，往往過於禦外之念，不思雪恥，不思自強。此滿人要負責任，漢人也要負責任的。時至今日乃有空前之日禍。而因國勢之凌夷，物質精神乃同時墮落。

第二、是經濟之破崩及生理之頹廢。自清以來，我們的產業毫無進步。鴉片戰爭以後，舊的農業及手工業日益破壞，新的產業也在夭折及風雨飄搖中。農村疲敝工業落伍不待說，即固有的茶葉絲業也日就破落，瓷器也品質日劣（昔時每過九江，見瓷器日壞，花紋日惡，甚至製爲春宮褻物，爲之痛嘆），甚至房屋的建築也日益惡劣。昔日輪奐之美不可復見，而偷工減料之西式房屋，陋劣不堪。總之，衣食住行，無一不下流，不粗惡。甚至我們的水菓，花木，也日益癟小惡化。看看今日市上的梨子，想想十年二十年前的梨子。不獨如此，我們的體格，國民的健康，也日益衰弱矮小。想想我們祖先多高大長壽，而今日滿街都是面黃肌瘦駝背弓腰搖曳歪邪的病夫與遊魂，或是奇裝異服粉脂肉麻的妖怪，這如何得了？

第三是風俗的墮落及學術的衰微。今日社會布滿小利，虛榮，陰私，柔佞，苟且，麻木，輕浮，欺詐，腐化，無志氣，無節操。見洋人及強者叩頭，對百姓及弱者耀武。長江外國輪船上的茶房，是這一代的中國相。再看鴉片煙館澡堂茶館之內，橫斜蜷曲於那種污穢中者，也是黃帝之子孫！折白的流氓，釘梢的惡少，那樣子能想一想麼？而在弄堂里巷之中，內面的麻雀聲和門口骨瘦如柴賣甘蔗水的老頭子，這情景能想一想麼？這是靈肉雙重的污穢！此外，一個重禮的民族，人與人之間已不講禮貌。嗚呼，朔方健兒好身手，昔何勇銳今何愚！而這墮落因外國人輸入的墮落而增其毒性。古有麻雀，今有輪盤賭矣！

一般的國民精神如此，所謂學術界又如何呢？在教育界方面，留學生多在外國鬼混，摸博士文憑，巴結外國教員，而一回國則妄自尊大，或爲人師，稱其老師以自雄。至於「地盤」見之言詞，派系結朋，六臘作戰，上結官府，下結學生，迎拒與風，恬不爲怪。其在著作界，以大綱A

BC爲時髦之書，過去整理國故，濫造某某評傳之類；今日社會科學，則濫譯唯物辯證法之類，人人侈談三原則，人人自命馬克斯主義者。而譯文錯謬不可卒讀，又如得天書，以不求甚解爲樂。此外，則有幽默之作，以打趣爲文學，奉袁中郎爲元祖。其在秘密市場，則有鴉片煙鬼在輪船上，在弄堂中，兜售性史春宮之類。除此以外，所謂學術著作，多是二三流著作之翻譯。而專門及高等教育用書，幾十之七八譯自倭人。甚至「座談」、「不景氣」等半通不通之詞，亦流行於口。敵人軍事未征服我，而其醜劣文化已幾乎征服我們了。這是如何的可痛！

第四爲物質及精神墮落之原因及其結果者又是政治的腐化。官場黑暗成爲公開秘密，官吏制度成爲商行爲系統。軍人官僚政客之專橫把持，縱橫貪汚，邪惡淫佚之腐蝕與傳播，《官場現形記》及《二十年目覩之怪現狀》尚未足以寫實。在士大夫之戲劇中，一面有門閥主義，一人成佛，鷄犬升天，一人下野，百人下坑。營私發財，乃是目的。一面有朋黨主義，立一團體，結一要人，招攬青年，以壯聲勢，一旦擠得一官，其手法亦復如故。國家無新成功，排來擠去，決不會有新鮮文章，蓋可斷言者。

不待言，政治之腐化，造成國勢之淩夷，促進物質精神之墮落，而這一切又要促進政治之腐化，互相腐蝕，不得不使民族日益趨於腐廢。

這是我們過去的腐敗相的大概。雖然未足盡其萬一。今天我們在血戰中苦鬥，也是在血戰中復生。我們的腐敗已洗去不少，但我們要洗滌我們的汚穢，剜去我們的腐爛，培養新肉新血和新

的骨格。〔註一〕

然我民族墮落的原因何在呢？

這原因自然是極其複雜的，但根本原因，由於技術之落後，民族精神之消失。而這兩點，又不能不歸於政治。

或者有人說，過去五胡遼金元清，何嘗有比我們更進步的技術呢？他們不知，雖然我們有比他們更進步的文化，但有一事落後了，那就是騎兵。騎兵是古代的砲兵和空軍。我讀史常痛嘆我祖宗受制夷狄，由於馬政之失修。漢代爲我民族武功最盛之時。那時我們雖無強有力的騎兵，但我們有戰車，所以能夠抵抗匈奴。而我們還在培養馬種。漢通西域，求大宛之汗血馬是一主要動機。可見我祖宗整軍經武之用心。漢末以來，寺人專政，衍爲三國內爭，胡人乘機坐大，於是我同胞就不斷受敵騎之摧殘了。以後宋明之亡，無不敗於遼金元清的騎兵。馬政之盛衰，爲我民族隆替之一大關鍵。到了清末，更因一般技術的懸殊，形成被侵略之痛史；而又未能急起直追，乃積弱而至於懼外。在六朝及宋明三時期，中國頗有進於現代國家之可能，不幸爲蠻族所挫折，清末以來，我們的進步又爲倭奴所挫折。否則，中國也早已是一個現代的國家了。

其次說民族精神之喪失。過去蠻夷之能征服我們，多假手於漢奸——自桑維翰至張弘範、吳三桂、范文程皆然。此輩賤種曲解先人「撫我則后，虐我則仇」（其實，一，此語只適用於一國之內的範圍，若爲異族，其心必異，根本無撫我之可能；二，然此曲解之所由生，究由於虐政，亦當深省）之言，以爲認賊作父藉口。此外則有拜外病之徒，及媚外病之徒，甘作胡兒，墮入賣國賊及漢奸之路。蓋若輩只有一身一家思想，地方部落思想，朋黨思想與利益，如私利不受影響，國利即無所容心。此在民族國家未成立以前，本非罕見現象，然我國傳統精神——內諸侯而外夷狄，執干戈以衞社稷之精神——之喪失，亦爲一因。而此民族精神之喪失，不能不歸罪於黃老之學。中國古典文化，原以孔墨爲中心，此先秦之顯學。老莊之學，衰世之聲。自秦以來，墨學固微，孔亦失眞，而支配數千年之中國者，實黃老之學也。孔墨之學，一巨創於李斯，再半死於兩漢，墨至漢而亡，孔至漢而亂。漢雖罷百家以尊孔，然黃老精神，孔子面目而已。而黃生與竇后，實此孔冠老戴之張本人。近人非孔，其實兩千年之學，李耳——李老君之學耳，豈仲尼之學哉？

黃老之學，殆有三支：一爲清談派，莊子竹林屬之，文酒風流之士傳之。一爲鬼神派，張道陵傳之，江湖術士及匹夫匹婦信之。一爲實行派，鬼谷子屬之，而政客官僚衍之。此陰柔玩世自私之學，交相影響，毒於人心，害不可言。自老莊申韓之學興，而中國文化之根本精神日就晦蔽。自由民權之說，爲申韓所抑，而尊勞動尚正義，與夫經世致用保國衞民之精神，又爲老莊所蝕。二千餘年日日言孔而孔道日乖，此眞可痛心之學變學厄學亂也。世人以孔子綱常之論，最便於獨夫。其實儒家綱常應可訓練紀律精神。日本言忠君，未嘗受儒家之害。況孟子尤張革命之說，非梟主所喜。惟黃老之學不重原則，不重是非，宜愚民弱民之敎，張權謀術數之言，此種消極主義訓弱者以苟活，而強者遂得以敢於凌弱矣。或謂今日倭奴利用孔孟，吾人不宜為孔孟辯。然此說明日寇之毒辣無恥而已。吾人正當張先聖尊周攘夷之精神，統一抗戰也。〔註二〕

但是，完成這兩原因之結果者，是政治。馬政壞於貪，學蔽起於陋。貪陋所以養成，由於士大夫之無恥無知；而士大夫之無恥無知，由於專制者喜其無恥無知；而專制者所以能專制，則工業未發達前世界之一般情形矣。〔註三〕

(五) 中國現代文化運動及其得失

大體說來，在十六世紀以前，中國文化絲毫沒有落後於世界。在唐宋，今日歐洲諸國尚在草昧時期，而中國科學已甚發達，如果不是元人入侵，中國文化從此進一步發展，是很可能的。就是元時，中國物質文明也勝過歐洲。元代文明不是蒙古文明，而是漢人文明。不過自此以後，歐洲逐漸邁進，至文藝復興而突飛猛進，我們漸漸落後。但是，如非滿人入主中國，務為閉關愚民之術，中國也許早已現代化了。

我必須指出，中國第一個有現代精神的人物，是徐光啓先生。當時歐洲文化若干方面稍比我們進步，而首先能夠賞識這些文化者，乃徐光啓先生。他由利馬竇等介紹了我們當時西方科學書籍，特別是關於天文曆數的書籍。在同時代，我們還有許多科學家，例如宋應星，以及方以智，徐霞客諸先生，稍後如黃梨洲、王夫之、顏習齋、劉獻廷諸先生，都是很富於科學精神的。如果明末政治上能夠自立，這一個學問的新天地一定可以逐漸開闢，中西文化一定可以早得到更好的溝通。但因政治腐敗，淸人入主。淸人入關之初，雖用荷蘭人的船征鄭氏，利用義大利敎士造砲打三藩，也利用他們在欽天監服務或在宮中繪畫，但他們並不能了解這種文化，尤不願意當時西方知識傳播於中國。他們希望用性理、八股和鴻博、考據，痲木中國人的神經。到了雍正大興文字獄，乾隆則開四庫，摧殘和浪費思想。這一反動政策，阻礙了中國現代文化的運動。

中國現代文化運動，遂不得不遲到鴉片戰爭以後。歐洲的槍砲使我們不得不重視機械。林則徐是第二個現代思想的先驅者。他的朋友與幕客魏源以及馮桂芬開始提倡研究西學，製造西器，但沒有什麼結果。一直到太平天國運動，中國才去研究歐洲文明。曾國藩有倡導之功，其幕客如郭嵩燾、薛福成等（還有在野的王韜）對於西方文明已頗有了解。雖然曾國藩自己自始至終並沒有深刻的認識，但江南製造局之製造編譯工作以及李鴻章、張之洞等的事業，使中國接近了現代文明一步。現在有許多人批評張之洞「中學爲體西學爲用」的見解，其實這一舊時代的開明官僚還知道機械工業之重要，直到今日，許多新人物還輕忽工業哩！

中法與中日的戰爭，使中國更進一步認識西方文明了。我們不能忘記中國現代頭腦的三個先驅。一是孫中山先生，他上李鴻章書，其中的根本見解，至今還是正確的。他是第一個中國現代政治家。第二是康有爲和梁啓超先生，康後來不足道，但乙未上書戊戌新政時代，他是先進。壬寅癸卯年的梁啓超先生其常帶感情的筆鋒，是充滿現代精神的。他的新民說，他的傳記及歷史論文，是中國最初自由主義民族主義最好文獻。不幸他不僅沒有繼續前進，而甚至於爲「整理國故」而犧牲，他曾痛言清代「漢學家者，率天下而死心者也。」而後來竟謂清代爲中國文藝復興時期，比擬至爲不倫。第三是嚴復先生。他介紹達爾文、斯賓塞和穆勒，這是現代思想的菁華。這一個有思想力的人晚年政治上的失節，是一件不幸的事。

然而這一文化運動並沒有繼續下去。孫中山先生致力於政治運動。在文化上，不久又陷於陳腐的混沌中，一直到歐戰開始和終結時期，中國文化界才發春雷而驚蟄。

這春雷發生於兩方面。第一是以新青年爲中心的賽因斯和德謨克拉西運動，和五四以後的反日運動，充分表現民族主義與現代精神。其次，是中山先生的實業計畫，這是中國工業化運動的最偉大文獻。

然而中山先生的計畫固然沒有得到應有的贊助，五四運動的精神也日益晦蔽而歪曲。首先是所謂整理國故運動，以標點考證古書代替了科學和民族鬪爭，這種新漢學不知貽誤了多少青年。其次，是所謂馬克斯主義運動。一個還沒有工業文明的中國，早熟的接受這種工業文明之批評的思想，便就誤了自己正當的發展。民族主義與科學精神遂在不知不覺之間受到極大的冷淡，而甚至於反對。在這種空氣之中，各種陳腐的，低級的，享樂的，庸俗的，而甚至於神怪的著作，在痲木中國的青年，而中國文化界就離開戰鬥的民族主義和嚴肅的科學精神日遠。五四以來，二十年間，我們在文化上個別的說雖不無相當進步，但一般來說，就時間的進步來說，是一個逆流。

這一逆流，到九一八才逐漸轉向。民族抗日的思想起來。然而我們因有所蔽，表現得異常的鈍感。我們可說，一直到此次抗戰，我們才痛切的了解民族主義和科學的重要。我相信我們的文化將隨我民族復興的戰爭和建設而復興！而且，也必須復興！豈但如此？十七世紀以後，中國對世界雖無所貢獻，但此次抗戰則以血以肉挽世界狂瀾於旣倒，又遠在過去貢獻，他人貢獻之上。我們應該而且能夠由復興中國進而復興世界及其文明。

回顧這一段歷史，我們一定要問：何以我國現代文化運動沒有繼續進步呢？除了明清之際是由於滿人侵入的原因而外，此外，都由於三點：第一是政治上的內爭，第二是經濟上工業家力量的薄弱，第三是忘卻中國文化之眞精神，反而爲許多末學所絆住。淸末以至五四，我們現代文化之消沉由於這三點原因；五四運動所以沒有完成我國民族運動，主要原因是現代產業的幼稚。而多年來馬克斯主義之流行，主要由於民族之內爭，使煩悶的知識分子只好在馬克斯主義中尋其安慰。此外，領導人物之無眞知定見，也是無可諱言的。這一切的不幸，結果不僅是民族的虛無主義，而且是文化與民族的需要脫離，形成文化貧血，社會無知。一個有深長文化傳統的民族竟逐漸喪失其理智信心和創造力，是何等的可悲？因此，負有責任的我們，在今日復興民族之戰爭中，也要復興民族的文化！

(六) 中國文化之將來及其復興之路

要問中國文化之將來，先要問中國社會之將來。

中國革命之目的，在於建立現代化的中國。我們抗戰，是要打破現代化的障礙；我們建國，就是建設現代化的中國之基礎。中國抗戰一勝利，一定向現代化的路上飛奔。將來中國就是一個現代國家。

所謂現代化不是別的，就是工業化，機械化的意思，就是民族工業化的意思。中國必須現代化，才能生存於現代國際環境中，才能洗刷我們的落後和汚穢，淺薄和玄虛。而現代化也是中國自然前途。中國其所以沒有完成其現代化，過去由於元清之蹂躪，近代則主要由於日寇之壓制。解除了日寇的壓制，中國必立刻發揮其力量到他必到之地。在現代的基礎上，一定有中國的現代文明。

所謂現代文明者，在形式上是民族的，在內容上是科學的。現代文化之建立——是自徐光啓以至五四運動所追求之目的。民族獨立和科學發達之後，我們的文化一定能發揮和繼續過去的光榮，建立我們自己的新文明。這是由中國所創造，為中國之進步，表現中國之特點之現代文明。

這種文明不是過去中國舊文明的復活。沒有現代化的武裝，沒有現代化的血液，中國舊文化不能生存，而且一定腐朽。

這不是所謂全盤西化或蘇維埃式的文明。我們必須將「西式」和「新式」分開。今日我們有西式東西，卽是輸入的洋貨，但這不是我們自己創造的。我們所謂新文學也只能說是西式文學，我們還要有自己的新創作。

今日我們的文化，反映半殖民地的風光。舊的一切在腐朽衰退中，而新的舶來品，只能為少數人所享受。然我們的文化，也反映半殖民地的自由運動，我們要求獨立，要求自給。我們的新文明也將是我們精神上的「國貨」。讓腐朽的消滅，而文明買辦們破產罷！在民族工業基礎上的文明才是我們自己的新文明。我們愛護自由，尊重勞動，愛護和平，愛護民族的精神，我們的經世精神，與夫我們的聰明才智和靈感，如不能用現代技術武裝起來，我們不僅不能保障自己生存與進步，而且一定枯竭而頹廢；我們不僅不能保障民族的生存和進步，而且也不能開發我國家的富源，啓發我們固有的智慧和創造力。然如前引加爾根氏所曾說的：

我們不能不驚異於這事實，卽中國之進步，雖停滯數世紀之久，但不僅有許多中國人之產品，依然在世界有其市場，而且若干且無可匹敵。並且，雖然中國人在其製作與藝術中所用工具，照例極為原始，但結果則極可驚異，有時甚至於超過了歐洲人用他們進步的方法及時新機器與機關所能達到的水準，……當進步精神真臨此土，而現代的改進及方法為此民族所學習及採用之時，中國在工業世界中，一定能在世界列強中出人頭地。

這一段話不僅指出中國人的天才，同時也指出我國復興之路。我們曾經對世界文明作過偉大的貢獻，我們曾經做過世界最富強最文明的國家。一旦民族獨立，駕馭現代技術，而由這現代技術而來之現代精神之鼓勵，與我們固有的美德與天才結合，將要開如何的美花？如何的碩果？在今天，也實在是難於想像的；這將造成我們歷史之無限光華與對世界再作偉大貢獻，是毫無疑義的。我們有無限的屈辱，無限的自瀆。然而我們的民族所表現無限的劣點，我們的腐敗與自私，愛錢與怕死，都是現代以前的社會病。這不是根性，而是頹廢的結果，國勢凌夷和技術落後的結果。波斯戰役以後的希臘之黃金時代，普法戰爭以後德國學藝之光輝，一定能在抗戰勝利以後，光臨於我們的祖國。

我們應如何復興文化使這黃金時代迅速來臨呢？

今日是我們爲復興民族而奮鬥之日，也是爲復興民族文化而奮鬥之時。我們在抗戰建國的過程中，客觀上也是在復興文化之過程中。爲了抗戰之勝利，我們必須加強主觀努力，鞏固統一，抗戰到底；樹立法治，發展工業，而這一切，也就是復興文化的根本之道。

但就文化本身說，主觀上我們應作些什麼努力，才能使抗戰建國過程中文化更爲進步，並且，更能使文化幫助抗戰建國之事業呢？

第一、發揚民族主義

民族主義是今日抗戰建國之中心精神，也是我們文化運動的中心精神。我們要有爲民族所有，爲民族所造，爲民族所用（of our nation, by our nation, for our nation）的文化。一切非民族反民族的文化，我們都要拒絕。一切必須服從民族的利益，一切必須適合民族的環境。許多人至今還在纏夾於民族主義與國際主義之間。我們必須知道，有健全的個人才有健全的社會。個人平等，才有社會主義。眞正的個人主義，與眞正的社會主義是一個東西。民族平等，才有國際和平，才有國際主義。眞正的民族主義和眞正的國際主義是一個東西。民族不能獨立，一切都是空談空想。空想的國際主義，只足以幫助侵略者。

眞純的民族主義文化包含一些什麼要點呢？

一、民族主義的文化運動要發揚我們文化固有的偉大精神，承繼孔墨的光榮傳統；而同時拋棄有害的渣滓，如老莊之學，腐儒之學，要發揚我民族經世致用的精神，剛健勇武的精神，反對那些空虛淺薄的精神，陰私儒弱的精神。

二、民族主義文化運動是獨立自主的文化運動。我們不要忘記獨立的精神，是我們的文化之動力。卽使我們必須介紹他人文明，也是要爲我們民族使用的。今日我國學術界或則崇拜歐美，或則崇拜蘇俄，甚至還有人崇拜日本，各以此自炫，甚至互以此相輕，爲人吶喊，實可痛嘆。他人之長，不僅友邦，就是敵人之長，都要取法。但不可忘本國之立場，作皮毛之模倣。一切學問，都是爲了我民族之生存與進步的，否則不算學問。

三、民族主義文化運動要提倡民族的道德。民族道德是對民族的忠愛，對民族公益的愛護，對民族法令的遵守。不自愛自尊者，也不能眞正愛他。而眞自愛者，也一定能愛他。不愛自己民族，也不配談國際主義。我們必須發揮先賢先烈忠國愛民的精神，發揮我民族優美的德性。記得祖先光榮的創造和偉大的遺敎，一定能勉勵我們自強不息，不懈精進。

四、民族主義文化運動要提倡尙武精神。沒有自衞的武力，也談不到文化。我們祖先黃帝之文武兼全，是我們最好的模範。漢末以來，我們尙武精神逐漸消失，是不幸。佛法也少不了降魔的無畏金剛。我們不可不文，但決不可弱。剛強的體魄，大雄的精神，以及克敵制勝的武備，是我們必須具備的。我們要掃除柔靡的頹風，振作尙武精神，衞國意氣。

五、民族主義同時是民主主義。民族主義是求全民族國家福利的。因此，民族主義不僅對外要求民族的平等，對內也要求：（一）民族的民主。愛護少數民族，發揚邊疆文敎。（二）政治的民主。凡屬同胞，享受法律上之平等自由。（三）經濟的民主。取締非法的商業，限制產業之壟斷與暴利，保障產業中心勞動者之健康與福利。這都是民族主義應有的內容。

六、民族主義同時是全民主義。民族主義文化運動同時不能不是國民文化運動，民衆教育運動。全國有大多數人是文盲和無教育，民族主義即不能算是成功。使全國人民都有民族意識和現代知識，是我們文化運動主要目標之一。今日有許多妄人自命「文化人」，這是一種文化貴族——雖然他們在知識上未必夠得上是貴族。這不祥現象所由生，是由大衆之無知。普及文化不僅可以提高文化，也可能產生眞正的學者。

第二、發展科學技術

我們要把生產、軍事和科學打成一片。不僅提高我們的科學知識，而且使這些知識適應目前迫切需要，科學是與產業並行的。古代有古代的科學，不過現代工業將生產力空前提高，也將科學知識空前提高，使人類知識達到空前正確精密的水準。現代文明之基礎，就是這種科學文明。我們完成了民族工業，一定能發展我們的科學文明。但科學也是發展產業的工具，我們如何來改善這一精神工具呢？

一、要在建立國防產業中培養科學人才。我們當前任務除了抗戰以外，是建立新工業，同時改善舊工業和農業。建軍必須建產。這需要科學家去幫助努力，我們也能在建產事業中培養新人才。各種輕重工業工廠中，都應普遍設立研究所實驗室，不僅改善原有生產，並且刺激進一步的發明。黃海化學工業社就是一個可喜的模範。我們知道，抗戰以來，我們在兵工廠中，在其他工廠中，有很多改進，許多發明。代汽油之成功，以及近代機油之發明，都是值得欣慰的事。我們還應有組織的在這一方面精進科學研究，造就更多發明。

二、我們應充實高深科學研究機關。一方面，集中人力與才智，研究中國的歷史與地理，研究現代理化及電、醫、生物科學，研究國際政治及中國社會，研究歐美各國建國歷史，軍事外交的情況，而目標集中於我們如何抗戰建國的實際問題。另一方面，應用科學方法，搜集材料，分工合作深入研究，同時吸收他國科學新知，學習他人的經驗，提高研究自己的問題的理論水準。到今日爲止，這些事情做過不少，錢也花過不少，但也許沒有充分集中人才，切實學問，沒有什麼成績。我們所謂文化，依然停滯於翻譯文化，新聞主義之階段。於是無益空談，傷國僞說，與夫淺薄亂說的稗販，乃充斥於國中。今日要汰除空陋之風，治本之道，惟有樹立篤實高深嚴肅的學問精神。這和半瓢水的洋學生，說話帶幾個毫不必要的洋字，而眞正洋文很好者就不喜歡如此，是同一道理。在商業市場上，劣貨幣一定驅逐良貨幣。但在學問世界中眞學問一定可以驅逐假學問，除非明白人太少。

三、要整頓教育。今天學校是研究科學和培養科學人才的根本機關。我們既知道過去教育失敗，就要爭取今後教育之成功。過去教育失敗於官僚主義及政客主義，我們除了要求教育當局以神聖的心來辦教育以外，還有首先要充實學校教育，充實及提高課程及師生水準。今天學生程度不齊，而且有的太低。這一面由於功課太多，也由於師資太差。同時考試方法也沒有好好執行。特別是大學教育，我們應取寧缺勿濫的態度，嚴格訓練及啓蒙學生專門知識。不必要課程之減少，必要科目之增加（軍訓及邊疆語等），教科書之改造及充實，師資之提高，天才學生之提拔，都是我們應該鄭重注意的。

四、要造就臨時抗戰建國的幹部，同時要派遣眞正有相當程度的人赴外國眞正深造。這些事情我們做的不少，成績不多者，實由於情面主義，而不講人才主義罷。許多短期學校時間過於短促，過重形式，是今後必須改正的。至於留學生制度，實在濫莫可言。今後無相當造詣者，卽使私費，亦不得留學。同時我們要資助海外華僑有能在外國深造機會。還有考察遊歷之類，多是徒費國帑，成爲旅行變相。若不是對於某一門學問有相當成績的人，是大可不必留洋的。但同時我們可以多多招聘外國眞正專家學者來華擔任教師。我們可請各友邦政府及其學界機關鄭重介紹，不可找些外國流氓來混飯。

五、必須傳播科學知識，傳播現代知識。現代基本科學知識，無論自然科學、社會科學以及論理學哲學等，都應多多翻譯良好叢書，以供廣大閱讀。多設科學博物館，以啓發民衆的科學知識。同時我們學界要提倡一種建設的批評作風（從來我們吹噓謾罵多於批評），對於常識以下，違背論理的荒唐與武斷，作善意批評。對於論理學，歐洲現代歷史以及文化史，應與本國史地成爲每一國民常識。中國人許多頭腦之非邏輯與夫不知己不知彼，實在是可驚的。

最後還想談到一點。不通之文字，無有多於今日中國者。中國語言雖極優美，然因八股流傳和翻譯研究之缺乏，使文字籠統拙劣，而這也影響思想。文法之學，實不可不講。今日講文法者多倣歐洲文法書爲之。然中文與歐文系統不同，吾人必須注意詞之次序，因中文無語尾之變化也。吾人不重邏輯、文法、文章作法及修辭之學，以致今日文學常多自相矛盾，不可卒讀。長此以往，必使國人頭腦愈趨於混亂，亦不可不注意之事也。

以上諸點，自不是可以一日完成。羅馬不能成於一日，樹木也要十年。今日要廣爲種樹，我們要一面留一些樹爲異日之棟樑，同時也不能不一面栽培，一面使用，度此青黃不接之時期。而今日辛勤之培植，就是將來新文化花園之基礎。今日一切從事於文化教育事業者，也必須立志做中國文化花園中的一個辛勤的園丁，用心血來灌溉未來中國文化之根苗。同時用自己赤誠與熱血，貢獻於國民精神之鑄造。橫渠云：「爲天地立心，爲生民立命，爲往聖繼絕學，爲萬世開太平。」願以此語，贈一切爲中國文化復興而努力的人們。

——二十七年十二月廿五日——

〔此文曾刊祖國，並印小册。〕

〔註一〕以上所說種種墮落是戰前的情形，與帝國主義之侵略有關，戰前數年，又因日帝漢奸之行爲而益甚。抗戰一起，民氣一新，其時葉紹鈞有「民質從今變」之語，重慶精神可爲代表。然在淪陷區，亦有其墮落。唯至抗戰末期，艱苦有難於繼續之勢。日帝投降後，「接收」造成人欲橫流，則又爲大陸赤化之一重要背景。

〔註二〕案：黃老聯稱起於漢初，老莊並舉始於漢末。黃老何人，獄難定論。黃自非黃帝，余疑即黃石公黃生之流之傳訛，影射及假托者。老子人物著作，世多疑者，其書爲戰國時人假托，已漸成定論。黃老老莊均爲反儒家而起，亦亂世之言。漢初，宮廷頗喜此類陰陽權謀之言。厥後，儒家雖盛，但董仲舒之流實已方士化，亦即黃老化。災異讖諱之說與，而孔學壞矣。劉歆之流欲矯之，而又墮入訓詁小儒一路。黃老讖諱，流行民間變爲道敎，農民暴動用爲護符。至於魏晉六朝，則老莊之學起，士大夫雖棄神怪，但入玄虛。而佛敎輸入與老莊並行，士大夫趨之若鶩。至有宋而有理學，理學者，本儒門欲勝二氏，然終爲二氏所亂者也。元時無可言。明有王學，末流亦狂禪。至於清代漢學，乃譬績獺祭之學而已。吾故曰，孔學自漢漸亡。得孔學之學者，其司馬遷，王充，諸葛亮，魏徵，陸贄，范仲淹，王安石，王守仁及明末諸老乎？

〔註三〕此段乃當時對於政客官僚鄉愿滑頭之反感而發，不盡正確，應以《古代中國文化與中國知識份子》中所言爲正。

由科玄之戰論西洋文化危機

我國談哲學者，每有人以為現代哲學根本問題是唯心論對唯物論問題。此乃馬克斯派之說，亦耳食之言。其實現代西方哲學乃至一般思想上問題，皆環繞自然科學與資本主義，以及二者有關的民主政治而起。此三者造成西洋文化之優越，同時也帶來許多日益嚴重問題，而這些問題，又非科學所能解決。如是使西洋人對理論與實際問題再作思索，這早已不是心物問題，而是整個西洋文化危機問題了。

如上所言，西洋文化之危機，首先表現於哲學之危機，這危機開始於啓蒙主義哲學因法國革命與工業革命發生問題以後，以及黑格爾玄學因科學勃興而崩潰之時。繼而調和科哲之努力亦歸徒勞。當自然科學異常發達而社會科學亦相繼獨立之後，加之經驗論為之羽翼，不但「哲學無用」為常識所相信，玄學成為可笑的名詞，哲學或臨末日，即在哲學家間亦有此感。如果科學能將一切問題解決，則哲學存廢，自不足輕重，而事實不然。處於守勢的哲學派認爲還有許多領域，是科學不能說明的。此卽一，科學所不能少的「抽象觀念」，如「時間」、「空間」、「關係」乃至「原子」、「力」之類及其與實在關係。二是「價値」，卽眞美善之類。而在西洋，價値問題與基督敎不可分。科學之發達及其專門化，對基督敎與西洋道德觀念在實際上發生瓦解作用，而且，科學之「必然」與基督敎之「自由意志」——這自由意志又是西洋文化中一大靈感源泉——也發生矛盾。這便是西洋哲學先與科學同盟反對宗敎，現在又往往與宗敎合作反對科學之原因。三是學問方法論。科學出於方法。社會科學方法是否和自然科學相同？英法人以爲是，此卽實證主義。德國人則主歷史主義。繼而馬克斯提出他的哲學與方法論。這便有三種思潮，也變爲三種意識形態。四、人類意欲之「不合理」性質，「生命」之謎，非科學所能說明，在十九世紀早有叔本華和浪漫派對科學提出抗議，但無重要影響。至二十世紀初，由於科學本身已發生大的危機（非歐幾何，相對論，量子論），由於不合理性在心理學上也獲得根據（佛洛伊德之「下意識」，麥獨孤之「本能」），如是生機論與非合理主義遂作爲科學主義之反動，大爲擡頭。再就實際而言，科學與資本主義之「發展」造成了西歐之權力，也造成帝國主義與殖民主義和瓜分世界的戰爭；此在歐洲人一時還不覺重要，甚至認爲當然。然西方科學與工業技術非常發展之後，而哲學與社會制度不能平衡發展之時，「進步」與「貧困」，「個性」與「羣衆」，「自由」與「機械化」之矛盾，則日益成爲重大問題。起於法國革命時代的民族主義與社會主義思想，在中東歐和西歐發展爲民族主義，社會主義運動，「大日耳曼主義」，「大斯拉夫主義」，「國際社會主義運動」。又由於科學與資本主義發展，使地球縮小，歐洲人的世界爭霸，又牽一髮而動全身；這一切便將世界推向第一次世界大戰。經此重大破裂而無必要的調整，西洋文化便因兩種非合理主義（由機械主義過度的「實質非合理主義」，由科學主義之反動的「思想非合理主義」）之合流，發生根本的危機。科學變爲神話和權力崇拜，金力和暴力崇拜；個人與羣衆之矛盾，變爲領袖主義與游牧部落主義；爲資本主義之反動的社會主義，變爲社會革命；而民族主義也便在戰敗國變爲血族復仇：這一切結晶爲獨權主義，他們充分利用西洋文化之物質成就，並發展科學，集中資本，向戰勝國挑戰，不過也要摧毀西洋文化最大精神成就之個人尊嚴，理性觀念和民主政治。至此科學與宗敎，資本主義與社會主義皆無辦法。於是西洋人便由「精神危機」，「文化危機」變爲全面經濟危機政治危機，走向第二次大戰。同時，自西洋權力使世界「西化」後，西洋思想，制度，帝國主義，民族主義，資本主義，社會主義，羣衆運動，獨裁主義，神話，勢力崇拜，領袖崇拜這一套東西，亦隨西洋文化本身之危機向全世界衝擊，發生模倣和反擊。凡此一切，固非西方文化所能解決，而且，二次大戰之結果，殖民地獨立，美俄「兩大」出現，歐洲歷史與文化之霸權亦告終結。於今已非西方文化問題，而是整個人類與文化前途問題了。整個二十世紀的西方哲學和思想，便是在這樣一個過程之中與背景之下，對這些問題加以思考，反省而來的。如是有科玄問題，價值問題，歷史與社會科學之方法論問題，由此連帶到政治經濟上個人與社會，國家與國際問題，而最後歸到西洋文化與人類文化之前途問題。

（一）由現象學到新實在論

首先企圖復與哲學者是新康德派。他們放棄康德之「物本體」，也不承認經驗有獨立意義，認爲哲學任務卽在爲各種科學奠立根據。其中馬堡學派（柯亨、納托普）發展康德之概念主義。概念是邏輯關係，亦理性之自身產物，客觀實在亦歸結於此邏輯構成。及本世紀初，西南學派（文德班、李開特）則由自然科學研究的實在領域移向價值領域，以及二者之間的文化領域。馬堡學派認爲康德哲學可爲科學服務，亦可與馬克斯主義合作。這自不足使人認爲哲學旗鼓可以重振。於是，尼采、狄爾泰、柏格森、詹姆士提出生命，歷史問題，對科學與唯心論皆作攻擊。但尼采、狄爾泰著作多少晦澀，而柏格森以其流暢之筆反對科學主義，畢竟文學多於哲學。

此時德奧學派——波爾查諾、布倫他諾、梅倫、愛倫飛，特別是胡塞爾的一套東西，「圓的方」、「金山」之類，提出奇怪的問題；而「意義」、「本質」、「數」、「關係」等確是一新鮮的世界；分析名相的方法，也供給哲學研究一新的手段。而胡氏之說基於數學與邏輯，非常「科學」，而其細密，亦可供喜歡思想者用心。他對從前之經驗論唯心論作了有力的批評，同時反對自然主義、生命主義和歷史主義。他與新康德派一樣維護理性主義，實在及眞理之客觀性質。不過他以柏拉圖、笛卡兒、史賓諾莎和德奧學派補充康德。他的積極主張有二要點：一是藉區別知與所知，肯定知識眞理之客觀性質。（這是由德奧學派來的。）二是肯定「人類主體」有直觀永久的，完形眞理之能力，不僅如康德所云，眞理純爲理性思考之結果。（此論實由史賓諾莎開端，在西洋人討論現象學的文書中，我還未看見有人指出此點。）這就取消了心物二分法，並使哲學由認識論解放，由科學主義解放，因而使人的精神由技術主義機械主義解放。所以現象學成爲本世紀哲學一大鼓舞力量，在各方面發揮其影響力。

在德國，胡塞爾《論理研究》出版後，胡氏弟子用其方法，由論理問題移到價値問題（美學道德等）之分析，謝勒在一九一三～一九二八間著作最富。謝勒本倭鏗弟子，後爲現象學主要闡揚者。其最知名者是其客觀主義倫理學。實證主義將倫理建設於生物學、歷史學、社會學之上，成爲相對主義（民族道德，階級道德，時代道德）。而康德以普遍法式說道德，流於形式主義。胡塞爾反對相對主義與形式主義，認爲「道理」（Logos）是永久的，絕對的，客觀的，有實質內容的；謝勒遂以爲「倫理、價値」（Ethos）亦然。愛，正直，純潔，謙虛等美德，不但不因時代國家之不同而變，而且分明有實質之內容。他反對快樂說。人類就最深處而言，不是追求快樂，而是追求價値（如捨生取義）。價値不但是形式的，而且是實質的。康德不明乎此，在將先驗與形式同視，先驗與理性同視。實則整個人類精神生活，特別是感情，都有先驗性質。價値是情緒之先驗根據，感情指向對象。價值之於感情，猶色之於視。快與不快，高尙與庸俗，美與醜，神聖與不神聖之諸價值，是自存領域，人類意識感則得之，捨則失之而已。道德不變；變的，是人類意識或價值之痲木與盲目。理性對於價值之盲目，唯直觀可以克服之。不過眞理不屬於價值範圍。又康德以良心爲履行道德主體，謝勒則提出人格問題。有屬於物件的價值，有屬於人格的價值，卽德性價值，倫理價值。善是最高的人格價值。人格不是靈魂，自我之類。人格非心理問題，根本是精神性的。人格表現於人之每一動作行爲之中，可謂行爲之統一體。人格是個人的；無所謂「一般意識」（康德之論），雖然有共同人格。如是有愛之學說。愛不是感情，不是同情。平等觀念毋寧由對於更高價值之恨而來。眞正的愛是對於人格之愛，而不是對於價值之愛。愛通過人格價值，趨向現實性的人格。愛是一種運動，一種獻身行爲，使被愛者愛者人格提高。最高的人格價值表現於他的愛之行爲之充實圓滿並使我們共同行爲之時。道德之進步，繫乎天才，英雄，聖者之模範人物。謝勒還想建設形而上學；人間學（Anthropologie）。他批評十九世紀末德國哲學已成「科學婢女」，而實證主義，新康德主義，歷史主義認玄學不可能，實爲錯誤。人智有三型，一是科學知識，二是本質構造之知識，三是合前二者進於本體之玄學與宗敎知識。認識論只是達到本體（存在）認識之一部。現代玄學應討論「人是什麼」，人類之本質，人在宇宙、歷史社會中之本質構造，作爲一切社會科學之根據。人類本是「自然人」，亦卽動物。所謂人文主義，人道主義，亦不外自然人觀念。人之本質在精神。精神無關乎知性，若然，猿與愛廸生也只有程度之別。精神特色，在於能夠直觀道理之能力，區別事實與理想之能力，在對上帝之敬愛。愛上帝者，非愛上帝本身之謂，而是參加上帝對於人間之愛。研究本質與本體，亦應由控制的態度移到愛的態度。（他所講愛的行爲，愛的態度，可譯作有情行爲，有情態度。）藉此，人類智德，才可望提高和進步。他又提出文化社會學，此將略述於後。他原爲有神論者，以上帝爲愛之源泉，但死之前，思想一變，認爲人才是神性實現的所在。凡此情感，人格及人是什麼等問題之提出，擴大現象學影響。他的倫理學與社會學由N・哈特曼與曼罕加以發展和修正。人間學（哲學的人類學）成爲到實存哲學和新玄學之過渡。

現象學影響了新康德派。井美爾原來傾向相對主義，在現象學提出後，亦承認概念與論理之「觀念內容世界」之存在，且進一步主張有「理想要求」之第四世界。卡西列亦應用現象學於認識論。又兩種哲學之前提科學亦受現象學之啓蒙。一是在德國，促成完形（格式塔）心理學，他終將行爲主義心理學壓倒。二是當現象學傳到英美促進新實在論時，數理邏輯由此而盛，繼而語意學亦由此而起。此二者現在主要是科學派之武器。而更重要的，還是新實在論。

當前世紀末英國哲學在德國得勢之日，亦德國哲學在英國有力之時。布拉德萊、鮑桑奎依據康德和黑格爾哲學反對穆勒、斯賓塞。布拉德萊用黑格爾邏輯，證明科學上不可少的「關係」，「時間」「空間」概念，都是矛盾的，虛幻的。他們年輕的弟子們擁護科學，但無法對抗布拉德萊的邏輯。繼而武器來了，發動反攻。武器來自兩方面：一是利用胡塞爾的邏輯研究，二是不喜歡邏輯的人則利用馬赫，柏格森，特別是詹姆士的學說——特別是後者之徹底經驗論。這便是穆爾羅素的新實在論，淮德海羅素的數理邏輯，以及美國的新實在論與批評實在論。這是一九一〇年，一九二〇年後，直至二次大戰前夕，在英美盛極一時的學派。他們反對唯心論，擁護經驗論和科學主義。此派根本主張，如穆爾，認爲巴克萊「主觀唯心論」錯誤，在不知區別知覺作用與知覺對象，因而認爲對象只因知覺而存在。其實，實在之存在，不因主觀認識與否；世界由主觀認識，非由主觀創造，而認識世界，無非是認識事物之客觀關係。如羅素，亦由作用與對象之區別出發。有感覺之知識，有普遍之知識，皆客觀存在，不過前者實存，後者潛存。黑格爾「客觀唯心論」之邏輯，將二者混同，實爲虛妄；而布拉德萊以爲「關係」、「空間」、「時間」之爲矛盾者，實則不然。羅素數改其說，先承認普遍的本質，繼而認物只是邏輯構成，而普遍爲「類」的關係，最後則認世界只有中性質料。這不過是將胡塞爾、梅倫之說，譯爲英文，再加以經驗論的包裝（謂事物關係是外在的），而這包裝，還是馬赫與詹姆士的。這實在無甚獨創性，而其高名，亦由於文字清楚和英語之影響力而已。美國柏里、孟太苟之新實在論大體說同類的話。其後有批評的實在論，認新實在論「素樸」，所以然者，即認爲我們不能直接認識對象，而是經由內容（即觀念）認識對象。換言之，新實在論爲一元論，「直接認識論」。批評的新實在論爲二元論，「代表認識論」。其中桑他耶那和塞拉斯都主張唯物論，不過桑他耶那又主張本質說，而對科學文明抱一種憂鬱之感。此後現象的實在論（如C・H・劉易士）更傾向於胡塞爾之說。如英國新實在論由胡塞爾走向詹姆士，美國新實在論則是由詹姆士走向胡塞爾的，不過一般人不甚清楚底細而已。如今新實在論已不成獨立學派，羅素後來傾向實證論，而亞歷山大，以及與羅素合著《數學原理》的淮德海（新實在論中兩個最有才能的人），早已轉入有機論的玄學。其他則歸於分析哲學或邏輯實證論，有的則轉入唯心論了。

中國新哲學主要在英語世界影響之下，有很多人介紹和研究英美新實在論和羅素之說（如張東蓀、張申府、馮友蘭、金岳霖等），而有一人，同時獨立達到胡塞爾和謝勒之同樣思索的，這便是熊十力先生。他所說的「即用顯體」，可概括一切新實在論的認識論；尤其是與胡塞爾「對象在直觀中在本質形式上以體自現」之說相同。而說哲學不能爲科學附庸，認識論僅哲學之一步驟，哲學究竟義必有建本立極之形而上學，哲學在識一本，在以性智的自明自識，體認本體，亦與謝勒之說相同。我想將雙方術語會通，了解這相似之處以後，再看現象學派之書，必易於了然的。

（二）實存哲學與邏輯實證論、分析哲學

自第一次大戰以後至九一八之際，隨西洋文化危機之深刻化，有兩種很特殊而對立的哲學起來，同時又見新玄學之復活。二次大戰以後流行歐美的，還是這幾種哲學。而凡此亦皆多少受現

象學影響。

所謂兩種很特殊而對立的哲學，指邏輯實證論與實存哲學而言。實存哲學最早而獨立提倡者是法國馬塞爾，他在一九一四年卽以哲學題目應是人類自身之存在：「吾卽吾身」。哲學是演戲——悲劇，而非看戲。他是有神論者。現在此派理論源泉爲丹麥宗教哲學家基克哥與尼采兩人。按基克哥與馬克斯同時且爲一對照。他反對黑格爾之抽象思考，而主張哲學應研究個人實際生存，而作「實存思考」。所謂實存，實際卽人生；但與生命之意不同，指人類生活中每一個人對自己的態度，在各種情況中面對現實之選擇和行動。人在生老病死之「不安」，「恐懼」，「悔恨」，「戰慄」之「深淵」中。思考卽爲自己「選擇」，由自己內部，發爲活動，「躍出」深淵。他無可避免的決定自己的選擇，也只有自己負責。但知道他的人甚少。一九一九年德國神學家巴特倡「危機神學」（巴特是最早對西洋文化使用「危機」形容詞者之一；危機一字，在希臘文 Krisis 本爲「決定」之意），加以介紹始大流行。在哲學上建立理論者是德國海德格，法國沙特爾；不過兩人是無神論者。而最系統化者則德國雅士培，他對宗教態度不明。

海德格原爲胡塞爾弟子，一九二七年發表《存在與時間》。胡塞爾不談存在問題，只談本質。海氏研究哲學史，認爲希臘人哲學起於存在問題。不過他們只由個別存在而求一般存在，這方法是不對的。康德嘗以哲學問題可歸於「人是什麼」，存在問題應由這一問題出發，他的同門謝勒研究人之本質，他則由存在論着眼。「人」者，是「現存在」，「對自存在」，「實存」。

如是由人對世界關心，對環境，對人，對己的關係，討論人之實存構造；分析人在世界狀況，以言語等了解這狀況的特徵；人與眞理和實在之關係。如是進而分析死與決心，人在日常生活與歷史中地位，爲討論「存在與時間」之準備。但進一步討論只有若干短文，其所說非常難解，然要點不過如此：人生無根據，由虛無投射而出；人之結局，只是深淵之死亡。人生卽待死，本身是空。人之本質是求解脫（超越）；此卽在虛空，墮落，憂患之中，決意承當自己命運，此卽「到死之自由」。

一九四三年以來，法國沙特爾在《存在與虛無》及其他文學作品上加以發揮。他倒轉現象學之命題，謂「實存先於本質」。如上所說，所謂「實存」，實指「人」。人之實存決定人之本質，人類是「被拋出世間的」——無目的，亦無行爲標準。這是人類之實存狀態，人是自作自受的。所謂人之本質者，卽自由，人是被「判定自由」的。所謂自由，並非有意識的權利，實則常爲不知之力所左右。我恐懼——也是自由。所謂自由，並非爲非常愉快之事，而是選擇其無法不選擇者，而是擔負責任之意；此爲「憂患」或「不安」之源泉；也就是許多人，或弱者，寧願犧牲自由將其生命交給一種敎條或獨裁者，以求安全之故。然善良的人，知人生之宿命，原爲絕對無味而絕望的，也只有在「恐懼」，「戰慄」、「不安」、「憂慮」、「挫折」、「嘔吐」中，走忠實於自己之路。人之異於禽獸者，亦在其有此「悲劇感」而已。他們在方法上，主要是用現象學的分析法。不過海德格將現象學方法與狄爾泰解釋法結合起來，而沙特爾對事物之存在並不

「中止判斷」而已。

雅士培是心理學和病理學家。代表的著作是一九三一年出版之《哲學》三大卷。世界有三種存在：客觀存在，對自身存在（實存），解脫的自存在。從來西洋哲學亦有三種努力：世界定向，實存明悟，形而上學。第一種由知識出發。他分析存在之多層而矛盾，哲學的世界定向不可能。自然科學，實證主義，唯心論都是不完全而空虛的。第二種由人類日常行爲出發。實存起於我自己，人我之際，與歷史狀況。人求自由，肯定實存。人有愛、信、意識和想像，而死亡、苦惱、鬥爭、罪孽感乃無可避免之情況。結果只有三途——信宗教，自殺，或在內部外部行動中實現自己。人在自決時，意識自由。實存卽自由。然自由也是責任。在選擇時有創造，也有束縛。責任粉碎自己，故無絕對自由。自由之認識，無法由理性供給。實存是無限不滿；全存在，眞存在，自由存在，才是解脫，是唯一存在。形而上學求唯一存在，乃解脫努力。此又有三種方法。一爲辯證法，二爲服從或反抗，三爲密碼或暗號之解讀。藝術與哲學，都是對唯一存在之密碼。而密碼暗號是多義的。解脫之決定暗號，卽現存在之消滅，挫折的存在。挫折是必然的，暗號解讀唯在一切知識之挫折上才有可能。如果上帝是唯一眞存在，也只有在全人類全體沒落時才能得見。所以「哲學卽學死之學」，「在挫折中應付存在」。

在美國，神學家R・尼布爾宣傳巴特同類「危機」、「悲劇」思想，法國天主教以及英國轉向天主教的人，也多傾向實存哲學。按十九世紀叔本華首先介紹印度哲學於西洋，尼采曾預言西洋佛教要流行。今日實存哲學，可說是一種西洋佛學，而更多一種悲愴情調也。

邏輯實證論起於「維也納集團」，此乃一九二四年左右以石里克爲中心之哲學團體。石氏自稱其說爲「一貫經驗論」，維護馬赫之說。要點有二：一切科學命題，無論是可觀察概念（赤，溫）或補助概念（力，電子），最後皆可歸結於可觀察辭類。眞理云者，卽符號系統與事實系統能形成一一相符。一九三六年石里克死後，此派受羅素尤其是羅氏弟子維根斯坦影響爲多。二次大戰前後，多逃歐美各國，傳播其學說，稱爲邏輯實證論，或如他們現在所願自稱的，邏輯經驗論。如此派現在代表者卡納普、萊亨巴赫等所主張的，比石里克更爲極端。石里克還討論道德問題，他們則認爲除自然科學外，別無知識；除命題之邏輯分析外，別無哲學。而其理論亦極簡單。一切知識命題只有兩種：一是分析的，先驗的，卽同義引申的；如邏輯與數學是。二是事實的，經驗的，綜合的；此必須靠觀察檢證定其眞僞；不能定其眞僞者，卽「無意義」。有意義的語言以物理學爲模範，故科學語言當統一於物理學語言。此外，文學語言爲情緒表現，另有其價值。唯一般形而上學，實多爲情緒表現，卻喬裝對知識有所陳述，實則不能檢證，故無眞僞可言，卽無意義。此派理論與現象學有同者，有異者，有完全相反者。同者，他們都用分析方法，都討論文法上有無意義，邏輯原理，邏輯章法，乃至都談科學統一。異者，現象學主要用描寫或記述方法，邏輯經驗論則是演繹的，尤特別重視符號邏輯。同者，他們都問意義。不同者，現象學問「這是什麼意義」。邏輯經驗論問「你所說的是什麼意義」。然完全相反者，是雙方關於

「意義之意義」。現象學研究的，是本質之意義，如時間，生命，人是什麼。而其方法，乃將此種普遍概念，卽在直觀中加以把握，在與其相關概念之關聯中，分析其結構，闡明其基礎概念，判斷其根源前提，以揭示其不變意義。邏輯經驗論則否認本質之類，只研究經驗事實，例如「你說這鑰匙是鐵做的」，則他是應該，或可能在感官中觀察；其是否受磁石吸引而定眞僞的。更重要的，現象學以哲學先於科學，高於科學。而邏輯經驗論則乾脆認爲哲學就是科學的語言檢查師，凡不能用物理學字典說的話，一概不許通行。實際上是藉此否定宗教，也否定一切哲學的道德的價值的討論。上帝，善，本體，意識形態，都是「哎呀」之類，「無意義」。只有事實，沒有理想。只有「是什麼」，沒有「爲什麼」，或「應該怎樣」。這也就是說，凡不能用科學儀器觀察和數理邏輯演算的話，都不必說。但維根斯坦的《邏輯哲學論綱》(一九二一)說到最後，也懷疑他主張的邏輯語言是否可能。「難說的事，就沉默罷。」他後來不談這一套，而今日邏輯經驗論乃是談維氏早已不談的東西。一般而論，邏輯經驗論不但方法論的方向（意義、分析）自現象學來，而其所用術語，幾大部分襲自胡塞爾。後來他們亦採用胡塞爾「共同主觀」說，謂檢證必須是「共同主觀的」云。一般而言，此實爲現象學之名目論化，而操戈入室的。有關者，有英國《分析哲學》（穆爾、萊爾、維根斯坦之遺著），這大體是梅倫和胡塞爾之初期傾向，而多少經驗論化的；他們注重分析日常語言，而持論不如邏輯實證派之極端。又可一言者，邏輯實證論認邏輯萬能，實存哲學無意義。而實存哲學派——如最理性主義的雅士培——認爲符號邏輯既非哲學，亦無內容，實無價值。但他們有一點是相同的，卽對於當前世界意識形態之戰，採取「中立」態度。

（三）玄學之復興

在自然科學以專門化而獲得極大成功後，哲學也專門化。世紀之際，有許多自然科學家想將他們的專門放大，實卽玄學企圖（如赫克爾，阿斯特瓦）；而哲學家大抵守康德繩墨，不敢對玄學問津。生命哲學現象哲學一面承此趨向，一面也成爲到另一方向之過渡，卽綜合方向，形而上學或玄學方向之復興。本世紀最初爲新形而上學之努力者是由赫克爾主義轉向的杜里舒。他想建立一種新生機論或目的論的玄學，雖然價值不高，但對於機械論之批評，以及「投出」之說（謂實體與因果性皆概念之拋向自然者），還在被人使用。本世紀形而上學，當以英國亞歷山大與C．L．摩爾干著作爲早，繼之爲淮德海後期著作，同時起來者，有德國尼可拉．哈特曼之新形而上學，和以法國馬理當爲代表的新多瑪斯主義；此當代四大玄學系統，而亦大體都是新實在論的，也是理性主義的；而除亞摩二人外，也都是多元主義的。

亞氏《時空與神性》（一九二一），摩氏《突創進化論》（一九二三）皆由自然科學出發，以空間，時間，純粹事件（或純粹運動）爲宇宙母胎，而事件通過範疇，在過程中循層創進化原理，進爲物質，生命與心靈，唯亞氏加上最高神性（無限性）。亞氏又以心有體味和觀想二種機能，認識是一種物我共在「關係」；感覺材料和一切關係都是直接自存的；意識過程包括直接經驗之體味，和外部客觀的觀想。前者是高級的，後者是低級的。價值是客觀（包括第一性、第二性）以及主觀之合體而且是基於共感的。人類行爲非由外界決定，而是對於外界刺激之反應，而責任亦由此而生。宇宙流轉趨向於完成，而宗教，是助善克惡的。

淮德海之玄學時代，開始於一九二九年之《過程與實在》。他不滿意其朋輩之數理邏輯的原子論，自稱其學爲有機主義哲學，認爲哲學超越科學，使人類經驗充分合理化，其方法是分析和批評抽象體。合理性必基於直接洞察。意識是一種機能，認識是一種把握。近代思想之錯誤，在將自然二分，以及將抽象體倒置爲具體物。世界基礎不是物質，而是事件，事件是有機的。其形而上學與亞氏所說大同小異，不過認時空乃格架而非母胎，更着重事件與永遠存在（普遍理想）之交織，以創造的衝動，作無限動進的擴張。認識是一主客互相反射之連鎖過程。價值是萬化流轉創新之調節的結果，表示事件之內面實在性，而美感爲價值感之第一步。藝術是現實之拒絕，因此，足以提高現實。惡是無秩序與卑屈，而上帝則爲調和、秩序、價值、和平的原理。上帝是人與惡鬥之伴侶。

亞、摩等人的層創論表示由斯賓塞到柏格森影響，時空之說是愛因斯坦的，事件之說，則由詹姆士來。而淮德海整個系統又是受了亞、摩二人影響的。亞氏區別事實與眞理，直接經驗，主客共在之說，淮德海分析抽象與經驗不限於感覺之說，都是胡塞爾的。

哈特曼乃由馬堡學派出，而應用現象學方法立其形而上學體系者，著有《認識之形而上學》（一九二一），《倫理學》（一九二五），《存在論》之三部書（一九三三～一九四〇）。不過，他認爲過去形而上學方法錯誤，首在常圖解決認識不可能的問題。形而上學上不合理的問題，卽無可解的問題。無理的解決之，乃有各種閉門造車的系統。但他也反對不可知論無理的拒絕問題。他以爲哲學卽「問題學」，首先分析現象，其次分析問題，對可解者予以解決，對不可解者，縮小其不可解之處，或試圖解決之方。如是他由存在論出發，卽存在認識可能面，存在之構造與本質之分析。此必用現象學，但是，現象學限於現象分析，只有「點的直觀」而無「關聯直觀」。他是哲學的必要方法，但本身還不是哲學。哈氏在認識論上認主觀由客觀規定；而客觀由主觀認識，實爲相通；此與熊十力先生「心不離境，境不離心」之說相同。其《存在論》（本體論）分實在存在與理在存在（卽本質，價值，數學世界），又有兩種第二次的存在，卽認識存在與邏輯存在。此四領域，相互關聯，而各種存在，又有層次。如實在存在，有四個層次（物質，生活，意識，精神）。與此相應，認識存在也有四種（知覺，直觀，認識，知識）。邏輯存在有三（概念，判斷，推理）。不同層次，由三十二種範疇貫串之。精神存在分爲人格精神（個性），客觀精神（言語，道德，知識，藝術），客觀化精神（美學，史學，科學）。其《倫理學》三大卷發揚謝勒之說，以爲人是實在與理在世界之結合點；說明價值是柏拉圖的理型，人類是道德存在，善、高尚、多識、純潔、公道、勇氣、可信任、愛遠人，皆具體道德價值，並特重亞理斯多德之中庸，又特說自由意志論。意志自由不受因果律限制，然亦不取消因果律。意志自由乃最高決定。「人格」決定人之自身，人經其自由意志，使價值影響世界。體大思精，為本世紀倫理學最大著作。特別值得一提的，他與亞、淮諸氏不同，不以宗教支持自由意志論。反之，肯定人類之自由，勢將歸到無神論。

現在天主教哲學派別甚多，新多瑪派最為活潑，而馬理當可為代表。馬氏原為柏格森弟子，一九一三年後變成柏氏批評者。他由主知主義出發，肯定上帝是世界之原理。在形而上學方面，除上帝外，一切存在主要分為「現勢存在」，「潛勢存在」。一切存在包含「本質」與「現存」。現存存在是本質存在現勢化的狀況。存在基本範疇是實體，其他為偶性。實體是存在自在狀態。由現勢到潛勢則有生成（變）。此甚似熊十力先生翕闢成變之說。於是以亞理斯多德四要因說物質，生命，人類，精神之發展。精神有認識（悟性，理性），以及反作用之意欲。感覺與想像提供精神認識以材料。感覺只能認識具體事物，精神認識則能把握普遍。而意志在其自決時，是自由的。因為存在與眞理可以互用，而不合理事物不可能，故既有事物，必有造物，一個存在與本質同一之上帝。一切存在，本質，以其本性參與上帝之存在與本質。哲學只能以上帝為世界之原理。歷史是上帝計畫。價值基於存在，只實現於主體活動之中。道德使人自由。道德以良心為本，智慮為用，以人類幸福為目的，以上帝存在為基礎，上帝也不能變更他。人類是此世之最高存在，社會道德是社會正義的要求。在馬理當學說中，上帝是最高人格與德智之合一。這大體上是以新多瑪斯主義（因而亞理斯多德）爲中心的一個很巧妙的折衷哲學，而採取康德與胡塞爾之說者甚多，也是很顯然的。在政治上，他反對納粹主義和共產主義。在上述玄學家中，他至今尙在而且活躍。

（四）歷史學與社會科學之方法論問題：由自然主義到科學主義

與科玄問題有密切關係，且更有實際意義者，是社會科學一般觀念（原理），以及社會科學方法論問題；即社會與歷史有無與自然同樣法則性，歷史學、社會科學是否應用自然科學同樣的方法論問題。十九世紀以來，西洋社會科學日益在「科學主義」——即無限制的模倣自然科學觀念，術語和方法——勢力之下。然在世紀之際，隨西洋文化危機之發展、科玄問題之緊張，發生史學和社會科學方法論之轉向。在此轉向中，狄爾泰所起作用，可說與胡塞爾在哲學上的地位相同。

近世西洋人是文藝復興以來，一面藉航海殖民蓄積財富，發展科學技術；一面藉人文主義確定自身，藉「自然法」之觀念，卽藉理性主義求自然之理，並推此自然之理於人事，使個人能力由權威獲得解放；如是使自然科學與資本主義得以發達，民主政治得以成立的。自然主義是近世西洋自然科學與社會科學之共同祖母。十七世紀伽利略與牛頓以數學的實驗的方法證實自然科學的勝利；同時，霍布士與洛克，繼而孟德斯鳩、亞丹斯密，以及法國百科全書派，奠立近代政治學經濟學的基本理論。社會契約說，主權在民說，聽其自然說，都是在自然法旗幟之下，對抗教權、王權、貴族和他們專利政策（重商主義）而起。儘管所見各有不同，但由自然立論，自然爲一大機器，有秩序有法則性；每一個人生而自由平等；而人智可以循自然之理改善人類地位，日益進步；成爲啓蒙時代的共同信念。這結晶於啓蒙哲學之中，也反映於當時歷史乃至文學著作之內。史學原是一古老學問，唯一向是文學或宗敎附庸，或當時王家與敎派之宣傳。十六世紀後歷史漸漸成爲人類社會與精神的歷史。而其昌明，則在十八世紀。福祿特爾《路易十四時代史》與吉朋《羅馬衰亡史》是兩大代表名著。歷史法則之研究也開始了。孟德斯鳩論環境與民性及政治之關係，休謨則重視傳統及個人與國家之相互影響，皆對歷史的因素爲學問的研究。維可以歷史爲科學，倡輪廻說；福祿特爾提出歷史哲學之名，倡進步論。但認人類精神如自然一樣，依照一定法則運動是相同的。其後赫德爾以《歷史爲人性之實現》（一七八七），至孔道西之《人類精神進步論史》（一七九四），集啓蒙時代歷史哲學大成。他由感覺論說人類有認識普遍事實及恆常法則之能力，此一「能力」使人類結成社會，向眞理與幸福進步並能使人類考察人類歷史過程。他分人類史爲十個時期，由原始之漁獵農耕，財產蓄積與階級形成；繼而文字發明，工商發達；繼而印刷術發明，乃有歐洲文化。他的根據是唯物論的。然他在死亡威脅下寫這本書，仍以樂觀信念相信人類在最後的一個時期，理性與自由必能克服無知與偏見，消滅民族間之不平等，同一民族內之不平等，使眞理道德幸福結合，使人類精神無限進步；並特別譴責歐洲人在亞洲與非洲之殖民政策，盜賊行爲。此與同時康德——他將自然與人類法則分開，說「人只能視爲目的，不能視爲手段」——代表歐洲文化形成時代最高的理想主義精神。到十八世紀止，自然主義與個人，理性，是保持調和，而且三位一體的。

啓蒙主義除促進美國革命外，又促進英國工業革命和法國政治革命。這兩大力量促進歐洲資本主義以及自然科學與技術之動進發展，成爲改變歐洲和世界的動力。先是歐洲在重商主義時代已利用東西發展之不平衡在亞非進行殖民主義，而他們國內，亦有三種身分之對立。至是工業革命首先造成英國，繼而歐洲各國對亞非二洲之優越地位，亦卽歐洲之財富與權力。而工業革命與法國革命，拿破崙戰爭與「神聖同盟」，一面促進階級鬥爭（貴族，資本家，勞動者），促成資本階級之財富與權勢；另一方面，也促成各種民族主義與社會主義之潮流。此時實需要更高的理想主義、謀科學與道德、技術與制度之平衡發展。然十九世紀歐洲人爲財富權勢所陶醉，忘記康德與孔道西之教訓，只發展啓蒙主義之一面的自然主義，變爲科學主義；只知自然科學之「自然」，而忽視人類之「天性」；只知自然界之「合理」，而忽視人間界之合理；於是以治物之道治人。於是對外便有歐洲帝國主義之發展。如果此帝國主義日益以經濟的，政治的，軍事的力量有組織的進行侵略，成爲歐洲各國的政策，與十七、八世紀之殖民運動不同；則十九世紀以來的科學主義日益不顧自由平等博愛之原則，也是與十七、八世紀之自然主義不同的。由科學主義觀點看，帝國主義用資本與科學的力量進行擴張，擴張特權乃至於瓜分落後國家，都是「自然」的。然國內鬥爭，特別是勞資鬥爭，卻不甚簡單。隨資本階級成爲時代寵兒，以及變國內鬥爭爲對外鬥爭，歐洲有代議制的民主政治之發展。這是十九世紀歐洲人最大的政治成就。這固在保障資本之自由，然也顧及一般國民之個人權利。此歐洲人所謂自由主義。然十九世紀下半期以來，隨帝國主義之發展，自由主義逐漸保守化；而社會主義或者國家化，或者極端而暴力化。再者，工業及其技術本身是一龐大力量，足以吞噬個人；而國內之鬥爭，帝國主義之國際競爭，更只足以擴大國家權力，以及國家間之鬥爭。如是世界趨向於國際集體鬥爭——國際托拉斯的，工人國際的，大某某主義的，軍事同盟的。此時政治固號稱"Power"政治，一切社會科學，史學，都用達爾文和馬克斯的「科學語言」，爲既得勢利，或未得勢利辯護。（如「生存競爭」、「剝削剝削者」。）十九世紀下半期以來，至於今日，西洋社會科學，主要是在這兩人或他們混合影響之下的。結果，西洋文化之花的自由，理性，民主政治，都趨萎頓。西洋危機與文化反省由此而來。然這早已不是歐洲問題了。歐洲一方面以其權力，財富，技術，制度，思想影響世界者已數百年，這一切在不同國家引起不同反應；如是歐洲之沒落，變成世界問題。另一方面，歐洲之優勢，自始由於技術，然技術不是任何一國所能永久專利的，所以，先有歐洲各國之相互競爭，繼有俄國與日本乘漁人之利，繼而，亞非諸國亦能以西方之技術加上羣衆，來反抗歐洲。最後，有美俄以超乎歐洲之技術，試圖在歐洲沒落之後解決世界問題。關於這一切之政治方面演變，將在以後談九一八事變時加以討論。現在只對十九世紀以來西方社會科學思潮作一鳥瞰。

西歐社會科學思潮——此處所能說到的，是其注意目標，理論基礎，以及方法論問題——受一般哲學，自然科學影響，受一般政治經濟影響，同時，也因各國情形而不同。茲以一八四八年歐洲革命，一八七〇年普法戰爭，一九〇〇年前後，以及本世紀第一、第二兩次大戰爲重要段落，看其主潮。然亦有一時爲旁流，而終於滙合主潮發生大影響者，亦順便及之。

（五）古典經濟學，實證主義與歷史主義

十九世紀前半期，可說是歐洲思想界最光華時代。此大體上繼承啓蒙時代傾向，雖然也包括修正和反抗。英國注意集中於經濟問題。亞丹斯密以來，以人是「經濟人」，人各自利，只要開明自利，自由競爭，也自然會好起來。英國古典經濟學是由這自然．人性論演繹的。而此人性，自以「英國」工商界之人性爲主。當哥德文以個人自由的名義提出《社會正義》問題時（一七九三），馬爾薩斯則將貧困歸於人口對食物增加比例之《鐵律》（一七九八）。拿破崙戰爭後，英國經濟反而蕭條起來。社會問題日見緊張。李嘉圖討論分配問題，暗示地主爲寄生階級，而力主自由貿易，完成古典經濟學系統。此時邊沁提倡功效主義——最大多數最大幸福之倫理學和社會

改革。這也是由人性論出發的。歐文則認社會亦影響人性。他從事合作運動，在一八二七年左右提出「社會主義」的名詞。他的合作運動，邊沁亦曾參加。由於科布登、布萊特之努力，英國取消穀物條例，實行自由貿易，資產階級獲得全勝，而穆勒等所提倡的改革也能逐漸實行，自由主義在英國保持穩固地位。

拿破崙時代，法國科學爲歐洲之冠。復辟以後，工業也很快發展。唯王黨活動，迄未停止，而社會主義思想，也遠較英國緊張。出自百科全書派的聖西門在廿年代著書，一面承認工業之重要，一面攻擊私有財產，世目爲社會主義先驅。不過聖西門所謂勞動階級，包括銀行家在內，所反對的只是不勞而獲的貴族敎士與軍人。其弟子孔德則創實證主義社會學（一八三〇～一八四二）。世人習聞其三階段之劃分，而忽略他是認爲在各階段，社會制度與思想方法皆自成體系；在工業時代應用實證方法研究社會問題；而其實際目的是謀勞資合作，對抗當時普魯東的無政府主義，路易布朗之共產主義的。既然各時代人類思想不同，即不能由人性研究問題。所以他並不將自然與社會同視；且極力反對以拉馬克主義解釋歷史。他並提出比較歷史方法之必要。但他卻將動力學、靜力學的名稱應用於社會，主張觀察事實現象，歸納成爲定律，是一切學問之所同。就此而言，他是眞正的科學主義方法論之確立者。不久，比利時之魁特勒提出統計的方法。這也是社會科學上之自然科學派所極力主張的。

十八世紀末，德國有浪漫主義與歷史主義潮流。浪漫主義是一極複雜精神狀態。它可以溯源於盧梭，一種對啓蒙主義與古典主義之反動。同時也表示一種反抗精神。因此，它可以包括各種人物，也可成爲各種人物——反對法國革命的神學家梅斯特，反對拿破崙的斯黛爾夫人；急進的共和主義者德拉克羅和雨果；擁護貴族的巴克和貴族叛徒的拜倫；主張基督教社會主義而又主張英雄崇拜的加萊爾；代表德國民族覺醒的「狂飇運動」青年，國家主義者黑格爾，極端個人主義者斯丁納，乃至共產主義者馬克斯——的武器。其共同特點，在其「思古的幽情」，原始之嚮往，對科學主義主張人文主義以及歷史主義。在此意義上，德國浪漫主義與歷史主義之共同先驅實爲赫德爾。及拿破崙戰爭之刺激，亞丹繆勒在政治學上（一八一〇），薩維尼，愛希洪在法學上奠立歷史主義理論基礎。歷史與社會制度都是民族精神之內在的有機的發展。而黑格爾則於一八二二～一八三二年間講其歷史哲學，以歷史卽自由精神循辯證法表現於東方，古代，日耳曼之三階段，爲擁護民族主義之張本。又先是瑞士西斯孟的以爲經濟學目的不僅在研究財富，還要注意人民福利。及德意志工業逐漸發達，李士特受繆勒及西斯孟的影響，將國家與生產力觀念結合起來，分經濟爲原始，畜牧，農業，農工，農工商階段。不同的時代與國家，應有不同的政策，以促進生產力之發達，德人需要的是保護政策（一八四一），而他的主張也終於後來促成德意志關稅同盟（一八五三），爲德國統一奠基。繼而羅舍由有機觀點或生理學觀點劃分經濟階段爲幼年，青年，壯年，老年四期，並以經濟學方法應是敍述的而非演繹的。自此有實證主義與歷史主義之對立，普遍主義與個別主義（相對主義），物理主義與有機主義之對立。但歷史主義並非與自然主義完全相反的；黑格爾哲學正是以「天人合一」，依同一機械法則（辯證法）運動。實證主義與歷史主義之不同，在前者注重社會與歷史之外部因素，而後者則重視社會與歷史之自動發展。

十九世紀前期一大重要著作是穆勒《邏輯系統》（一八四三）。這不是普通邏輯，而是討論學問方法論的書，特別是社會科學方法論。他受孔德影響，同時也努力吸收歷史主義，並將其與英國經濟學結合起來。他區別社會之「共存」現象與「繼起」現象，認社會研究有求果與求因二種，主張用歷史方法了解社會狀態，同時認爲歷史發展亦有一種齊一性，即一種趨於改善之傾向，而此當用「倒裝演繹法」，即以歷史證據，與人性聯結起來。但此書的一般效果，是由他將歸納法系統化，認爲是研究一切自然與社會現象之方法，增強了科學主義的聲勢。

十九世紀前半期，史記之學（Historiography）亦有重大進步。浪漫主義鼓舞歷史興趣。法國復辟時代，基左，退利，民耶，退爾以及托克維諸人，皆以學者文人參與大時代之戲劇，皆能有敏銳之觀察力。他們指出階級鬥爭之事實，個人與權威問題之重大。托克維對於法國革命的原因作了很好的分析，他甚至預言美俄將在將來取歐洲而代之。英國則有馬可萊發揮自由主義觀點。加萊爾雖非嚴格史家，但爲提出歷史爲思想史最早之一人。然最大成就來自德國。除黑格爾之歷史哲學外，尼布爾在一八一一年以後，運用吳爾夫關於荷馬之批評法於史學，使羅馬史立足於可信的政治事實之上。一八二六年後，蘭克繼之，以歷史在發現確實發生之事及其如何發生。

因而首先必求原始史料，加以考信。此實事求是之學風，使史學獲得科學性之謹嚴。又先是法人已從事史料之收集刊布。一八二六年開始，德國斯坦因設立學會，集刊德國史料。此考證之精神與方法，以及史料收集之規模與方法，立卽爲法國及其他各國所效法。蘭克以其高壽（～一八八六），研究各國歷史，晚年從事世界史之著作，爲西洋史學之山斗。法國米細列，英國格羅特，美國班克羅夫特，皆首先聞風而起者。

十九世紀三十年代，兩個運動，對抗神聖同盟而起。一是德意志，義大利，波蘭之民族主義。此以馬志尼爲最主要代言人。他反對自由競爭與社會革命，提倡道德原則，而最關心的，是要以民主共和政體保障個人自由和民族統一，同時各民族應該結成聯邦式結合。二是隨各國工業革命而起的社會主義。英國有工會運動和憲章派運動。法國普魯東之無政府主義，路易布朗之國家共產主義（他是「各盡所能各取所需」始倡者）最爲活動。社會主義在德人之手成爲一系統之理論。羅貝圖斯與馬克斯皆由李嘉圖勞動價值說出發，一主張自上而下的社會主義，一主張由下而上的社會主義，爲民族的與階級的兩種社會主義之祖師。馬氏加上唯物的歷史觀，成爲一種史學與社會學方法。凡其所說，甚少獨創。其辯證法來自黑格爾，生產力說來自聖西門及李士特，階級鬥爭說來自復辟時代歷史家如退利，基左諸人，但他能結合起來，而在一八四八年「共產主義者宣言」中變成一個理論和實踐系統。

到一八四八年，歐洲社會思潮雖有英國人性論，法國實證論，與德國歷史主義或有機論之不同，自然主義與歷史主義之不同，然肯定自由主義（個人自由）還是共同特色。卽民族主義與共產主義，都是自由主義的和國際主義的（馬志尼發起少年歐洲運動，馬克斯發起國際工人運動，並共同於一八六四年發起第一國際，但旋卽分離）。一八四八年德人發起大日耳曼主義，捷克人提倡大斯拉夫主義亦復如是。其後變爲帝國主義，獨權主義，亦兩人所不及料的。如果列寧受了馬克斯影響，則威爾遜受了馬志尼影響，也是可以指出的。

（六）達爾文主義與馬克斯主義

一八四六年英國取消穀物條例後，一八四八年路易拿破崙執政後，英法先後進入松巴特所謂「高度資本主義時期」，亦卽資本主義進入無阻發展時期。此表現於各種自然科學與技術日益應用於工業，表現於資本階級之政治支配與代議政治之擴張，表現於大規模的工業組織及其聯合與獨佔性活動。而帝國主義政策，也由此更積極而有組織的進行。此時德俄亦工業化，不過一着重內部統一，一肆力由近東到遠東之侵略。俄國工業能力雖不足，但有軍事力量補充之。繼而普法一戰，德帝國出現，向高度資本主義發展，不過不用代議政治而用官僚政治，不用自由競爭而用國家社會主義政策。德國之興，以及奧法衰微而俄國相對強大，使帝國主義競爭日益趨於猛烈且集團化。德義統一獨立後，馬志尼式民族主義沒有了，只有種族主義和大種族主義，實卽帝國主義。而俾斯麥則爲帝國主義者之雄，大工業、鐵血政策是十九世紀下半期之決定力。社會主義一面作爲這情勢之反動，一面表現爲鐵血政策之補充。而十九世紀下半期以來的社會科學，也是一步一步沿着科學主義的道路，走向機械和鐵血之崇拜。

十九世紀下半期，英法的實證主義與德國歷史主義仍爲兩大主潮，繼續在各國流傳。在六十年代，應用實證主義於社會學與史學者，當以巴克爾之《英國文明史》（一八六一）最著。巴氏以歷史因素爲自然與精神，精神之決定力爲理智。故以統計學研究理智定律，卽可得歷史定律，而歷史始可成爲科學。泰納則以環境、種族、一時代「精神溫度」，說藝術哲學（一八六五），唯持論不如巴克爾之極端。

德國歷史派亦甚活躍。喜德布蘭、克尼士都主張經濟學必基於歷史方法，歷史立場，拒絕自然科學方法；而在歷史學上，蘭克而後，亦名家輩出（菊生，蒙森）。六十年代菊生批評巴克爾歷史觀。他以爲歷史是一次的發展（案此說實出謝林與叔本華），新舊事情之結合，可以a＋x表示之。a爲個人、環境、國家、時代之產物，而x則自由意志之產物。縱使微小，意義甚大，所以歷史是不能用科學方法研究的。

但十九世紀下半期，又有兩個新潮流起來。一是達爾文的《物種原始》，《人類由來》（一八五九，一八六九），說明「生存競爭」爲進化動力，同時斯賓塞將進化原理應用於哲學，社會學，特別提出《適者生存》之說（一八五一年後）。

同時，社會主義日益有力。馬克斯在《經濟學批評》（一八五九）中提出〈唯物史觀公式〉，三卷《資本論》（一八六七〜一八九四）確立其學術地位。第一國際雖因巴枯寧派之爭執而解散（一八七六），德國社會民主工黨（一八七五）在拉薩爾組織下也成爲實際政治力量，影響各國。而此後恩格斯又在哲學上多所發揮，完成其理論規模。巴枯寧雖在政治方法上反對馬氏，而在思想上則常爲馬氏宣傳。

自是以來，實證主義與歷史主義，達爾文主義與馬克斯主義，日益互相影響。因爲進化論可以塡平實證主義與歷史主義之鴻溝，而馬克斯以爲他的學說是進化論在社會學上之延長。英德思想界最爲活潑，也互相影響。而共同趨勢，是科學主義之發展。七十年代以來，德國有新歷史學派以施莫勒爲領袖。他採用歸納方法，主張社會主義政策。A・華格納且爲基督教社會黨魁。他們得到俾斯麥之支持。又伊令之法學，則採用功效主義觀點。此外，實驗心理學，唯物論之大興，杜林之實證主義，以及赫克爾之闡揚進化論，都表示德國受英法影響。另一方面，德國的歷史派經濟學影響英美（洛傑士，阿西力，制度派，伊利）。而德國的史學，更不待說。德奧的科學主義甚至比英法更爲積極。馬克斯主義自稱「科學的社會主義」，卽因其是必然論的。有了馬赫的統一科學方法論，才有皮爾生的《科學文法》。

實證主義得進化論而益張。除斯賓塞外，如巴捷和以物理學及自然淘汰說社會風俗與衝突，勒普萊以統計方法研究地理，經濟，家族與社會影響。但最重要者是實證主義，進化論與歷史主義混合物之社會有機說。此以個人之於國家，猶細胞之於機體，個人之行爲，當受國家統制，如身體受腦神經之指揮然（伯倫知里，李廉飛，謝佛來，倭姆斯，諾維科夫）。唯其影響，旋卽讓位於鬥爭說。

隨帝國主義之急進，有「社會的達爾文主義」。一位奧籍波蘭人干普諾維其倡種族或集團衝突說，一位奧國將軍拉曾霍夫倡勢利爲社會基本原理說。到本世紀，德國歷史派之奧本海麥倡國家起於征服掠奪說。於是集體殺戮成爲社會進化之原因。

還有種族主義——法國哥賓諾之《種族不平等論》，R·瓦格納之《德國純種》神話，以及其英國女婿H·S·張伯倫將此神話穿上史學外衣，謂日耳曼人乃「十九世紀之基礎」。哥賓諾與張伯倫以非德國人推崇日耳曼族。英國吉卜林則寧願承認一切「白人」皆優，而帝國主義實「白人負擔」，東西亦永不得相逢。在對土戰爭中，俄國人將大斯拉夫主義變爲帝國主義。丹尼列夫斯基宣傳俄羅斯文化最爲優秀，而且將有最後勝利（一八六九）。

作爲集團之反動，或集團鬥爭之結果，也便有「個人的達爾文主義」。這便是達爾文表弟哥爾登的優生學，他用統計方法證明優秀人物得自遺傳，又認戰爭亦能有優生功效。最有名的，自是尼采之《超人》。

有集團社會主義之馬克斯主義，也便有個人社會主義之巴枯寧主義。馬克斯主張階級獨裁，巴枯寧主張個人獨裁。七十年代無政府主義活動於法國及拉丁國家中，在美國亦有特克。俄國在巴枯寧影響之下，有人民主義與「到民間去」運動。還有人民派社會學，其代表者爲拉夫洛夫與米海洛夫斯基，着重英雄、領袖與羣衆之區別。巴枯寧主義，革命的英雄主義，在俄國社會文化模式中，由尼卡也夫，特加可夫等在實際上，翻譯爲「革命領袖」「革命職業家」的陰謀暴力的獨裁主義。然如果德國社會民主主義在實際的鬥爭，壓力與誘導之中，只足爲國家社會主義之陪襯，無政府主義亦然。俄國大斯拉夫主義者列翁切夫希望暴力的社會主義與沙皇爲領袖的大斯拉夫主義合而爲一，這一希望由布塞維克實現了。

無論帝國主義競爭或勞資集體鬥爭，無論有機體說與集團鬥爭說，只足以使國家權力擴大，個人地位惡化。爲個人主義基本根據之古典經濟學，因歷史派及社會主義雙方夾攻而告動搖。而自由與組織，個人與羣衆之矛盾，固不能由社會主義獲得解決，亦不能由達爾文主義社會學獲得解決。斯賓塞極力用進化論維護個人權利反對國家干涉，而赫胥黎則認爲實行社會統制，代替生存競爭，乃社會之使命。吉德則認爲最後之控制，僅能求之於宗教。至於克魯泡特金以爲進化原因，尚有互助一事，且至高等動物而益顯（一九〇二）。然亦僅成空想的達爾文主義（達爾文思想原受馬爾薩斯啓發），亦與其無政府主義不甚相符。

一八七〇年後，有新經濟學起來，企圖樹立經濟學獨立方法論。這就是邊際效用派。這一方面來自奧國孟格，他想用心理學方法，證明價值是主觀的，批評歷史主義和社會主義。另一方面來自英國耶逢士，他是數理邏輯學家，將一個法國人和德國人提出的數學方法，應用於經濟學。

瑞士的瓦爾拉斯亦同時而起。此實爲古典派張目。這心理的數學的方法後爲馬夏爾採用，復與古典派。然耶逢士謂恐慌由於太陽黑子之變化，而美國S・N・佩教謂歷史進化起於動物性的求生經濟至於求樂經濟，終不足服人。在古典經濟學發祥地之英國，一八八五年有「費邊協會」之成立，主張以漸進方法改善資本主義，一時才智之士均在其中（韋柏夫婦，蕭伯納，威爾士）；已可見潮流轉變了。

在社會學和史學上，也開始一新的企圖，卽反對科學主義之過度，希望自然主義與理想主義，個人與社會之調和。或者不將人類社會與自然，機器，動物，有機體相比擬，而求社會特性於社會之本身，社會性之本身。他們重視自然與人之交互作用，人與社會之交互作用。最初表示此一傾向的，是法國費耶，德國陸宰（六十年代）。斐耶與居友提出「觀念力」、「生命力」之概念，後來又由孔德之書，取得「社會連帶性」之概念，作爲文化及進步之原理。陸宰認爲歷史上自然，心理與文化因素，必須平衡考慮，而歷史之進步，究爲人性深刻化普遍化之結果。此外，德國騰尼斯在一八八七年著書認爲社會有二層次，一爲共同意志之社會（如家族），二爲利害結合之社會（如現代都市）。法國社會連帶性觀念在十九世紀末，由布爾喬與季德應用於政治經濟之上，意在調和資本主義與社會主義。此其影響逐漸解消於國家主義或國家社會主義之中。社會學上之連帶概念，由涂爾幹加以發展；騰尼斯共同意志之說，由井美爾加以發展；而陸宰之說，則由狄爾泰等加以擴充；影響二十世紀之新社會科學與史學，這是以後還要討論的。而這一影響所以發生，則有待於兩種新社會科學之起來。

兩種新科學都是在一八七〇年左右開始的。一是人類學與文化人類學。此由殖民地活動旅行與美國之西進中原始民族考察，歷史派之古代家族制度研究，與斯賓塞的社會學影響而來；巴斯先，拉柴爾，L．H．摩爾干，梅因，巴霍芬，泰勒，拉波克開端，而在前世紀末本世紀初，由佛萊則，威士特馬克，波亞士，李維士，克魯伯等人之研究而大盛。在這一方面，也有進化與歷史二派，而結果是後者之勝利。二是社會心理學。此由個人心理學，實驗心理學，變態心理學，原始民族心理和羣衆心理研究而來；而在前世紀末本世紀初，由文德，塔德，黎朋，詹姆士，華德，涂爾幹，羅斯，孫末納，吉丁史，佛洛伊德，麥獨孤，瓦拉斯之研究而大盛。這些研究，給文化與人性以更廣地平線，使心理學逐漸脫離進化論之支配，了解文化及人與人間之交互作用在歷史和社會上之重要，尤有助於比較研究，並供社會科學，歷史學乃至哲學利用。但在這些研究尚未作充分批評之前，前者主要的是助長社會制度與價値的相對主義（威士特馬克）；而後者則助長非合理主義。黎朋說：「社會主義力量由資產階級之精神混亂而來，羣衆總是要求凱撒的。」不但羣衆心理是非合理的，個人心理亦如佛洛伊德與麥獨孤所云，本能的、衝動的、自動發出的。

而此種社會科學上之相對主義與非合理主義，在前世紀末本世紀初一般政治與思想情況中，產生如何結果，容下敍述，此處對十九世紀下半期史學略述數語。

十九世紀下半期以來，西洋史學主要在蘭克以及德國歷史主義影響之下，並與實證主義進化論合作起來。在此時期，有許多大家，如布哈特，庫朗熱，阿克吞。然大抵兩個觀念最爲流行。一是務使史學成爲科學，如柏雷所云，「歷史是科學，不多不少。」其次，是政治主義。如西利所云，「歷史是過去的政治。」然科學歷史派很少人有蘭克之博識與世界史觀念，往往不是性急的歸納，即偏於文獻之考證，又因模倣自然科學之專門化，結果是天地愈窄，然並不深。所以尼采說史學已有木乃伊化之勢。而所謂政治主義，則又不如十九世紀前期史學家本身在政治之中，能有眞知灼見。如是大抵歌頌本國之光榮與天才，德國之缺契克如此，英國之格林如此。或者爲黨派宣傳，而社會主義及急進知識分子，則多少受馬克斯主義的影響。所以十九世紀末，庫朗熱說五十年史學是在一種長期內戰中。而這種情形，在第一次大戰前後，尤爲顯著。

(七) 由科學主義到力之崇拜

由前世紀末到本世紀初，大規模工業組織以托拉斯之類方式強力推進，科學技術也有莫大進步，人類升空了。帝國主義已使世界瓜分殆盡，並且想瓜分中國（一九〇〇～一九一四）。隨資本與科學之權力無限擴張，個人與社會主義之反動亦相應的起來。然這反動不是根本的糾正，而是對科學主義注射強心劑。此強心劑即是尼采所謂「求權力之意志」：一種機械的合理主義與人心的不合理主義之衝突和爆炸。

這種心境，與當時社會科學上之相對主義，非合理主義，以及自然科學上之危機結合，表現爲柏格森，外辛格，普安開以及詹姆士等之衝動之哲學，擬設主義，方便主義，實用主義。

一切是衝動！世紀末法國的德列佛斯事件（一八九四～一九〇六）是這一心境之戲劇表現。在這大鬥爭中，分化爲兩大壁壘。莫拉的「行動法蘭西」由此發生，此法西主義之雛型。同時無政府主義與馬克斯主義結合，成爲工團主義並由此大盛。我國與日本之無政府主義固由此潮流而來，俄國革命亦受其影響。至二十世紀初期，全世界都受工潮的震動。俄國且在一九〇五年革命中有第一次蘇維埃之出現。美國也開始受到工會主義的煩惱。

既成勢力不能防衞自身。這不外兩個方法。一是一切保守勢力團結起來，同時以對外問題轉移視線。英國老張伯倫在一九〇四年演說，號召「帝國式思考」(to think imperially)。法國有國家主義(Etatisme)——實卽國家社會主義——及「安全」問題之提出。

資本家，工人乃至敎會團體和組織之日益有力，已使斯賓塞所謂個人與國家之對立並不重要，然而從來個人與國家的觀念也動搖了。而對外的侵戰，國內的工潮，也使過去的代議制度難於維持了。只有在德國，「高度」帝國主義與社會民主主義還維持國內的平衡。威廉第二早已提倡「權力政治」，「現實政治」，「世界政治」(Macht-Real-Weltpolitik)。而馬克斯派之中已有修正運動。至於沙俄，雖然官方天天高唱「擴張邊境，肢解中國爲帝國神聖使命」，並有沙皇的「警察社會主義」；國內卻是一座火山。

在這狀況下，人類學上心理學上相對主義與自然發生的學說，以及勞資團體之日益有力，促成政治學上之多元主義。先是德國耶令芮克研究個人與國家問題，德國吉爾克，英國梅特蘭認爲中世團體制度乃自然發生無涉於國家。至本世紀初，荷蘭克拉伯，英國拉斯基，法國狄驥大加發揮，謂各種團體在本質與國家無異。國家不過社團之一。此種政治的多元主義不但有工團主義者，以及其溫和版的基爾特主義者贊成，並由教會方面，如菲格斯，得到平行的贊助。昔日憲政主義者唯理主義者如戴雪，列奇，亦對此新見解讓步或贊成。多元主義可以走到國際聯邦主義，然一時只足以使大家認爲昔日主權觀念，自然權利，主權國家，一人一票的代議政治等，已經陳腐不合於今日之事勢。而此只足鼓勵獨裁主義之擡頭。

宗教早已無靈，個人主義與理性主義已經動搖，民主政治又將告破產，西方人已無精神事物維繫了。有之，便是力，機械之力，野獸之力，英雄之暴力，巨無霸，泰坦，人猿泰山式之暴力。一切是力！力之崇拜表現於藝術上，便是起於一九〇五～一九一〇年的野獸主義，立體主義，未來主義。他們的口號是：「力卽是美」，「直線美於曲線」。因此，機械是新的美。

而在社會科學上，第一次大戰前夕，也有幾種學說起來。一是索來爾的《暴力論》（一九〇八）。他是一個工程師，先信馬克斯主義，後覺其不徹底，而由柏格森，深信行動之重要，爲革命的工團主義理論家。當時自然科學認爲理論只是擬設與便宜，他認爲社會政治理論只是「空想」和「神話」。而神話更為有力。民主政治，若列斯之理想社會主義，馬克斯派社會主義，都是空想；而以暴力，以直接行動，實行罷工則是神話，要用這神話，實現新社會。

二是巴列托的《一般社會學》（一九一六）。他是生於義大利，長於法國，曾受馬克斯主義洗禮，後執敎洛桑的數理經濟學家。他認為研究社會必用邏輯實驗法。他不諱言贊成馬基維里。其結論：社會人類行為有不大變的基層（本能，情緒）和易變的表層（理論或藉口或神話）。政治家可以操縱表層，多少移轉基層傾向，取得權力。又說政治社會變革，起於優秀分子（élite）之循環。其後米赫斯、莫斯加加以發揮，將優秀分子與獨裁指導者同視，說權力集中於寡頭，是一種「鐵則」。

三、俄國有巴夫洛夫根據養狗經驗，創「反射說」（一九一〇）。以食物使狗流涎，曰絕對反射；餵狗之時搖鈴，則久之，即不用食物，但有鈴聲，亦可使狗流涎，曰有條件反射。他相信這原理可用於改變人性。美國人華臣受其影響，倡行為心理學（一九一三）。這刺激——反應學說，影響杜威羅素，迄今仍以較「精製」方式，保存於東比之《歷史研究》中。而俄國共產黨人則在實際上以此學說控制羣衆，獲得莫大成功。

諸如此類更多的科學主義，以後還層出不窮，且至今未曾停止。例如，美國一度有人提倡的技術政治（Technocracy）；由商業主義之人文地理學到權力主義的地緣政治學；繼而科學主義益趨形式化，數字化；如以社會調查代替社會學；以經濟計量代替經濟學；以語言物理學化，符號邏輯化，代替哲學等；此似乎是科學主義之高潮，實則是其尾聲了。

就是在這樣一切是衝動，一切是力的精神狀態時期，第一次世界大戰遂在塞爾維亞一觸卽發，繼而是一連串世界「革命」。一個馬克斯與尼卡也夫的私淑，讀過索來爾乃至巴列托的書的列寧，在戰敗的俄國取得政權，宣布「世界革命」。一個社會主義者和巴列托弟子莫索里尼，在慘勝國義大利取得政權，宣布「戰爭之於男人，猶生育之於女人。」繼而一個奧國「藝術家」希特勒，到俾斯麥故鄉，知道國家主義，社會主義，對瓦格納神話極感興趣，但還沒有「理論」。一個愛沙尼亞人羅森堡將瓦格納種族神話用德國生命哲學理論化，將馬克斯階級神話變爲純血的民族神話。同時C・施米特在政治學上倡「不是朋友卽是敵人」，以及「戰事是一切」之論。如是就有希特勒的「我的奮鬥」和成功。繼而希特勒又與史達林苟合，發動第二次世界大戰。他們的目標是相同的，奴役人類，毀滅西方的以及人類的一切精神文明。而工具是相同的，西方的科學技術和假科學——勢利主義的科學主義的社會科學。

我無意將世界戰亂歸咎於資本主義，自然科學，社會科學，達爾文或馬克斯；他當然有更實際的原因——簡言之，由文化發展不平衡而來的帝國主義，旣得利益階級的勢力主義——這是以後我還要充分討論的。

然有一點是無疑的，社會科學史學哲學之無力或落後，有助於戰亂與獨裁主義。（達爾文主義促進帝國主義戰爭，正如馬克斯主義鼓勵落後國家之自相殘殺。）所以無力或落後，就是社會科學史學與哲學經由科學主義，自降為「科學之婢女」；繼而經由偽科學，變為社會神話，成為政治的「郎中」(mountebank)。

(八) 由史學與社會科學方法論之轉向到文化的反省

以上所言，是說西洋在十九世紀下半期，史學和社會科學上，逐漸天下三分，即以達爾文為主的正統科學主義，歷史主義，馬克斯主義；這表示現代西方文化危機之開始。這三種主義以科學主義為領導，各自無反省的發展，三者相反相成，進入力的崇拜，促進西方文化自毀之過程。現在要說另一種發展，即西洋人六七十年來對他們的學問，制度，文化反省之新潮流（此文寫於一九六〇年）。這一反省潮流，固由他們政治經濟上的變亂挫折而起，亦由學問上新研究而起，特別是由科玄之戰，以及與其平行的三種主義之由合而分，互相批評而起。

先說這三種主義問題之所在。這三種主義有其政治背景：科學主義起於英法，代表英法利益；歷史主義起於德國，代表德國利益；馬克斯主義先代表歐洲無產階級利益，終於為蘇俄所利用。但學問之討論，還必須討論學問本身理論價值。問題自不在科學與歷史研究，或勞動者權利之維護；而在科學主義、歷史主義、社會主義馬克斯主義雖不無所見，然而不知其所見有限，不知人之所以為人，走向相對主義，復執相對為絕對，終成虛無主義，勢利主義。這三種主義雖然說法不同，相同之處是很多的。科學主義與馬克斯主義都講「必然」，講「經濟」，雖然有着重「個人」和「社會」之不同。科學主義與歷史主義都講「有機」，講「個性」，雖然個性有「一般個性」與「民族個性」之不同。歷史主義與馬克斯主義都講「集體」「社會經濟」，雖然集體有「民族」「階級」之不同。三者各有其長短。科學主義似可給人以較確定知識，而進化亦使人抱樂觀，然其弊則否定人類自由意志，乃至以勝敗爲是非。歷史主義認一切皆流皆變，一切有「時代性」，是顯然的相對主義，而個人與民族眞理，亦不能謂爲永久眞理，自將由相對主義趨於價值之否定。二者之長和短，馬克斯主義皆有之。其以無產階級之價值爲價值，亦是相對主義。然他能說無產階級之價值代表人類之價值，則尚有二者所無之長。在這三種主義相爭過程中，新的馬克斯主義有後來居上之勢，這不失爲最重要之一點。雖然列寧將這一點墮落之後（即以黨的利益爲價值標準），對其他二者亦早無資格加以對抗了。

再說這三種主義相爭之過程。自十九世紀最後十餘年（大體說來，一八八五年）到第一次世界大戰以前，始而是科學主義之優勢，繼而是歷史主義企圖保持社會科學領土之獨立，同時擴大研究範圍，對科學主義反攻。戰後史學上達爾文主義斷然沒落，爲學院派所一向抹煞的馬克斯主義代興，然歷史主義與現象學派還能與其對抗。與達爾文主義同時沒落的是經濟自由主義，因而社會主義大盛，幾無抵抗之者。及一九二九～一九三一年間，因世界大恐慌爆發，原子物理學之新發展，使科學主義、歷史主義乃至整個西洋文化危機充分暴露，西洋人在精神上失去重心，對其傳統的自由民主亦失信仰，舊「意識形態」沒落，集中於新「意識形態」的三種社會主義。此將歐洲和世界拖進二次大戰。結果歐洲時代終結，蘇俄正挾馬克斯牌社會主義威脅西方文化乃至全人類生存。然自一九二九～一九三一年來，特別是一九四六年來，也可看出西洋人正在反省之中努力克服科學主義，歷史主義之偏狹，檢討資本主義社會主義以及西方文化的得失，以求自身存在之理由和出路。而這一方向，如下可見，是在思想上求科學與哲學之合作，趨向康德所提示的理性與價值之尊重，以克服虛無主義；在實際上，則求在世界規模上實現啓蒙時代自由平等與博愛的理想。以下對此思想悲喜劇過程，就他們自己的言論，作一介紹。

(九) 狄爾泰、克羅采、新康德派與文化史趨勢

這一轉向必須由狄爾泰說起。狄爾泰之重要性有二：第一、他是繼尼采之後討論生命問題，此是與井美爾、柏格森、詹姆士等在科玄之戰中造成二十世紀哲學之轉向的。第二、十九世紀末，在德國馬克斯主義剛剛擡頭，而科學主義則已盛大輸入，使歷史主義動搖。他是代表德國歷史主義——洪保德，黑格爾，蘭克之傳統，反抗科學主義最早之一人，而其見解亦在一般學理上，影響最大之一人。爲鞏固歷史主義基礎，狄爾泰研究歷史哲學。從來歷史哲學研究歷史之因素，其發展之法則與價值之標準。此所謂「實質的歷史哲學」。但要決定實質問題，還要追究其根據，

此即歷史知識有無可能，界限如何，方法之原理如何。此所謂「形式的歷史哲學」。狄氏研究的，是這一方面，他稱爲「歷史理性之批評」。蓋倣效康德，在確定科學知識之前，須有理性批評，鞏固科學知識之根據。

如是他在一八八三年發表《精神科學導言》第一卷，討論史學與精神科學獨立方法論問題。德人所謂精神科學（Geisteswissenschaften）包括人文學科與社會科學二者而言，此一名詞用法，由他開始。史學是精神科學背景，精神科學是史學工具。精神科學能否獨立，看他能有無與自然科學不同方法。科學討論非人間世界，研究實在之投影。此可以將現象抽出，代以符號，對現象關係定出代數法則，此法則即自然科學法則。此種知識構造，乃可以實驗重演者，亦即世之所謂科學。然而精神科學研究的是人間世界，此乃有自由意志的活動心靈之產物。他所研究的現象，乃內在精神實在之表現。此種現象不能由歷史背景分離，而他們也構成意義與價值之模式，爲歷史背景之一部分。他所作出的不是法則，而是價值系統。精神科學藉有關證據所得知識構造，是一種世界觀（Weltanschauung）。

歷史知識是可能的。人生與環境交涉，對環境抵抗，形成生活「情況」，「關聯」，「構造」；形成生命、歷史、文化之「流」。觀念思想由此而出，又幫助下一代思想之形成。歷史即思想史。此可由三方面研究。一如黑格爾、蘭克所說，研究思想潮流；二如施萊馬海所說，研究代表一時代的學者文人之思想；三如康德、羣德倫堡所說，研究思想之「範疇」，「類型」。

洪保德（號稱「社會科學之培根」）說思想史是個人思想與時代思潮之交互作用。而文德以心理學為社會科學基礎。狄氏乃欲建立一種新心理學，來研究個人思想形成，為精神科學奠基。及本世紀初，受胡塞爾現象學之影響，認無此必要，而提出「解釋法」，說明歷史世界之形成。此有三要素：一為「體驗」，此詞由施萊馬海來，狄氏用以指知情意未分化之總體。二為「表現」，體驗對生命情況交互作用，表現於社會組織，與文化系統。三為「理解」(Verstehen)。此洪保德特別提出，狄氏用以指概念與再體驗之結合，一種感情移入與設身處地，一種創造的想像，重建歷史的實在之意。他在晚年，認思想有三種類型，即自然主義、客觀唯心論、自由理想主義。三者各形成其一套世界觀，有同等權利，同時或輪廻出現，並非進化或辯證發展，亦非科學所能說明。歷史理解卽通過此三類型，理解其各時代世界觀。歷史哲學為世界觀之學，「哲學之哲學」（《哲學之本質》，一九〇七）。

同時，義大利克羅采亦反對科學主義的歷史。他原為馬克斯主義者，後棄其說並修正黑格爾辯證法(以同異代正反)，又回頭研究維可。一八九三年後，不斷提出這一類觀點：歷史之本質是精神，歷史無法則可言，黑格爾馬克斯巴克爾之歷史學都不能成立，歷史趨向自由和道德、輪廻運動，歷史卽哲學，歷史是史家之創造，由自己精神在個別事件中看出一般自由精神之發展。一切歷史皆為現代史，研究歷史必用藝術的直觀方法（《歷史記述之理論與實際》，一九一五）。

這時德國蘭普列希特代表科學主義與歷史主義之折衷。他著《新舊史學》（一八九六），

《德國史》（一八九一～一九〇九），提出《文化史方法》（一九〇〇）。此乃以文德社會心理學爲基礎，用比較及統計方法，說明「社會心」之發展。歷史必爲文化史，世界史；宗教道德科學爲高級因素，政治經濟是次要因素。

一八九九年柏倫漢著《歷史方法論》，謂史學者，乃將人類視爲社會動物，就其活動之發展，加以因果研究和敍述。歷史現象是心理的，個人行爲是有目的的，各人目的性質不同，且不斷變動而有創新，故自然科學方法必有限度。史學方法始於考證，終於綜觀。綜觀必需歷史哲學，否則歷史必爲盲目。他反對孔德、斯賓塞，也反對馬克斯；反對克羅采，也反對蘭普列希特。在形式歷史哲學上，贊成狄爾泰。在實質歷史哲學上，贊成陸宰之說，即自然、心理（個人的與社會的）、文化三種因素，不可一偏。至《歷史記述》（*Historiography*），則贊成蘭克，即客觀立場並非放棄自己立場，而是對各種立場、各種力量，各如其分尊重之。此書因條理分明，成爲史學標準著作之一。

繼而德國古史家愛德華・邁耶極力反對科學主義，認歷史純爲個人的，偶然的，不但無法則可言，亦無類型可言（《歷史之理論與方法》，一九〇〇），發揮極端相對主義。

新康德派的施丹姆勒主張自然科學由因果法則考察，社會科學則爲目的論的科學（一八九六）。但此一正確主張之影響，遠不如文德班和李開特兩人。他們如狄爾泰一樣，區別自然科學與歷史科學，認爲一爲定立法則，一爲記述個性。李開特認爲生命不能演繹出價值，故不用「精神科學」而立「文化科學」之名。自然科學文化科學各有其哲學。歷史哲學爲文化哲學，卽對一回發生之事，作價值判斷，卽文化價值。歷史記述必依文化價值而作選擇。

以上所說，是二十世紀史學思想之出發點。所論雖有不同之處，但都多少受康德影響。而共同之點，是拒絕科學主義，同時，想以綜合的文化史的趨向，克服十九世紀之政治主義，國別史主義。而類型說，輪廻論，自由目的論，文化價值論是對抗進化論，也是想樹立歷史之獨立性的；然目的論並未發展，類型論，輪廻論重陷宿命論，而李開特的文化價值論結果是價值的相對主義。

這新動向之若干方面，立卽在英法得到響應。以英國當時最博學之士見重的阿克吞，在其劍橋就職演說（一八九五）中認爲觀念是歷史主動力，歷史範圍超乎政治之外。他計畫的《劍橋近代史》在他逝世之年開始出版（一九〇二～一九一〇）。他勸告著史者要學習科學基本精神，卽他的先生蘭克之批評精神，但不以爲歷史是自然科學式之科學。又忠告道德與良心先於一切；歷史論生，一如宗教論死。法國柏爾主張史學應成爲社會科學之綜合，創辦《綜合史學雜誌》（一九〇〇），並主編《人類進化》叢書（一九二〇～一九四五出六十五卷）。德國也有格茨主編的《世界史入門》。至於個人著作的文化史，丹麥布蘭兌斯完成《十九世紀文學主潮》（一八七一～一八九〇）大著後，繼續寫了許多書。英國麥茨繼列奇《歐洲道德史》，史蒂芬《十八世紀歐洲思想史》之後，著《十九世紀思想史》（一八九八）。德國有布列希格《文化史》序論（一九

○一），而魏夫林始據類型論寫《藝術史基本概念》（一九一五）。而蘭克普遍史的理想，由威爾士的《世界史綱》（一九二○）開始嘗試。不但應用地質學考古學資料，而東方歷史開始列入世界文化史秩序單中了。他也是世界政府最早鼓吹者。

美國原是史學不發達之國（據說一八八○年美國只有十一個史學教授）。此後有「史學會」之組織，亞當士兄弟之著作。而涂納在〈歷史之意義〉（一八九一）一文中，說歷史有統一性與連續性，史學意義在鑒往知今，鼓舞新觀念與新行爲，而歷史亦須趨於世界史。至一九○五年，蘭普列希特至美講學，於是有魯濱生之《新史學》（一九一二），史學漸盛，且欲使史學有益於社會改革。（厥後班茲之《西洋文化史》主要依據柏爾叢書。）俄國史學在革命以前，主要在克留且夫斯基影響之下，也是注意社會史與文化史的。

一九二○年以來，文化史、經濟史、思想史、科學史，或古代文化史之書日多，而且多趨向廣大規模的綜合方法，這是前此罕見的。

（十）由單線進化論到多元類型論

十九世紀非無綜合；孔德、斯賓塞、文德皆然，他們皆以進化論爲根本原理。此以心理齊一律爲根據，以各種因素對人心之因果關係，並依有機體之類推，說歷史之單線進化。劍橋史和柏爾之書，以進步、進化為基本原則。然大體而論，威爾士之書，成為進化論尾聲。此後是轉向類型論了。

直接打擊進化論的，還不是類型論。最初對達爾文進化論應用於社會科學給以批評的，是馬克斯主義派。十九世紀末，他們以辯證發展補充進化論之不足，以社會、經濟因素補充生物、心理因素之不足（如樸列汗諾夫），但此不足動搖進化論在學院中地位。給進化論和科學主義以大打擊的，是第一次大戰的各種實際的精神的後果，這戰爭創傷使歐洲從未根本恢復。現實的慘狀，使人難信進化、進步之必然。在悲觀心理與經濟不安之情形下，必然是宗教與社會主義之擡頭。在歐洲和美國，宗教信仰復活，美國且有「根本主義」，禁止教授進化論。同時，社會主義成為實際勢力，而在俄國，革命後且自稱社會主義國家。又在悲觀心理與經濟不安之情形下，必然發生逃避與衝動的兩種傾向。逃避現實的人，可以走向藝術（佛洛伊德式小說，立體抽象的美術）；而衝動的人，則可以走向社會主義，民族主義，或其他可以發揮狂放感的思想和行動。所以戰後歐洲智識界，對馬克斯與佛洛伊德之興趣日增，而一時思潮主調，尤為那作為科學主義機械主義之反動的生命哲學，而以柏格森為主要代言人。與此平行的，是文學上之各種新浪漫主義。德國尤為精神轉變的中心。除尼采復興，愛德華・邁耶歷史論之外，有司提反・哥爾格為中心的唯美主義，有表現主義，有克拉格斯的生命哲學，不僅反對科學主義，並反對理性主義，主張原始生命力之發揮。還有在前世紀末已經開始的一種青年運動，戰後更為流行，成為所謂「流浪鳥兒」運動：高中以上學生就成羣結隊，或主素食，或主裸體，實行原始生活——這運動經過各種變化，成爲希特勒運動之源泉。這是否定傳統，也是歷史主義的反動。然研究歷史究不能否定歷史。作爲進化論與歷史否定之折衷，類型論應時而起。自一九一〇～一九二〇年間，在歷史哲學上有三種系統理論之提出，而皆起於德國，這可見由進化論到類型論之轉變。

一爲繆拉賴爾。他綜合孔德，馬克斯以及人類學的研究，又採用赫爾巴特心理學，井美爾生命哲學與形式分析法，自一九一〇年至一九一六年死爲止，想獨立完成一套社會學叢書（已出者有《生命與科學意義》，《文化史相及進步方向》，《家族論》等）。他提倡史相學方法。在史前和歷史時代，對各民族產業（技術），種性（家族）以及政治，科學（哲學）宗教、藝術的現象加以綜合，是曰社會史形態學（Morphology）。同時將這些形態綜觀，比較，看人類文化整個進展方向的線索，是曰社會史變相學（Phaseology）。馬克斯所說經濟因素是重要的，但使經濟發展者，畢竟是意志與環境相互作用，理智指導之，並因文化遺產，人羣接觸，而使一般文化發展。如是經濟才發生作用，再促進文化之發展。因文化發展過程中，一種史相消失，另一史相繼起，在此連環中，沒有兩個環節完全相同。同時，有進步也有退步。但人類進化潮流，總循着生命自身之法則，以一定方向，向前奔湧。這潮流之比較研究，可以給我們以史相學法則。例如，人類社會由有機到超有機；人類文化由特殊進到一般，從具體進到抽象；勞動之社會化；社會化的個性主義——一方面一切人類無論種族男女成爲自由獨立之個人；另一方面，將友愛合作範圍，推廣到國際規模，使人類能力（宇宙能之最高形式）向人類幸福及機能之複雜形式之方向無限的發展。

二、先是拉柴爾已提出文化傳播說，至本世紀初（一九〇四～一九一五），費羅本紐由非洲攜回大批資料，如是格雷布涅，P．W．施米特不斷研究，一九一〇年以來傳播說日盛，此即以「文化圈」，及諸文化圈之相互接觸，說明文化發展，與單線進化論對立。

三、如是有史賓格勒《西方之沒落》（一九一七～一九二二）提出歷史形態學方法。他分人類文化為八種，每種自成體系，即使數學，也因文化而異。文化如生物，有幼少壯老，乃至植物，有春夏秋冬，以此論定西方文化已到冬天。他說他的方法是由哥德來的。索羅金說他來自俄人丹尼列夫斯基。據馬薩里克說，丹氏實據德人呂開特之書。但幼少壯老之說，德國歷史派經濟學家羅舍早已說過。又美國生理學家錐培在《歐洲理智發展史》（一八六四）中早說過，人有嬰兒、幼年、少年、成年、老年，文化有輕信、探究、信仰、理性、老朽五期，中國在老朽期，歐洲將步中國後塵。給他以直接影響的，無疑是狄爾泰。錐培依民族分類型，擴大類型數目，加上沒落宿命而已。

繆勒賴爾之說，已是進化論與類型論混合，極有見地。然其肯定進化及樂觀主義，與第一次戰後一般心理不合，故不久消沉。史賓格勒之書牽強附會甚多，甚至是達爾文主義之僞裝。然其規模宏大及悲觀主義之適合「時代精神」，使英國東比等接踵而起。又傳播論擡頭後，一九一一年以來，英國進化派大多轉向（黎佛士），極端者甚至主張埃及一元傳播論（E・史密士）。其後P・W・施米特著《文化史的民族學方法》（一九三七），益使傳播說確立。他說人類起於亞洲，先分化爲三大文化圈：狩獵圖騰的外婚父權文化，農耕的外婚母權文化，畜牧的大家族父權文化。三者構成第一次文化圈，互相交流，形成第二次種種文化圈，繼以第三次古代文化高級文化圈。他是神父；承認原始文化之優秀性，而隨時代之進步，精神文化實有墮落之勢。

此處我想提及，馬克斯主義也包括類型論（如封建、資本社會之說）。所以自類型論與，達爾文主義所受打擊，遠大於馬克斯主義。在達爾文主義失勢後，這一派的人多轉向類型論或馬克斯主義。再不然，就是下述機能主義。

（十一）由進化論到機能論到文化社會學：M・韋柏，謝勒

以上所說綜合，並不排除社會科學上之分析法。這是心理學、人類學、社會學不可缺乏的。但在這幾方面，也與史學上趨勢平行或互相影響。一般而言，這是由十九世紀的進化主義，原子主義，發生主義，經過機能主義（注意有機體對環境反應之過程，及意識在此過程中之作用）到達類型主義，完形主義，文化主義。

關於心理學，只說幾句話。本世紀初，基於原子主義聯想主義之構造派（文德）是主流。此

時精神分析派已起，繼而目的派（麥獨孤），機能派（詹姆士、杜威），行為派，完形派（威特海麥）皆在第一次大戰前成立。此後是深度分析的分析派與廣域構形的完形派最盛。前者由佛洛伊德之性一元論進於人格類型分析（阿德勒，容格），以及人格與文化分析（佛羅姆）。後者由知識構成思考方法之說明，進於人格與社會制度類型關係之分析（勒溫）。

進化論的社會學人類學，以個人為社會單位，而以個人心理社會心理為基礎，以因果律及發生學來說明社會文化現象。當人類學上傳播論，心理學上機能論擡頭時，社會學上之「社會學主義」亦起。此不僅謀社會學脫離生物學心理學獨立，求社會學之特殊對象與方法，亦有感於隨社會主義運動之勃興，個人主義甚難維持，個人與社會之問題日益嚴重；故希望在理論上得一解決。此以比利時之瓦克斯威勒開始，他以社會學應研究社會上個人之間的相互行為，而以「社會親和」為基本概念。繼而法國涂爾幹與德國井美爾為本世紀前三十年社會學之兩大重鎮。兩者皆注重社會構造之機能分析，即各種因素相互關係，及對整個社會作用之分析。涂氏以社會學為社會制度之學，社會制度與「集體表象」，決定個人行為與意識。一切社會制度都是一種機能，維持該社會整個系統之用的。他以分工與職業說代替階級說，提倡社會連帶。在方法上，則是半實證主義。又謂社會學只客觀論事，不作評價（《社會學方法之基準》，一八九五）。晚年論宗教由社會而生，並由社會需要而起（一九一二）。其論法與佛洛伊德類似，是相對主義的；亦與狄驥相同，是維持現狀的。此派最有名之列維布律謂道德乃風俗之「自圓其說」（一九〇三），是相對主義之進一步。又謂文明社會與野蠻社會思考方式之不同，在邏輯與否之別（一九二二），殆爲歐洲人之優越或個人主義辯護之「自圓其說」。其無根據，柏格森都表反對。但他們將人類學與社會學打成一片，成爲一大學派，影響甚大。傳至英國，有機能主義人類學，以「生物需要」與「文化反應」說社會制度（拉克里佛・布朗，馬林諾夫斯基）。而除此一派以外，英國社會學，大抵是在費邊社會主義影響之下的（如瓦拉斯）。

井美爾是一理想主義者，與涂氏並不相同。他認爲社會學之於其他社會科學，應如幾何學之於其他自然科學一樣，此即研究形式；他以人心相互作用之形式與機能（如支配，服從；距離，流動；結合，分離），說明社會化過程，即社會統一的過程。他相信社會形式決定歷史變化與生活內容（《社會學》，一九〇八）。其後井美爾本人轉向生命哲學，此派費爾康與維史等求援於現象學與M・韋柏之理解說。

馬克斯主義不僅有一套社會發展階段論，而且有一套社會上下構造分析論，存在決定意識論，爲階級鬥爭說之張本。涂井二人都研究過馬克斯主義，他們的社會學無疑考慮到這勃起的學說，希望能創造一個系統與其對抗，而謀社會之調和。雖皆有所見，然不能發展一系統的方法論，成就有限。又有新康德派施丹姆勒，認爲社會學必由目的論出發，社會以法律爲形式，經濟爲內容，不是經濟決定法律，而是法律決定經濟。但由於因果論深入人心，未能有所發展。

於是有奧國施班，由十九世紀之亞丹繆勒出發，自一九一一年來，倡全體主義社會學和經濟學等。他否定因果，並反對個人主義及井美爾之說。研究社會必由全體入手。例如，人雖有父性，但進入父子關係以前，不得稱爲父。經濟學不當研究價格價值或效用，而當研究服務或功能。然他所謂全體，日益變爲國家，終流入納粹主義。

在過去流派之外，狄爾泰以後，在社會科學方法論上提出一套系統見解，今日影響甚大者，有M．韋柏。他原屬歷史派，曾與李開特交游。他自一九〇三～一九〇七年，專門研究方法論問題，與歷史派論爭，並批評馬克斯主義（不過當時發表於雜誌上，遺集《學問方法論》，《宗教社會學》，《經濟與社會》都是死後於一九二一～一九二三年間出版的），號稱理解社會學。

他肯定自然科學與社會科學方法不同，但反對以自由意志及偶然否定歷史法則性，因與邁耶論爭。自由意志非不合理之意。自然科學研究自然現象，以確定因果關係爲主。社會科學對象是人類行爲。人類行爲有目的，即有意義，有意義即可理解。文化科學上之因果關係，只是爲進一步理解之用的。如何理解呢？有個人行爲，有集體行爲，有不斷發生的行爲類型與模式。爲理解起見，我們可以將一種行爲複合體之類型，將其共同特質抽象化，建立一種「理在類型」（Idealtypus，日人多譯作理想型，一字之差，謬以千里），分析其結構，作爲一種座標，以爲理解各時代各國家特殊具體事例之用。如先立「現代資本主義」之理在類型，以了解德國之資本主義，德國銀行之類。理在類型只是一種純粹的邏輯構造，實際上並不存在的（世無純資本主義）。其次，對於歷史上前後事實，應研究其「適當因果關聯」，即因有如此如彼之許多條件，結合起來，足以發生某種結果（此項結果，乃屬於理在類型者）。同時，在文化科學上可以作「客觀的可能性之判斷」。在自然現象上，有時只能作「殆然性」（Probability）判斷。在人類行爲上尤其如此，且此殆然性不能取數值表現。我們只能估計一定條件有利於一定結果之程度。我們還可比較其他條件配列之下，結果如何。這種適當關聯，可能判斷，都是可以藉日常生活經驗，來直觀，來想像，來理解的。這是利用胡塞爾邏輯理論，發展狄爾泰理解法的。

西洋資產階級學者對馬克斯主義只有沉默畏懼，至M·韋柏才有力抗衡。他並不否定馬克斯，並承認馬氏爲「偉大思想家」。他由相反一面作基本補充。在《新教倫理與資本主義精神》等文中，他以宗教倫理與經濟爲社會重要因素之兩極。世界六大宗教——孔教，印度教，佛教，以色列教，猶太教，基督教皆有其經濟倫理。唯新教之經濟倫理富於合理性。又資本主義本質在其合理精神，合理計算之經營。近代西洋資本主義受惠於新教合理主義倫理之推進力者，不下於技術。並以爲西洋文化進步於東洋，即西洋有更高合理主義，而東方社會則因不能由魔術及宗法解放，因水利耕作而生的君主權力與世襲官僚權力之過大，阻礙了合理主義，資本主義之發展。（按此不足信。）其次，他認爲馬克斯主義所謂「法則」亦由理在型出發。但馬氏不知理在型的資本主義社會主義，實際上都不存在。將邏輯構造當作實際存在，此其所以發生有害影響。

韋氏在方法論上尊重客觀與合理，又力言現代西方文明基於合理精神，乃由「目的合理」「價値合理」（或形式合理實質合理）之對立，說「科學無關價値」論，與主張經濟學應研究國家政策的施莫勒派論爭。而此與他對現代文明之特徵，資本主義與社會主義問題，以及學術與政治之歧途的看法皆有關係。科學之特性，一在其專門，二在其進步。唯其專門，才能進步。在科學進步中，是循「合目的」的行爲之原則的。而此無涉於價值。然人類卻又有趨向價值合理的一面——眞美善，宗敎信仰，尊嚴，義務。這些價值之間不斷衝突，非科學所能調和。他以此說學問與政策有別，以針砭當時學界之阿時；然而也就嘆息此合理化科學化，將使人變成自動機，無靈魂的專家，個人自由亦將喪失。關於資本主義社會主義問題，他以資本主義乃以官僚式管理爲特徵，此是「目的合理的」。社會主義提高倫理合理，但目的合理必受犧牲，如要保持目的合理，又將還是官僚制度。此兩難之局。價値與手段，力與倫理，戰爭與基督敎之間，有一種永恒的衝突。而對學者而言，知與行也有永恒衝突。學問（科學）只能對達到目的的方法，予以澄淸，而人類行爲之標準只有依信仰倫理和責任倫理而行動。然不但信仰與責任二者是衝突的，而信仰（如基督敎）所說也不一樣（如對惡應否抵抗）。因此，最後，學者只有以一種英雄的個性，自對其良心負責。一個誠實而深思，德國稀有的自由主義者如韋柏者，只能由類型與理解說達到悲劇的認識而終。他的東方社會論先在蘇俄後在美國發生影響，而科學無關價值論尤盛行於美國。

於是有耶路撒冷研究社會與意識關係。他認爲涂爾幹派指出人類思想爲社會所決定，思想之歷史發展過程有研究之必要，甚有價值，但並未能說明人類認識如何發展。因而以爲應有認識，感情和意志之社會學研究（《社會學導言》，一九二三）。人類最初是作社會思考，在分工過程中進於個人思考，再進於普遍思考（如中世紀教會），最後當求個人主義與普遍主義之綜合。在世界主義（Cosmospolitanism）上求人間性發展。此其目的，在將認識論移到社會平面上，樹立眞理標準，解決個人主義與社會主義之矛盾；並肯定精神在社會發展中之創造性，以對抗唯物論。（耶氏之說，路易布郎也說過。）

於是現象學派謝勒繼之，著《知識社會學問題》（一九二四）等書，要「在具體的，全面的，歷史與社會條件上，在其性格上，解決知識問題。」社會學不僅如韋柏所說，研究有意義行爲，且包括一切可能的體驗，意識，行爲。如馬克斯，他將社會分爲上下兩部構造，但上下構造皆以人（人間學）爲動力。人類之生殖、營養、權力衝動之本能，與本能所趨向的現實變化，如血緣組織，經濟組織，政治組織，人口地理狀態，構成社會現實基礎。人類主觀精神以及精神趨向理想目的所創造的客觀文化，則構成上部構造。經濟家政治家是下層人物，學者文人代表上層。社會學亦當分爲二部，「現實社會學」研究下層，「文化社會學」研究上層。他分析上下層之間，以及上下相互之間相互作用。結論是：對於文化之生成發展，人類精神有規定其可能內容之力，但要使可能實現，則爲下層構造選擇之力。另一方面，對於現實社會之變化，其前期狀況，有規定其可能內容之力，而上層文化則有指導之力。如是他批評哥賓諾、干普諾微其之種族主義，蘭克及歷史派之政治主義，馬克斯之經濟史觀，乃生殖，權力，營養三種本能，各與歐洲社會原始時代，身分時代，資本主義時代之現實相結合者而已，斷不能說明歷史。

知識爲文化之一部，故又有「知識社會學」。人類知識由本能，好奇心，求知欲而生，因對象選擇、利害遠近而定。其始集中於神話，然後分化爲科學、哲學、宗教。又知識乃對於對象之知識，對象之存在有不同領域：內與外；共在過去與將來；活的和死的。凡此領域，不可還原。他批評許多哲學，如唯心論與唯物論，乃混內外之界；笛卡兒機械論與感情移入論，乃混死活之界。他尤其要批評與補充孔德與馬克斯。孔德謂人智有神學、玄學、科學三階段，乃根本錯誤。此乃知識三種典型，三種動機，三種方式，三種人格（聖者，賢者，學者）。三種知識法則亦不同，科學是累積的，直線發展的，革命的。哲學是螺旋發展的，只有改良。三種知識功能不同。科學求支配，哲學求人格修養，宗教求人類解脫。孔德之說，乃歐洲人之標準。至馬克斯主義，則「器人」（柏格森以器人 Homn Faber 與智人 Homo Sapiens 對照）知識。而其階級意識說，乃偶像主義。又狄爾泰將哲學納入歷史範疇，亦誤。對歐洲人各種成見縱橫掃蕩，無有明快如謝氏者。他一一指出其社會背景，只有相對意義。他自己呢？他當時篤信天主教，自以爲是站在「世界人」立場的。學問只有佔在世界人立場。

A・韋柏（M・韋柏之弟）由歷史主義倡文化社會學與歷史社會學（《國家文化社會學》，一九二七；《文化史卽文化社會學》，一九三五）。他批評謝勒之自然、精神二元論，缺乏展望主義。他將謝勒兩部構造變爲三部構造。一爲社會過程，卽一民族對外界環境反應過程中產生之結構；二爲文明過程，卽科學、技術、經濟；三爲文化運動，此爲宗教、藝術、哲學。（按德人一般以「文化」與英法之「文明」對立，並高於文明。）文明可傳遞，然文化是獨創的。社會與文明已非因果律所能範圍，文化唯有由文化史看其累積，興與衰，科學方法無用武之地。文化社會學卽研究三種過程之配置及其相互作用，以及其配合集中向新方向發展之學問。

松巴特著《技術與文化》（一九一一），謂生產技術與經濟制度及其他社會現象之間並無必然關係。其後則據謝勒之說發揮理解社會學，說自然與社會科學方法論之不同。在《三種經濟學》（一九三〇）中，說自然現象與社會現象性質不同，只要將地球繞日或小貓玩球，與舞場圍舞或球場打球對照，卽可了然。後者是有目的的，卽是有意義的。自然科學與精神科學所用概念亦不同。前者取共同特徵（如人犬同爲動物），後者取其本質與機能（如刀，馬達合稱工具；刀，飛機合稱武器）。又自然科學求法則，而法則求原素化，分量化，數量化。精神科學所問者，乃目的手段關係，一種狀態與條件關係，法則只有輔助意義。再者，自然科學對象是固定的，而精神科學對象是不斷變動的。故精神科學常不僅以科學爲限度。精神科學應研究全體與本質，其方法與途徑主要在會通的理解，研究一種現象何以出現，何以在一定時期，以如是方式出現。經濟學爲社會學之一部。有三種經濟學，卽哲學的，科學的，理解的。歷史派不能成爲科學，科學派，卽古典派與邊際派，因不適於人類社會之研究，只能成爲一種經濟技術。理解經濟學，可以包括前二種經濟學之長。其例證卽他的《現代資本主義》（一九一六～一九二八），在論理上理解資本主義經濟之精神，目的，結構，制度之關係；再在歷史上，先了解一般形態，次了解各國形態。他原與韋柏一樣，認為社會科學上政策不當與學問混為一談。其後著《德國社會主義》等書，謂現代經濟使人道汩沒，社會主義乃以政治救經濟之罪惡者。社會主義在德文中有一八七種，在英文中有二六一種，但可分為二型，卽民族社會主義與階級社會主義（馬克斯主義）。德國當以前者抗後者，而以國家力量實行計畫經濟（一九三四～一九三六）。

美國社會科學，其理論大抵來自歐洲，尤以德國為多（如社會學自華德至帕森斯皆然），不過以經驗論加以改頭換面，然因此不致一偏，而能保持思想平衡（如一九三六年之《社會科學百科全書》）；又國家歷史甚短，喜實用，故少歷史之展望而多應用於本國（美國）社會問題之解決；又為節約腦力，喜歡文選文摘，格式化，圖表化，此有利教學不利研究：其長短得失皆在於此。美國有許多極端科學主義者，但自庫萊、愛爾烏德以後，都承認社會科學方法與自然科學不完全相同；至少不能缺少心理分析與歷史解釋。又美國民主制度，原較歐洲鞏固。故個人與社會問題，不如歐洲嚴重。庫萊謂個人與社會，乃同時雙生的。在所有社會科學中，美國成就最大的是人類學。在波亞士四十年領導下，有歷史批評派，批評進化派，機能派，否定民族優劣論，自始注重文化分析，不廢心理作用，提倡文化模式之說。克羅伯不承認自然科學定律可用於歷史與文化，薩皮爾承認文化有內在價值之高低，具有眞純文化之紅人，在文化上，不低於夾生文化之美國女電線生。此亦影響社會學，自孫末南以至烏格朋等，都注意文化社會學之研究。

大體而言，到一九三〇年左右，史學和社會科學上的科學主義已經退潮，進化論已為類型論傳播論所代替了。十九世紀亦注意文化型態模式，但是其先後關係之一致性。二十世紀則傾向注意不同型態模式之特性，其同時關係及其不重演性。現在英美，進化論者除了采爾德（一九三六年後），L・A・淮特（一九四六年後）外，殆不多見。有之，亦與馬克斯主義折衷（采爾德，維特浮格），或與類型論折衷（J・H・史調華）。

（十二）科學主義、歷史主義與西方社會之危機

而這時候卽一九三〇年左右，從來科學根本觀念，卽牛頓以來之唯物論、因果論、機械論、必然論因科學自身之發達發生根本動搖了。此一「科學危機」，在十九世紀最後三十多年間因熱力學（第二法則）與遺傳律研究，統計學應用於社會學，數學應用於經濟學，因機械論之逐漸動搖而逐漸開始。格蘭斯頓嘗痛罵《死的機械論》（一八八五）。如是有普安開和馬赫，對從來的科學觀念與方法問題重作批評的研究，而後者爲新實證主義之源泉。旣而有放射性原素之發現。至一九〇〇年普郎克提出量子論，繼而有愛因斯坦相對論以及證明里曼幾何學之妥當性（一九〇五～一九一五），繼而有盧德福，波爾之原子模型，布羅伊，希瑞丁格之量子波動力學，海森堡之不定原理，波爾之補充原理（一九一三～一九二七），使二十世紀之物理世界像完全改觀。相對論指出我們只能觀察「關係」，量子論說我們只能觀察「概然性」。物理世界無根本實體可

言，亦無確定性（Certainty）可說。愛丁頓根據這些新發現寫成《物理世界眞相》（一九二八）。世界是符號，實在可由符號了解，也可由宗教了解。這是一半實證主義，一半神秘主義。但新物理學對於克爾文、克羅修之熱能轉變將使宇宙趨於死的平衡之結論，無所變更。琴斯以新科學知識推算，世界趨於均勻分布的放射之冷光；世界走向「暗無天日」的滅亡，乃人類唯一確實知識（《宇宙大觀》，一九二八）。宇宙之末日固尙遼遠，然在此一必然，配上人類知識之無定，則人類之彷徨無望可知。

科學主義之退縮與科學本身之危機，表面上似是歷史主義之勝利，然而不然。進化的「科學史」的觀念早已失去信用，還有類型，目的，價值可以研究。然這三者是互相衝突的。因爲有多少類型，就有多少價值標準。旣無價值標準，則目的亦無從說起。結果只有承認克羅采所說，歷史是詩。史賓格勒如此說，著《現代文化史》之佛利德爾認歷史是各人所作肖像畫。狄爾泰派的缺列契和曼芮克都認此一問題嚴重。缺列契說歷史相對主義是「壞歷史主義」，他建議一面研究過去歷史，一面面向未來，作「現代文化綜合」；一面將基督教與康德的人格倫理與各地方的具體文化倫理結合起來。此所謂通過歷史，以超越歷史，然後克服歷史主義，而此必以上帝信仰爲指導（《歷史主義及其問題》，一九二二）。然此究爲神學。不過，卽不談歷史法則，評價，無論如何，還有蘭克「讓事實說話」的歷史。而現在「精確科學」的物理學尙無客觀事實可言，史學上還有客觀事實嗎？德國何西著《歷史主義之危機》（一九三二），舉出許多史家已否定蘭克客觀史之觀念。歷史知識來自文獻，而這都是主觀的，部分的。美國曾倡新史學，著書四五十部之比爾德受其影響，認為由歷史求客觀眞理，只是「高尚之夢」。歷史知識實即解釋，誰都可以解釋，故馬克斯之經濟史觀亦未可厚非。美國歷史學會主席C．貝克之就職演說以〈人人都是歷史家〉（一九三一）為題。歷史不過是個人記憶的有限事實之速記，所謂「客觀的科學歷史」乃是由無物探求某物。人人是歷史家，亦即無所謂史學了。英國自缺飛良後，受克羅采影響者甚多。H．A．L．費雪著《歐洲史》，謂「人們認歷史是一計畫，節奏，預定模式。我只能看出是一件事繼一件而突出，因其獨特，故不能一般化」（一九三六）。而東比之書，在科林伍德看，只是「鴿子籠式的史學」（《歷史之觀念》，一九四六）。法國阿龍主張溫和的相對主義，亦認「歷史無法給人以社會，時代，文明之一般妥當記載」（《歷史哲學》）。

豈僅科學主義歷史主義危機而已。一九二九年經濟大恐慌（危機）暴發於美國，擴大於世界；繼而政治危機到處暴發。第一次大戰後宗教與社會主義同時擡頭逐步發展之趨勢，至是更為高漲。宗教究為個人之事，不足發生決定性作用，而社會主義則由於實際的和學問的原因，勢力大極，影響大極了。第一、大恐慌使支持西方社會的中產階級急劇崩潰，日在恐懼之中，大量投向社會主義,使社會主義者不僅少數知識分子和勞工而已。第二、過去的傳統已失其威信,二、三十年間學問上雖有許多進展，遠不足安定這精神動搖狀態，平衡社會主義思潮。何況，科學和史學都表示不能給人以可靠客觀知識，而一般社會科學和心理學則大多主張一切道德價值都是相對的，主觀利害之「藉口」。西洋人沒有精神拋錨之地，卽所謂安身立命之地了。而個人是無力的。如是社會主義便成爲新宗教，集體的「意識形態」；而馬克斯主義也就更出色當行。如是社會主義之意識形態便與羣衆運動，強權政治合流，擴大政治危機，促進獨裁狂潮和二次大戰之火。這是社會主義提倡者所不及料的。現只就此點略提事實，因爲關於社會主義與資本主義問題，是我此文要討論的基本問題之一，以後還要談到西洋人之再檢討和我的主張。

歐洲資本主義本來來路不正（殖民主義），日益唯利是圖（獨占），這也就造成他們的短視（如不知創造市場），引起貧困，失業和恐慌。社會主義原欲解救資本主義敝害危機而起。又資本主義原與自由或經濟自由相聯。本世紀初，資本主義「王者」之英國，經濟自由已行不通。老張伯倫主張保護關稅。其後工黨獨立，自由黨瓦解，也表示「自由」之沒落。社會主義也者，不論意義如何不同，總是主張用政治亦卽國家力量來干涉經濟的。這種干涉，隨第一次大戰之發生而增加，然結果並不良好。戰後由於種種原因（主要是戰時破壞和市場狹小了），經濟情況更壞，社會主義更發展爲一代思潮。在主要資本主義國家，那些保守派，資本家，除了十九世紀的若干陳腔濫調以外，說不出什麼東西。除有組織的社會黨外，二十世紀最好的知識分子，如英之威爾士，伯納蕭，靄理斯，羅素，霍布森，法之羅曼羅蘭，紀德，美之杜威，魯濱生，以及許多新政派人士，無不相信社會主義，而愛因斯坦，是相信科學，宗教和社會主義三樣東西的。他們相信社會主義代表人道，正義與和平。而他們也都是眞誠的。

這些社會主義者都是代議制國家的民主社會主義者。本來歐洲社會主義在十九世紀後期，都受馬克斯主義與自由主義影響，大體都是民主社會主義，即在民主制度下漸近的實現社會主義。戰爭前後社會民主黨分爲左右二派，右派或正統派依然支持代議制，左派主張暴力。還有工團主義，也主張暴力。左派在俄取得政權，即共產黨。另一左的工團派在義大利取得政權，成爲法西斯黨。還有一個很難說左說右的德國國社黨，在大恐慌後勃起而取得政權。

從書生之見看，「社會」而又「民主」是一個最好理想。所以許多社會主義者以自由主義承繼人自命（自恩格斯至拉斯基皆然）。然眞正有社會主義的實際經驗的人，知道其中「甘苦」。問題在由什麼人，用什麼方法來實現社會主義。在第一次大戰前後，在代議制國家而有強大社會黨者，只足以促進國家分裂。即使社會黨取得政權之後，如對經濟作局部干涉，徒滋紛擾，而全面干涉，無非獨裁。所以「社會」與「民主」是有矛盾的。他們大多不願直說，但好多人也坦白承認，爲了實行社會主義，某種過度性獨裁制度是必要的；甚至此後，近乎蘇維埃的制度也是必要的（如柯爾，以及韋柏夫婦）。另一方面，第一次大戰前後社會主義潮流起來之時，如蒲徠士所云，歐洲人「自由觀念，縱未放棄，亦已被忘卻或蔑視。理想主義消滅，物質福利取而代之」（《現代民主政治》，一九二一）。一九三〇年後，尤其如此。

列寧、莫索里尼了解人心並不重視自由，可以小惠收買；也了解社會與民主之矛盾，深知保留代議政治，只足以造成他們政治上痲煩，如不全面統制，只有經濟上更大的混亂。如是有「黨國」——一黨獨裁的國家和全面的經濟統制；而馬克斯主義，工團主義皆違反原來理論而變成「國家社會主義」之故，亦在於此。爲維持黨國，暴力不可須臾離，而暴力必繼之以暴力。歐洲資本家拜利（利息利潤），民主社會主義者一樣拜利（福利），而此利不過私利，集團之利。而共產、法西斯二黨則拜力，拜暴力，領袖與黨徒對異己濫用的暴力。但義大利國力貧弱，蘇俄一時尙在歐洲圈外。等到大恐慌後，希特勒憑藉德國之科學，工業和組織力量，出現於歐洲中心時，其暴力之使歐洲天搖地動，較之瓦特機器猶有過之！

二十世紀三十年代是科學時代，羣衆時代，亦是意識形態時代。所謂科學，主要是原子分裂，重水工程，爲原子彈及飛彈而準備。所謂意識形態，就是老的資本主義和社會主義之三種類型：「民主的」，「階級的」，「民族的」。羣衆是「意識形態」之志願軍，「科學」之靶子。

三種意識形態的社會主義，都反對資本主義，而亦互相反對。但在逐鹿過程中，民主社會主義原在守勢，最爲無力，此時日益陷於不利。一是上述代議制所造成的困難，二是在思想上，既反對資本主義，講社會主義，老實說，不能不說馬克斯主義講得最爲完整。而講馬克斯主義，就不能不承認蘇俄共產主義的權威，因莫斯科是馬克斯主義之耶路撒冷。如是他們在理論上難以充分自別於共產主義。他們只能說，目標相同，手段不同。但他們既承認獨裁是「過渡」的必要，而過渡是並無年數限制的。況鑒於和平實現社會主義之艱難，他們也日益傾向暴力爲不得已之惡。因此，正如自由黨之分化一樣，民主社會主義也逐漸分化，尤以受共黨滲透的影響爲然。因此，民主社會主義有時可爲對共產主義之堡壘，有時亦可爲到共產主義之橋樑。

而是時，歐洲保守派與社會黨之對立，在客觀上協助兩種獨裁社會主義。民主社會主義既在思想上不足以抵禦共產主義，其他「資產階級」學說，雖有能批評馬克斯主義的（如韋柏，繆拉賴爾，謝勒，松巴特，及下述曼罕），但皆初出世，不若馬克斯主義有數十年之鍛鍊和歷史。如是馬克斯主義一出臺即有常勝軍之勢，足以號召知識界，這是三十年代我在讀書與旅行中充分體驗到的。（此處我先說一句，將德俄若干社會民主黨人理論，與若干資產階級學者之理論結合起來，足以抵抗馬列主義乃至有餘，但雙方在當時是不能合作的。）德國納粹主義也者，在一種意義上原對抗馬克斯派共產主義而起。他的理論不中用，但民族主義有其申訴力，而以其人之道還治其人之身之暴力，更爲露骨，此一時亦表現蠻力。恐懼共產主義之保守派，正苦於無術對抗，或不慊於民主社會派，或亦感其不足恃，就暗中的或公開的對希特勒主義歡迎。而希特勒是一文盲，又急於訴諸羣衆，其辦法是日益使人戰慄，此則又轉而增加共產黨人聲勢。如是乎代議制國家日益趨於分裂，在精神上成爲兩大獨裁者戰場了。這種情形，在「落後地區」亦有變本加厲的平行反映。此外，民主社會主義是一貫主張和平主義的。保守派早無鬥志，樂得在這一點服從「輿情」。不待第二次世界大戰之起，民主國家的鬥志已先瓦解了。

而兩種獨裁社會主義則在希特勒、史達林兩大「領袖」或怪物領導之下進行順利，一時相得益彰。他們的目標有世界革命與世界征服之不同，其實一也。大策略有繞道東方，直取西方之不同，但都可以因時制宜。口號有階級與民族之不同，但亦可互相參考。相同的，都視人爲芻狗，而暴力即是一切。以暴力對付肉體，以意識形態對付靈魂，輔之以集中營，第五縱隊，而最後大力戰爭，則無內外敵人不可克服，而世界革命或征服有何難哉？相同的，都懂操縱羣衆，恫嚇敵人。不過史達林本錢較差，須利用經濟科學控制人胃，並須多用辯證法策略。而希特勒恃其自然科學之優越，可以秘密武器對付人體，可以直截行動。相同的，都有「革命」，「鬥爭」，「清算」，集體農場或排猶，用科學的機關槍，煤氣，電氣，作集體屠殺和焚燒。在集中營中，以死人之脂肪用作燃料，未死者之身體作醫學實驗，同時還應用心理學的恐怖手段進攻人心。對本國人如此，到了戰場之上，除了恣意屠殺之外，更迫敵人集體自掘墳墓以自埋。對反革命，對俘虜，對被佔領區子女之凌辱，言語道斷。要之，人肉是食糧，人血是美酒，而人的眼淚，可博他們一笑。歐洲社會主義之結果便是如此。

這是否只是獨裁者之罪過呢？當兩種獨裁社會主義由意識形態之戰進而在西班牙進行干涉戰爭時，實以西班牙人爲試驗品，預演第二次大戰集體瘋狂殺戮。當時歐洲民主社會主義知識分子本於社會主義義憤，多參加左派，即參加瘋狂屠殺。而當時保守派只有不干涉主義，即對屠殺作壁上觀，目笑存之。歐洲自由派和保守派不過如此。等到許多民主社會主義者身經西班牙瘋狂屠殺感到寒心而幻滅之時，保守分子對於希特勒之暴力威脅，又只有慕尼赫。第二次大戰一起，歐洲是如是紛亂，脆弱，麻痺，使希特勒之閃電戰爭有如秋風之掃落葉。曾經以「白人負擔」自許，要對有色人種傳播文明的歐洲人，其見識與本領又不過如此。最後美國參戰了，卻成立資本主義國家與蘇俄之「奇異同盟」，因爲大家相信赤鬼比褐鬼好。當時對這政策自始卽表示反對者屈指可數——我的朋友歐特萊女士乃其中之一。其後希特勒固然自殺，然蘇俄代之而起，如今美國以及全世界都在原子恐怖之下了。合歐美智慧，付巨大犧牲，其成就竟是如此。

是誰之過歟？由於蘇俄，或蘇俄之「東方」與「落後」嗎？但今日俄國顯然是俄國西方化和馬克斯主義之結果，而馬克斯是道地西方人。德國一切，更是西方的。科學，社會主義都是西方的，至少是西方發展的。這不能寫在「東方」賬上。是不是由於列寧、莫索里尼、史達林、希特勒幾個瘋子，或張伯倫、達拉弟幾個白癡呢？但保守派和社會主義者或陪著瘋子一道瘋，或向白癡喝采，很少表現勇氣或聰明。是不是社會主義，馬克斯主義問題？但社會主義是反抗資本主義之害處而來的。然則是否一切罪過皆由於資本主義呢？不但沒有資本主義就沒有歐洲的權勢和文化，信如此說，則全世界只有向赫魯雪夫投降。是否科學罪過呢？不要說科學之功勞，他本是人造的，斷不對人世之禍福負責。

（十三）西洋文化危機之確認

因此，今日西方和世界之浩刼，勢必歸於三種結論：一是人類原罪性，二是文化宿命性，三是西洋文化本身之毛病，失調或危機。三說皆有之。然第二結論仍可歸於一、三兩種。而第一種說法，仍有一前提，卽承認人類有罪，必同時承認一全能普愛之上帝，而上帝是曾經耶穌對人類有所啓示的。因此，問題畢竟歸結到第三結論，卽西洋文化危機問題。而這一點，是日益爲西洋人所承認了。

西洋文化有問題，在西洋人對其文化自豪自信之時卽已開始。第一個表示懷疑的是盧梭。至法國革命中，有邁斯特和巴布夫，至十九世紀中葉，有卡萊爾與馬克斯，一致由左右雙方，攻擊這布爾喬亞文明。他們是有成見的。但一個客觀史家，蘭克大弟子布哈特，在一八七〇年及一八七二年之間也預言「赤裸裸生存，國家，武力，將代替文化；軍事國家將成爲大工廠主；工廠中麕集的羣衆必不會長得他們的需要與貪欲，在嚴格管訓之下，賞罰，生殺，予奪之中，終日穿制服而待鼓聲：此乃邏輯上必來之事。」

繼而是尼采指出機械與羣衆出現，「上帝之死」，虛無主義之到來，如是吃喝代替思考。西方文明將達這種破局，「人類變小了，小如螻蟻，他們卻相信小人長壽，並謂發現舒服。他開始稍稍中毒而有美夢，終以中毒過深而有舒服的死亡。」「二十世紀毀滅文明的汪達人在何處呢？」「在社會黨人猛烈變亂之後就出現了。」

此後托爾斯泰，卡本特由農民社會主義，田園主義，批評現代文明。尙在維多利亞之盛世，進化論家赫胥黎晚年認爲「人只是比較精明的禽獸，現代文明最好的，所表現者旣無何等理想，亦不具安定性。社會進步應以道德過程糾正自然過程。」而在老羅斯福高唱美國天賦使命之時，亞當士不信美國有此資格，乃弟B·亞當士則認爲資本主義出現，即軍事與想像典型之沒落，買賣階級之興起，財閥獨富，大衆飢寒，婦女失其嬌美，藝術與理智趨於腐敗；社會到此，難免滅亡了。而在前世紀最後一年，韋布倫對美國工業文明提出辛辣的分析，說是一種有錢有閑玩意。

到了二十世紀，尤其是第一次大戰發生以後，西洋文化危機，充分暴露了。井美爾首先提出「文化危機」與「悲劇」之說（一九一六）。生命有自求超越之性，此與生命形式之文化，有天然之矛盾；是爲文化悲劇，將事物獲得之手段——技術，貨幣等，當作文化之目標或內容，而使人格價值消失；將人與工場一樣，視作戰爭之機械；是爲文化危機。

在此前後有兩個人有極重要的書出來。一是俄國革命亡命者列寧的《帝國主義是資本主義的最高階段》（一九一六），《國家與革命》（一九一七）。資本主義朽腐垂死，只有戰爭之一途，無產階級唯有變帝國主義戰爭爲國內戰爭，奪取政權，實行獨裁。否則，即背叛馬克斯主義。

另一個是德國中學教員史賓格勒之《西方之沒落》。如上所言，此原非創見，值得注意的，是他預料或希望「新凱撒時代」之到來，此亦布哈特與雷朋所曾預言。不過他的《沒落》診斷既人同此心，而凱撒處方遂亦使人甚感興奮。他還有一點最聰明而獨創的觀察，即如謂資本主義走向帝國主義，則社會主義將走向總擴張主義、大帝國主義。

與斯氏《沒落》出版同年，凱賽林出其《哲學家旅行記》，謂西洋世界，是因果律的現象世界；東洋世界，是直觀體驗的本體世界。《奧義書》，日本藝術，中國人生活，都能具體的肉薄生命之神秘。學習東洋！——東洋人也許久不聞此調而欣喜，然如我將在下面說到，這不值得欣喜的。

在戰勝國的法國，詩人瓦勒里在《精神危機》（一九一九）中說「現代文化如生命一樣，都是有死的。」他預料「螞蟻社會」行將出現，歐洲將失其領導權，依然重行做亞洲之半島。四年以後，他在「歐洲人」演講中，說「風暴雖過，我們焦燥不安，彷彿風暴又要來到。……人間一切，在可怕的不定中。戰爭影響太大了，……經濟、政治、個人生活之擾亂，一般的猶疑，難受，大家都知道，然受傷最殘酷的還是心靈……他在深刻的懷疑自己。」

同時，德國巴特提出「危機神學」或「辯證神學」。危機正是理性到信仰之中間階段，他說明恢復信仰之必要。除經由啓示受上帝指示外，一切人類知識，只有苦難。

當俄國共產黨人得勢後天天宣傳打倒資本帝國主義，以世界革命實現世界天堂之時，以反革命亡命法國的貝加也夫，著《現代之末日》（一九二四）等書，認爲資本主義與社會主義並非相反之物，而是血肉相同的，即皆拜財神而不拜上帝。現代人文主義，個人主義，自由主義，民族主義，資本主義，社會主義，共產主義，都將死亡，人類將進入「新的中世紀」。

大恐慌以後，危機感更爲深刻。資本主義者沒有話說，社會主義者振振有辭。莫斯科指揮下共產黨暗中利用危機，「用一切手段」進行階級鬥爭，挑撥「帝國主義者之間矛盾」，在中國進行蘇維埃運動，法西斯主義者則公開從事戰爭。以《沒落》成名之史賓格勒不甘沒落，他看出「西方」威脅來自兩方面：一是有色人種，二是蘇俄。他有辦法！對於有色人種，白人只要保持技術秘密，就可統治他們（《人與技術》，一九三一）。至於俄國，也是亞洲國家，白色國家必須聯合起來成立一大帝國打擊之，而此必有一領導者，此非德國莫屬，因爲德國「年輕」。他告訴德人：「我再三說，人是食肉獸。談道德，希望人超越禽獸云云，不過是禽獸之壞了牙齒者的僞善之詞。必須記得，最大的猛獸，才是百獸之中最完全而高貴之造物，而不因其無齒而作人類僞善者。」（《決定之時》，一九三四）

在美國，桑他耶那、杜威等之自然主義逐漸失勢。除新政主義外，尼布爾的新神學開始吸引注意。他自一九三二年（《道德人與不德社會》）以來，痛烈攻訐人類原罪性，有限性，妄自尊大，侈言進步，泰然自得，自矜科學，亂談歷史；所以禍亂疊生而不自知。除皈依無限上帝外，斷無出路。

在宗教復興與社會主義潮流之下，在共產黨法西斯黨之階級戰民族戰之吶喊聲中，對於西洋傳統文明戀戀不捨的「自由主義者」如何呢？研究歷史和國際政治的東比，在一九三五年至一九三九年間出其大著《歷史研究》前六卷，此大體上用史賓格勒之方法，配以實證論，傳播論，機能論，馬克斯，韋柏兄弟與巴列托的理論。他以《挑戰與反應》，分析二十一種文明之生長衰亡，西方文明正受「內外無產階級」之威脅，與古羅馬帝國相同。不過他不如史賓格勒悲觀和玩世。所以然者，他相信「上帝還可來救」。西方文化只有在基督教復興中求復興。東方人所羨慕的西方之民主科學工藝，他認爲不過是希臘羅馬早已玩得很好的無意義之重演。而最後四卷，幾乎不是歷史論而是宗教論了（據說他現覺其所論須再考慮）。

歸化美國的俄人索羅金著《社會文化動力學》（一九三七～一九四一），以文化是人類通過價値之創造，有三種基本模型。一爲靈的「神理文化」，二爲肉的「感性文化」，三爲混合的「理想文化」。科學時代文化是感性的，命定沒落，只有回到理想文化或信仰的神理文化才能得救。此與貝加也夫和東比殊途同歸。

第二次大戰以後，歐洲甚少樂觀之人。縱非人類之終結，也是歐洲時代及其文化之終結了。最可爲隔世之感對照的，是威爾士。他在一九二〇年《世界史綱》中對人類前途抱無限樂觀，在二次戰爭開始時寫《世界小史》，去世前數月，他說開始仍希望人類能適應環境，作新的創造。在戰爭過程中，「樂觀日益變爲犬儒主義，而看出人類史是忽升忽降，而降的成分更多」，「在我七十九歲之年」，所看出的，是「人類竟願意讓位於老鼠或其他以鏈狀細菌武裝起來而向我們襲來的汚濁巨怪……」，是「人類之滅絕。」（一九四六年版）

當代法國最大史學家格魯塞在二次戰後著《歷史之總計》（一九四六），回顧過去東西文化之起伏，認爲一九〇〇年，歐洲時代已去。今日是美俄兩國支配人類，而中國亦有其將來。他勸歐洲人保持自由與正義，仍可復興。而在此船破之日，只有基督教來救精神，解決理性與感情之造反。

A·韋柏在《歐洲史之告別》（一九四六）中，除追溯歐洲崩潰之由來外（下當介紹），說歐洲歷史書都是以歐洲爲中心寫的，這一時代已經終結，將來歐洲亦無成立「第三勢力」平衡美俄之可能。歷史必須從頭來寫。

三個歐洲主要國家的大歷史家在同一年發表同樣見解，且皆沉痛，足見危機嚴重。其他同類說法不一自足。廿世紀若干最著名作家也都是反映文化危機之意識的（如普魯斯特，馬羅，沙特爾，湯麥斯·曼，卡夫卡，A·赫胥黎，奧維爾，乃至卓別林）。

但也有比較樂觀之論。一九四三年，E·費舍出版《歐洲時代之消逝》，唯謂美國與大希臘世界相似。歐洲之沒落並非西方文明沒落，因爲還有美國作西方文明之新的中心。然在「有教養的」歐洲人看，美國文化之粗率與標準化，斷非西方文化正宗。然則如之何？東比亦認爲歐洲時代過去無可挽回，治本是祈禱上帝，而治標只有在美國支持之下，成立一大的「大西洋社會」，求與蘇俄之和平共存而已（《文明在考驗中》，一九四八；《世界與西方》，一九五三）（按：大西洋公約卽此類想法之政治化）。

然則美國如何呢？除了韋布倫，尼布爾，若干社會主義者不論外，以《技術與文明》一書著名的孟福，承認美國也有「危機」。美國缺乏對於完整人格，平衡社會之注意，缺乏自動負責精神，領袖人物過於單純化，野蠻主義與自動機主義正在毀壞自由精神（《人之條件》，一九四四）。不過布林頓則甚爲自信。他說「危機」，「歧途」之說全錯。西方文化三大價值——自然法，人之尊嚴，此世之善良生活，即啓蒙時代哲人所規定民主理想，仍有其價值。我們應堅持這些信仰。不可不信任人類理智走入反理智主義；或一味依賴上帝，或以爲人世問題能有任何「科學方法」可以奏效。我們不能求全，只有現實的而非犬儒的，堅忍而勇敢的應付大問題。不能期望完全經濟安全，失業不多好了。不必希望永久和平，能將戰爭擋開拖延，或發生而不致太野蠻好了（《人與觀念》，一九五〇）。但多數持謹愼論。H．S．休士認蘇俄問題是西方文化最大危機，將來結果不外美勝，俄勝，或其他國家（如印度）建新文明。但不「絕望」。他希望保持理智的誠實，善良的性格，廣汎的人道目標，使大家能團結而超越當代「意識形態」之戰（《我們的時代論》，一九五一）。而在實際問題上，如我們所知，蘇俄咄咄逼人，由思想戰經濟戰配合軍事行動，蠶食不已。而在太空競賽上，且著先鞭。美國的對策，由李普曼之建立「中立帶」論到杜勒斯之「解放政策」，無一可行。事實上只有繼續冷戰，而冷戰迄今爲止，在資產負債表上，赤字顯然在增加中。而將來之事，誰也沒有把握。

歐洲人稱十九世紀爲「可驚世紀」。至二十世紀中葉，則據說是「可怕世紀」（邱吉爾），「恐怖時代」（L．保羅）。如後所述，近世歐洲之興，原由殖民主義，其「得國不正」，兩經戰亂，遂臨危無勇。美國及其文化之成長原與歐洲有不同之處，更未經戰爭破壞，故氣概不同。

不過美國與歐洲究有精神血緣關係，尤以美國自認爲西方文化後嗣爲然。當歐洲人嘆息恐懼之時，美國雖負起保護之責，亦自感孤危，尤以理論非美國人所長爲然。危機論日益傳染美國。索羅金編《危機時代社會學》（一九五〇）是史學上之危機論。彭湼特編《此我之哲學》（一九五七），二十個現存思想家，大都是談的「危機」。最近科赫女士編《危機時代之哲學》（一九五九），選輯十五個最有名的思想家著作，包括幾個美國人在內，所談都是「危機」。編者在導言中說，「我們無法不信今日是文明史上最深刻危機時代，大家認爲這是人類生存的危機，文明可以消滅，歷史可以告終。不過也許不是一定而已。將來一切，靠我們的理解、希望，與作爲。」由美國學界到政治家之表示，美國並未失其勇氣與信心，然與莫斯科及國際共產黨人之跋扈飛揚磨刀霍霍（「我們要埋葬你們！」）比較，眞有長他人志氣滅自己威風之感。然莫斯科之內心未必和其嘴一樣的硬，而狂妄也自來是失敗之本。而如果西洋人眞能因自己之挫敗而知危思勉，也未嘗不是希望之所在。

如下可見，西洋科學家，史學家，政治學家，經濟學家，哲學家，是在各方面對他們學問，社會與文化的危機在作診斷，並試圖克服的。

——原載五十年五月六日「民主潮」十一卷九期、十二期、十七期——

論新自由主義

（一）

我嘗於拙著《中西文化與文化復興》中提出「新自由主義」之名。欲知何謂新自由主義，須先知舊自由主義。

自由主義是西方文化之神髓，亦其最高成就。他起源於地中海，發達於英倫海峽兩岸，對於全世界發生偉大的影響，且使西歐成爲人類文化生活之神經中樞。到十九世紀中葉，在一八四八年左右，西歐自由主義達到其光輝之頂點，而自此以後，西歐自由主義漸趨萎頓了。現在西歐人士雖仍然表示對自由主義之愛好，實際上自由主義在西歐已只剩了一個乾枯之形式了。而在我國，自由與自由主義因濫用誤解及兩受貶抑之故，信用甚低。尤以第一次世界大戰以後，那乾枯的自由主義已在世界上受到嚴重的挑戰。於是在西方和在中國，就有許多人以爲自由主義業已落伍或和三民主義不相容。然而這是一個嚴重而有害的誤會。

廣義的自由主義(不是西方自由黨之自由主義)其本身不是一種固定的條文，只是一種精神的態度。如加以分析，他可說包含二種成分：一、人本精神；二、理性精神。自由主義相信人的價值，相信理性之功能。自由主義要使人類性能由一切偶像與權威解放，而獲得無限自然的發揚。自由預想平等，因此自由主義是反對一切專制和不平等的精神。所謂民族主義，工業和科學，都是因其鼓勵而產生的。

西方自由主義最初萌芽於希臘，冬眠於中世，而在十三世紀經院哲學之唯名主義中得到最初的復生，在十五、十六世紀的文藝復興期而含苞吐蕊。在宗教改革運動中自由主義發現其政治的戰士。宗教改革的最大結果，是思想寬容原則之確立，這是自由主義第一次光輝戰績。十七世紀天才輩出，都是自由主義之賜。

然自由主義在與敎權奮鬥和民族國家成立之時，曾表現爲王政主義和王政的民族主義，莎士比亞、霍布斯是自由主義者是民族主義者，也是王政主義者。由神權解放的人類，仍在王權之手。於是自由主義又進而反對王政和王政的經濟政策——卽重商主義。

十七世紀初葉，加爾文主義在英國發生自然神敎的運動和淸敎主義，自然神敎者自稱「自由思想家」，他們表現民主的傾向。而在荷蘭，史賓諾莎首先以嚴密的思索，作第一個民主政治代言人。清教徒的克倫威爾發動了英國的民權革命，而清教徒的洛克，著《政府論》，首先在理論上提出天賦人權之說及自由主義原規，被譽爲自由主義之父。他是盧梭的先驅，也是美國獨立的教師。和他同時的牛頓，代表同一精神，探索自然之秘密。

孟德斯鳩、福祿特爾將洛克學說介紹到法國，笛德羅、盧梭以及其他十八世紀法國啓蒙學者，使自由主義開花燦爛。由清教徒精神所培養的美國發動獨立戰爭，而法國啓蒙主義成爲他們的精神領導。美國獨立的精神是民族主義，也是民主主義。而法國革命又將這一精神實驗於歐洲。但自由主義在歐洲遇着強烈的反對，而野心的拿破崙登臺了。然在一切獨裁者中，拿破崙還是最近於自由主義的。

在歐洲大陸人民力爭政治自由的時候，已因名譽革命獲得一定政治自由的英國，獲得和平，自由，進步的利益，於是在英國首先發生工業革命，而大地爲之一新。

在大陸，拿破崙失敗以後，梅特湼和俄皇成立神聖同盟，專門鎭壓自由主義。當時所謂自由主義，包括馬志尼及各小國的民族主義，德國的關稅同盟運動，以及法國的立憲共和主義。故如以爲自由主義與民族主義矛盾，是莫大的誤會。

但梅特湼沒有成功。一八四八年各國自由主義者蜂起，梅特湼逃亡英國。這是西歐自由主義的勝利，亦其最後光華。因爲帝國主義之興起，西歐自由主義此後並無進展。過去自由主義之負荷者，迷於帝國主義之利益，不忠於自由之原則了。帝國主義作爲自由主義之梅菲斯特，使西方走上邪路而文明亦從此失色。

在自由主義故鄉的英國，十九世紀以後，自由主義並無進步。一八三〇至一八六七年間，英國是自由黨執政時代。兩次對華遠征卽在此時發生，而鼎鼎大名的格蘭斯頓之「自由主義」並不包括民主政治在內。在一八六一年美國南北戰爭時代，他和他的政敵狄斯萊里都是同情南方的。這時候英國同情北方的人，只有曼徹斯特之布來特，他可說是西歐舊自由主義的殿軍。

自從帝國主義興起以後，西歐的自由主義只在孔德、穆勒、斯賓塞、達爾文諸人著作中表現相當的光輝。在德國，在康德著作中首先吐露光芒，然到黑格爾，則是進步和反動的合奏。在俄國，柏林斯基和果戈里等以自由主義的文學照耀那古老的國度。然因政治的異常壓迫，也漸歪曲爲虛無主義了。但自由主義的精神並未死亡。十九世紀中葉以後，西方自由主義的衣鉢，已由偉大的林肯承繼。而我國的孫中山先生，也採取自由主義的精華發展爲三民主義。

三民主義與自由主義不唯不相衝突，而且是其偉大原則之徹底化。民族民權民生和自由平等博愛，及民治民有民享都是根於打不平的精神。不過或者有人說，民族主義與民族自由主義，民權主義與民權自由主義不相衝突是可以說的，然民生主義與經濟自由主義似乎是絕對相反的，所以解釋這一點便夠了。

許多西方人和中國人以爲帝國主義是自由主義變來的，其理論是自由主義產生資本主義，而資本主義產生帝國主義。這是很牽強的理論。第一、帝國主義不一定由資本主義產生，各時代有時代的帝國主義。資本主義運動如不剝削對方之自由，則只有經濟合作，而無帝國主義。帝國主義乃由獨佔而生，即由剝削他人自由而生的。其次，資本主義之罪惡，在其獨佔，在剝削他人免於缺乏之自由，而不在其他。資本主義而不獨佔，便無可厚非。所以，資本主義之獨佔化以及帝國主義是和自由主義相衝突，而不是並存的。至於今日之貪污囤積無不藉特殊力量以生存，更不是自由之弊，而是自由不足之弊。

然則社會主義是否合乎自由主義？此是一富於興趣之問題。在我看來，在反對資本專制這一點上，社會主義是自由主義。然社會主義如對於其他民族之自由不予尊重，而在實行之際輕視理性，那麼，他便不合於自由主義。

一部人類的歷史，是一部爭自由的歷史，所以自由的價值，是無可懷疑的，而唯其有人誤解不守法紀狂縱因循等等爲自由，我們更應該說明自由之眞義。不過時至今日，西歐的舊自由主義已不中用，確是事實，因此，我們不能也不應以舊自由主義滿足。

在第一次世界大戰以後，共產主義與法西斯主義對西歐衰病的自由主義挑戰。舊自由主義確已昏庸老朽，但法西斯主義已至其末日，而共產主義也必修正其本身，使其合於自由主義原則，始有存在之理由。舊自由主義必待輸血始能復其青春，然新自由主義，由林肯之民治民有民享以及羅斯福總統之四大自由(信仰，言論，及無懼與無缺之自由)而看出其偉大前途。而在東亞，則三民主義成爲新中國爭自由之光輝旗幟。因此我們不僅應以三民主義承繼中國正統文化而自豪，而且應以三民主義復活西方文化之眞精神而自豪。今後應是新自由主義之時代。

（二）

上論西方自由主義之略史，並謂此自由主義到十九世紀中葉已窒息而成爲過去。然新世界必賴新自由主義而新生。

新自由主義乃舊自由主義之復生。其根本精神仍與舊自由主義同，卽人本精神與理性精神是也。舊自由主義之衰亡，不在其本身有錯誤，而在其不忠於其固有之原則，新自由主義者乃充分貫徹其原則，而使其復生者也。欲知新自由主義，須知其舊自由主義之不同。

第一個不同在新自由主義有堅強的形而上學的論據。一切哲學在有形而上學基礎時，才更有力，因其更圓滿。舊自由主義主要是一種政治經濟理論，而其形而上學或爲經驗論，或爲理性論，或唯物，或唯心，如充分演繹，是很難沒有矛盾的。新自由主義則由宇宙論和歷史哲學說明自由主義之意義。

十七世紀以來，物理學家發現世界只有兩個最高範疇，卽兩個M，亦卽物質和運動。十九世紀末至二十世紀初，這二者爲電子和放射所代替。但在生命界，其運動之方式不是放射而是進化。而在人類及精神之王國，其運動可以創造表現之。放射、進化、創造，爲自由之層次：由無機物到人類，表現自由性之增高，而創造包括進化，進化包括放射。世界是一層創秩序（如層創進化論所說），自由是無上之大法。世界有各種不同程度之自由，因此是必然的；然人類能以其智力無限擴張其必然界限，所以是自由的。人類是最自由的動物。

而由人類歷史看，一部歷史卽是自由史。人類最初受自然之束縛，以後人類又自造各種宗教的政治的經濟的束縛。人類對神權王權反抗，逐漸建立了民主政治。此人文的進化，無非表示人類自由之分量和性質的擴張。自由是人生之目的，歷史之主流。

因此，自由主義不僅是一政治哲學，而且是一純粹哲學。

第二個不同，是新自由主義在政治經濟的領域是盡量徹底的。舊自由主義所以衰亡無力，卽在其不徹底，例如宗教改革以後之寬容，不是無保留的。至少無神論難被寬容。在政治上，國內的平等在原則上確立，但民族平等至今仍爲西方的死硬派所否認，至犯帝國主義之罪而不知悔。至於經濟自由在西方國內確立不久，卽由資本專制代替資本自由。而對外更以資本獨佔，阻止落後國家之經濟發展。新自由主義要求精神政治經濟之無限民治，要求東方與西方一律自由，要求資本與勞動同樣平等，以保障生產力之無限擴張，以保障人類——用羅斯福之術語——免於恐懼及匱乏之自由。

世界上任何東西有過猶不及之弊，甚至飯吃多了亦可致命。唯有一物不患其多者，卽爲自由。至於恣意和散漫，實不得謂之自由，因爲凡妨害他人自由或不足自保安全者，無自由可言。

眞正自由是預想秩序和安全的。

不徹底之自由必爲自己毀滅之源。林肯云：我不能半主半奴。一個人，一個國家，一個世界皆是如此。驕人者必乞憐，獨裁者皆懦夫，而一國和世界，如半主半奴，不是混亂卽主奴同時墜落。耶穌云，壓迫他人，聰明人爲蠢才。孔子曰，己所不欲，勿施於人。同一理由，未有政治自由而經濟可不自由者，亦未有貧困存在而政治自由能保安全者。未有國家不自由而個人眞能自由者，亦未有個人無自由而國家能眞自由者。

第三個不同，新自由主義在實行上是積極的。舊自由主義所最得意的問題，是國家與個人的關係。故以國權之擴張卽民權之衰弱，而要保障民權，不得不犧牲政治的效率。故舊自由主義的政治解決方案，僅止於「勿干涉」，如不干涉人民思想言論集會身體財產之自由等。但在邏輯上以及在政治上倫理上，再多些「勿」，不能眞正解決問題。如僅以聽其自然的放任爲已足，則只有無政府主義才算徹底。新自由主義不是聽其自然主義，而以「汝應」代替「汝勿」。我們旣立國家，要他勿此勿彼，不如要他積極發展人民的自由，個性和創造力。自然，在貪暴黑暗之世，能清靜無爲已爲上乘，但究竟是不得已之論。示人以正路，畢竟比敎人勿走邪路更爲重要。猶之道德較之法律，更爲重要。我們與其給人以四勿十誡，不如敎以己立立人自尊愛他的大義，以充分發展個人及全體的自由。同理，我們不僅應要求一個政府不妨害人民的自由，而且應以一個政府能否發揚民力、民智、民德爲其良否之標準。於是我們就要使人民之權政府之能盡量發揮。這是孫中山先生之創見，而近來英美人士，也都了解這一點了。

由此觀之，新舊自由主義之不同，只在舊自由主義是半自由主義，或少數人的自由主義。而新自由主義是完全的普遍的徹底的積極的自由主義。

世人習聞之自由，以爲僅個性或個人無拘束之意，於是以自由乃與組織對立者，如羅素亦如此，此大誤也。其實組織爲自由之必要工具，而組織之良否，視其能否盡自由之功。例如散兵游勇較機械化部隊「自由」，然立卽潰敗，反大不自由矣。又如吾人以兩腿行路較乘火車自由，因不必守時間，亦不必一定坐於車廂之內。但有火車之時，無人不願受火車之拘束矣（唯如若干地方之汽車，開車不定，常擁擠翻跌以至於死，則無人樂於嘗試耳）。或以個人自由與國家安全對立，此亦過去之見，前已言之。豈特此也，馬志尼爲自由主義者，亦爲純民族主義者，甚至菲希特、黑格爾、尼采之輩，高唱自我自由，無礙其爲極端之國家主義者。反之，如一國之民不知自由之可貴，無愛自由之觀念，則僅足以供異族之驅除耳。

爲避免誤會計，宜鮮明自由眞諦，我嘗於《歷史哲學概論》中云：

「云何是自由？生命之健全發揚，生力洋溢及其自然發揮之狀態而已。析而言之，凡有五義。一曰無礙，去壓迫也。二曰不踰距，不他侵也。三曰發展，盡其才能，精進不已也。四曰創造，日新又新，個體有限，全體無窮也。五曰諧和，各個獨立，普遍合作，同登春臺，萬方中節也。勞動創造一切，趣最高普遍自由之的，而自由者，又爲發揮勞動最高能力之因」。

我尚須將此五義話爲二字，卽古人所謂「盡性」。萬物莫不欲盡其性。天行健，天之自由也；鳶飛魚躍鳥語花香，或植物之自由也。然因其性之低，其自由亦有限。唯有人類，有無限之聰明才力，盡人知性，盡人之才，斯爲自由之目的。盡己之性，斯可盡人之性。此聖賢豪傑之所以爲聖賢豪傑。盡人之性亦能盡物之性。人知進步，已日益役地戡天，將來解放一斤之煤之全力，以驅使全世界火車，盡飛機之速，於半日之內環繞地球一週，亦非不可能之事。文明進步是一種加速運動，人類智能之擴張，是無限制的。

（三）

新自由主義不僅是一圓滿的本體論，政治哲學和歷史哲學，而且可以應用於知識論和價值論。

新自由主義可與知識論以新光。人類之理性因勞動創造而發達，因而獲得創造之能力，而達最自由之境界。人爲萬物之靈者，在有最自由之精神，所謂最自由之精神，亦卽具有最創造的性能。知識作用，是一種創造作用。舊式感覺論及唯物論者以人腦爲一張白紙，攝取印象以成知識。然照相機能視，收音機能聽，究非人之耳目。認識過程不是被動的反映和反射，而是主動的組織和構想。人類心靈不僅反映外界且能創造外界。蠶吐絲蜂釀蜜。然集桑葉不能成絲，集花汁不能成蜜。此吐釀之功夫，即創造之功能。人智創造可以人類語言之孳乳見其一班。人類之語言最初不過人類對於外界動作中發生的聲音之模倣。然在人類之勞動創造過程中輾轉分合，人類之語言無限複雜。人類之知識最初不過個別之經驗，而蓄積增殖，乃有今日之可驚人智。所謂知識，即是創造的經驗。人類愈能由世界之現象解放，把握現象之法則，即愈能以簡御繁，此即知識之功用。知識程度愈高，人類自由之能力愈大，故全智即全能。另一方面，創造亦須自由。知識愈用愈靈，愈自由愈發達。故思想之懶惰與束縛，即人智之墜落。

新自由主義供給價值論以新的標準。善是眞與美之標準，而自由是善之標準。一切思想制度之價值，視其對於人之解放，即自由之貢獻之程度而定。在政治上，新自由主義必然歸結到民主主義。新自由主義並不否認專制主義在一定歷史階段之價值，因爲在一定時期，專制是發揮人力之一必要步驟。但是任何制度到了妨害人類性能更進一步之發揮時，他即成爲不可忍受之罪惡。同理，自由主義並不贊成無政府主義。沒有組織，沒有力量，也就沒有自由。因此，新自由主義的價值論，也可歸於效率的觀念。有效解放、發揮、增進人類性能之制度，始爲良制度。

於是，效率也預想餘裕。餘裕是自由之前提。如人類爲生存而耗其全部精力，將無文化可言，因將無創造可言也。一切制度必須保證個人及全體生命力之餘裕，俾得用以精進於創造。使人類能力，無限擴張。人類文明史即是不斷繼往開來過程。而文明之功用，厥在消除一切人性人力自由之魔障，啓發個性，鼓舞活力，解放人類的潛能，提高人類的才智和品德，使人類向遠大天地擴張，以增進人類的自由、幸福、愉快——這三者是一體的。

新自由主義對於道德及個人修養，也提供新的啓示。人爲自由動物，故人爲「自由人」始得稱之爲人。人既有最高之能力，故必盡其性以貢獻於國家及世界之自由，此爲人之天責。每一個人均具有堯舜，孔子，王陽明，史賓諾莎，洛克，林肯，羅斯福的潛能。故必須啓發鍛鍊，開發自己的偉大能力，以繼前人之功，造福於國家世界。道德不是一種義務，且爲一種權利，不僅勿犯他人之自由，且須創造更大自由。然此必有生命力之餘裕始克爲之。故自私自利之徒，乃人類最大之弱者。自由人必爲最強大生命力具有者，故有與一切權威抵抗之勇氣，且能在爲人類服務之中，欣賞創造之愉快。千古知此義者，法國居友而已。

故人生之天責，即在養成強有力之人格，以盡力於人羣之自由。發揮自己之聰明才智，以啓發萬人之聰明才智。人類資質，大抵相同，有賢不肖者，均由於未能盡性，即未發揮其固有之智能，而所以未能發揮之者，半由於不正當之抑壓，亦由於不能作堅強之戰鬥，今日之抗戰，目的即在驅除日寇之壓力，發揮四萬萬人聰明才智，而建國之意義，即在啓發四萬萬人之聰明才智，以增進人類之文明，擴張同胞與人類之自由。人人當知，人類既有無上之價值，即當發揮此價值，造成國家之強，國民之智，進而使世世萬民，莫不強智。以共進於人世之極樂。自甘愚弱者，是爲奴性。自強而畏他人之強者，亦爲婢性。奴求而婢忮，此夫子之所以謂爲難養者歟！

——三三年八月《祖國》——

民族主義卽國民主義，為今日所必需

有一種言論在數年前已有人鼓吹，而最近突然多方唱和起來，這就是反對民族主義的言論。

例一：有一文說，民族主義有限度。兩千五六百年「尊王攘夷」的思想，「夷夏之辨」，成為儒家思想的主要部分。由辛亥到抗日，受其恩賜，但惡果很多。一是使我們缺乏世界性眼光，應付西方文化衝擊的經驗和智慧，不能做客觀的認知，並且阻礙社會的進步。作為一個現代中國人必須同時也是世界人。結論是：「要獲得反共鬥爭的勝利，民族主義已無能為力。」有而且只有推行民主和自由云。

例二：有一院士在香港演講，大意說：顧亭林、黃梨洲、王船山、反淸復明是多事，辛亥革命亦大可不必，毛澤東代表中國傳統，亦不可反對。

例三：有一篇考據文章「探索」黃梨洲《明夷待訪錄》，謂梨洲並無民族主義之思想。《待訪錄》自序「如箕子之見訪」，乃以箕子自比，以待武王之訪，而武王爲夏爲夷，固無關礙。證據：《待訪錄》書絕無涉及夷夏之語。〈原臣篇〉強調「天下之治亂不在一姓之興亡，而在萬民之憂樂」，「推其意，若清室而能使萬民安樂，固亦未嘗不可奉之。」梨洲指摘鄭成功不能申大義於天下。又〈答呂晚村詩〉「一個乾坤方著腳，風風雨雨不能吹，」乃說清政權方在興旺，瑣瑣風雨固無力以摧之。又《待訪錄》自序說「向後二十年交入大壯，三代之盛猶未絕望。」《待訪錄》寫成後二十年正康熙盛世，「若具有民族主義思想，於晚年對此似當加以刪改方爲得宜。」又梨洲晚年謂「素中國行乎中國，素夷狄行乎夷狄」乃完全種族平等之論。又康熙十年所撰〈周節婦傳〉中「今聖天子無幽不燭」，豈非以清亦可爲政乎？結論是梨洲之政治思想與其說在於抗清，毋寧說在於反明。梨洲偏重大同主義，「毋寧見其爲宏深也」。

例四：在一個五四紀念晚會上我親自聽到有人說，紀念五四要糾正民族主義，因爲民族主義雖有時必要，但有許多副作用，如「我族中心主義」、「傳統主義」，是阻礙中國進步的。

就以上四例而言，都自相矛盾，也互相矛盾，但共同之點是反民族主義。不過，卻都沒有一句是站得住的。

例一由於對於民族主義的誤解，亦對中國思想史之茫然。語言、文字、歷史傳統、風俗習慣相同的人羣，結成一個文化的政治的社會之時，謂之民族。民族主義起於人類愛鄉心。到了結成民族之時，表現爲對外求民族之獨立，對內求每一分子之平權。所以 Nationalism 一詞可譯爲民族主義，亦可譯爲國民主義（日本人過去譯民族主義，近皆稱國民主義）。國語國文卽民族語文。民族利益卽國民利益。民族革命卽國民革命。國民文學、國民經濟也就是民族文學、民族經濟之意。

現代西方國家（卽西歐），民族主義講得最厲害。因爲他們的國家是「民族國家」，卽「一民族一國家」。十四世紀英法首先形成「民族國家」，此亦卽所謂「現代國家」之開始。這現代民族國家先以國王代表最高主權，此卽專制；其後有主權在國會，主權在民之說，此卽民主。西方民族主義成爲一種政治理論始於法國革命。民主與自由正是民族主義之發展。

從此西方民族主義又發生變形。法國的民族主義因外國干涉變爲「雅各賓民族主義」，而拿破崙又將其對外擴張。拿破崙的民族主義引起其他各民族之反應，特別是德意志的反應。自此各國競爭日烈，於是有沙文主義、國家主權論與國家主義，帝國主義，大日耳曼主義與大斯拉夫主義；然這些東西皆不可稱爲民族主義。

第一次大戰之末，威爾遜提倡民族自決。但中東歐本爲多民族之國，所以沒有形成純粹民族國家，反造成少數民族問題：所謂「無國籍民族」。而這恰恰成爲大日耳曼主義、大斯拉夫主義——極權主義的工具和犧牲品。

第一次大戰以來，亞非民族以民族主義爲旗幟反抗帝國主義，至二次大戰以來新國紛紛出籠。

又第一次大戰以來，蘇俄以國際主義爲名推行共產主義，並在第二次大戰後成立大蘇維埃帝國。此時民族主義的共產主義——首先狄托主義——起來反抗蘇俄帝國主義。

而在美國希望歐洲成立「聯邦」（亦卽聯族）對抗蘇俄時，昔日民族主義與主權觀念又成爲障礙。亞非的民族主義也不安定。民族主義還在演變中。

至於中國，早經過民族國家而成爲超民族國家。由於家族主義，且一向文化優越，有天下主義，民族主義最爲薄弱，這是梁啓超和孫中山都指出的。但在金元和滿清壓迫下，宋代明末有民族主義之擡頭。現代受列強侵侮，孫中山首倡民族主義。但他深知「民族國家」的民族主義不適於中國，而主張中國民族主義以美國爲模範，並要保持扶危繼絕的傳統。

由此可知民族主義是自然之事勢，在今日還是世界之形成力。今日世界還是以國家爲政治單位。沒有一國不講民族主義的。當然，凡事有利亦有弊。任何主義不能過度，任何事物有限制。科學、民主、自由都有限制。唯其不能過度，應顯明民族主義之正當意義。這便是己所不欲，勿施於人。只講自己的民族主義，否定他人利益的民族主義，就不是民族主義。猶之侵犯他人自由不得謂之自由。民族主義不得妨害國際正義與合作，這便是民族主義之範圍。

民族主義之眞義既明，則例一所說全不成立。夷夏之辨卽外國本國之辨，何國不講？民族主義幾時不求世界知識，不求進步？民族主義必然是國民之自由、民主，卽權利義務之均等（其不能貫徹是另一問題），何嘗是與民主自由對立的東西？沒有民族主義就不能打破帝國主義和共產主義這兩大罪惡。例一之意大概是說民族主義阻礙西化。但他們不知民族主義、資本主義、科學技術是「現代西方文化」三大骨幹，其他是派生物。不要民族主義的「西化」恰恰是「殖民地化」了。他們又不知今日最大衝擊力是共產主義，不是西方文化。時至今日還以西化爲極樂，正是缺乏「世界性眼光」。當然，如果我們民族主義過多，自需節制。德國因民族主義肥腫而受害。他們的大史家曼芮克臨死之前告其國人要保持歌德的「世界人」精神。但他加了一句：「必先做一個眞正德國人，才能做一個眞正世界人。」然而我們受害之處不是民族主義過多，而是過少。不能先做一個眞正中國人，根本無立足點，無自存性，還有什麼世界人呢？

例二只是聽了若干美國中國通的「合治論」的亂道。時至今日，我們自不可認滿人爲異族，正如英國人並不認諾曼後裔爲異族。但在歷史上一民族不反對異族或暴政，這民族必定墮落得不成樣子。這院士試向美國人說說看：華盛頓傑佛遜、富蘭克林何必反抗英國？沒有顧黃王這幾位學者，清朝學問將是一張白紙了。誠然，辛亥革命是失敗了，但這決不說明辛亥是「多事」。沒有辛亥革命，這五十六年的歷史還可能更糟。他尤其應該知道，毛澤東不是由「傳統」來，而是「西化」之子。特別是，有了由美國製造出來的不學而冷血的白癡，靠背誦美國教授的亂話而爲高等華人如這位院士之類之先進，才有靠背誦馬列而騎在人民頭上的不學冷血而瘋狂的俄化派！

例三是戴著顏色眼鏡看書，未看清原文就厚誣前哲。淵明以來，中國學者每以用甲子不用帝王年號表示其不承認主義。顧亭林之詩，用柔兆閹茂紀年月，《待訪錄》自序記癸卯（即康熙二年），即不帝清之意。《待訪錄》全書精神是由明朝之亡求一整個教訓，也就包括「蠻夷華夏」的教訓。梨洲之書，早於洛克《政府論》二十七年，講同一道理：君臣關係不是父子關係。他所說萬民憂樂，即人民本位，主權在民之意，這恰恰是民族主義之發展。本國暴政且不可容，何況異族？在明代虐政之下，萬人固然不樂，在清人殺政之下，還有萬民之樂嗎？梨洲之《待訪錄》與亭林之《日知錄》一樣，是希望公開流傳的，故無公開指斥夷狄的話，這是與船山之書不打算當時流傳不同的。而《待訪錄》又何嘗沒有談到夷夏問題？〈建都篇〉說明代建都失算，說到唐代安祿山吐蕃之禍，說到英宗狩於土木，說到嘉靖四十三年《邊人闌入》，而全書最後一句是「宋徽宗未嘗不多子，止以供金人之屠醢耳。」大概他看見沒有「建夷」「清虜」字樣就說梨洲沒有民族思想。他看書的能力根本有問題。「賜姓始末」分明讚美成功繼明朝正統，何嘗指摘他不能「中大義於天下」？即如所說，「大義」不是民族主義嗎？「一個乾坤」乃自況，「著腳」乃指著書以待後世，何嘗是指清政權方在興旺？《待訪錄》寫成後二十年正康熙盛世之說，全是亂道。康熙前期，有三藩和鄭經之役。以後有武昌之事，噶爾丹之事以及雅薩克之役。所以呂晚村說當時生民疾苦爲書契以來所未覩。他幻想康熙是堯舜，便說梨洲未改其序文就是承認康熙是三代之治！他還能揑造文法，說「如箕子之見訪」是以箕子自況！〈周節婦傳〉見於《南雷文定》後集三，《文定》凡例謂其傳誌文字是爲亡國之民留下記錄以補史之缺文。該傳前十餘篇有〈與李郡侯辭招鄉飲酒書〉謂鄉飲酒亦奉詔，他不能往。一杯酒且不喝，還說梨洲無民族思想嗎？該傳後一篇〈余恭人傳〉則記母女殉國事，淒烈動人。卽在該傳「不幽無燭」之下，亦有「綱常名敎」等字。「聖天子」之語是爲了保存史料的，而爲了發行，涉及清廷稱呼處經後人修改者甚多，如梨洲《行朝錄》中文字還有甚於此者。況清人爲天子是一事，心中承認與否是一事。「素夷狄行乎夷狄」之語出於《中庸》，意思是無論處於何地唯行其所當爲之意，何嘗有否認民族思想之意？難道孔子或子思也沒有民族思想嗎？《日知錄》亦有此條之目（無文），亭林也沒有民族思想嗎？民族主義必然意含民族之平等，必須承認外國人統治才算大同主義嗎？他還引了梨洲「唯學者不自絕於道，則族類永在天壤間。」道是什麼？民族道——民族主義！

至於例四，乃是連費正清之書也未看，專憑亂扯之介紹而再亂扯。費正清是說中國人不知民族主義，只有「我族中心主義」傳統，毛澤東才將「我族中心主義」現代化而爲民族主義。而他則說我族中心主義與傳統主義是民族主義之副作用，阻礙進步！卽如所說，一定要「他族中心」才算進步嗎？

剛剛與以上例一所說相反，爲了獲得反共鬥爭的勝利，民族主義是不可少的武器。此可看匈牙利莫納（Molnar）教授論《匈牙利革命的敎訓》中一段話（莫氏現執敎美國）。他說，匈牙利革命有兩個因素：「一個因素是十月二十三日的革命是由知識分子及學生所發動的；另一因素是對於整個革命運動，傳統的，愛國的國家民族意識也有其確定的，完整的指引作用。」「……蘇俄帝國主義的倒下去不是因馬克斯經濟學中的缺點，而是因它忽視個人及國家構成中的某種基本因素。我們中不少人都討厭民族精神的表白，稱之爲無理性的，說它屬於十九世紀的黑暗時代。但是假如我們把民族主義稱爲間歇性再現的種族信仰，假如我們企圖掃除、或使我們子孫遺忘國家歷史，並認爲愛國歷史意識是禍亂的根源，那麼，便有毀滅一種足以抵抗專制政治的力量的危險。若說匈牙利事件有一重要教訓，那麼這一個明顯得使人忘記的教訓是：一個民族的良知是集中在那些心中既存有它的過去又存有它的現在的人們的心中，這些人把國家的紀念性事物當作自己紀念性事物那樣的珍視，而且能在受到災亂威脅時，使他們的同胞也能記起這些事。……在這個不穩定與懸懸不安的時代中，他們知道爲什麼生，爲什麼死。」（〈匈牙利作家看匈牙利革命〉，蕭廉仕譯文）

在十多年苦難歲月中，支持我們在此奮鬥的，正是民族主義。而在毛澤東暴力下鼓舞大陸知識分子反共的，正是謝瑤環、海瑞和東林黨的模範。

而在此時此地我們特別需要民族主義者，就是新聞界、出版界乃至產業界中有一種漢奸主義，這種漢奸主義猖狂到稱漢奸爲忠烈，無賴到在日本住了幾年就罵盡臺灣，並且瘋狂到自己否認是中國人，以重新回到殖民地爲「民族獨立」。在共黨滲透之下，這種漢奸主義用西化來掩飾，還公然大言，「誰不是在物質上崇洋媚外？」對此「西化」、「東化」、「毛化」之毒，民族主義是必需的抗毒素。

而面對將來復國建國大業，民族主義亦爲必需。百餘年我們在西化衝擊中，通過殖民洋場產生的一種靠西人之勢以壓榨國民、欺詐國民的人物，而共產主義實由此毒性之延長和反動而起的。承明朝專制、清人部落專制之後，繼之以百餘年洋場殖民主義之毒，破壞民族之尊嚴；民族之尊嚴既破，也便不知何謂個人之尊嚴了。民國以來一切的軍閥、官僚、政客、學棍，一切的漢奸、共黨，一切的強盜、騙子乃至太保，無不是殖民主義毒入骨髓以後產生的畸形兒。所以，我們需要民族主義來澄清血毒，由長期積毒和併發毒所產生的離奇卑賤的痼結自拔，而恢復正常尊嚴感；並以民族主義、國民主義外抗俄帝，內破階級專政；尤當發揮民族自立之志和同胞愛之精神，重建國家。否定了民族主義，就是否定整個中國人有獨立生存之權利，於是每一中國人也就失去了人的資格，還有民主、自由可說嗎？

不過，這不是說，只要民族主義就夠了。在政治上，民族主義必須補充個人主義與國際主義（世界主義）；尤其要有學問。而在學問上尤須發揮勇猛精進的好學愛智精神，追求眞理精神，謹嚴治學實事求是的精神，打破砂鍋問到底、精益求精的精神，使一切知識必有堅實根底，使自己的學問必有創獲。沒有嚴格而嚴肅的學問精神，所謂世界知識者，不過報紙雜誌上之道聽塗說，稗販詐欺而已。凡此個人主義、國際主義，以及學問上的嚴格主義，是在中國文化中有其傳統，而當世各國又有極多成就，而為我們必須觀摩，且當吸收的。

——原載五十六年五月《中華雜誌》，署名石明——

論知識分子與虛無主義

——六十九年十二月十三日在東海大學東風社講

主席，各位同學：

我不是慳吝的人，但對時間是很慳吝的。尤其我已經過了七十歲，我就更吝惜我的時間，不大十分願意出來講話。因爲有些書沒有寫完編完。

前些時貴校東風社的兩位同學到我家裏來，要我講這個題目，我曾推卻。後來我問他們，你們爲什麼要我講這個題目？他們說，現在我們許多年輕人太現實，在學校裏只關心考試，好像對國家也不管，對文化的問題也不研究，注意的是現在應付考試，將來畢業之後怎樣找一個工作，怎麼樣吃飯，怎麼樣去留學。這就是虛無，希望我加以批評、鼓勵。我也由別處聽到不少，我聽說許多大學生現在喜歡打麻將哩。兩位這樣講，我就覺得他們關心自己的命運，而正因爲我老了，所以我的希望在年輕人，如果年輕人變成這個樣子，我心裏也很難受。所以我就不忍心拒絕他們兩位的來意。

同時，大陸上有一個女工，叫做潘曉，發表了一封信，我想各位中間也許有人看到。她說大陸上的現實是如果不說假話，如果不逢迎、阿諛、捧共產黨的幹部，就不能得到獎金。她問人生究竟是爲了什麼？東風社兩位同學跟我講到現在一般青年有虛無的空氣，爲什麼會有虛無的空氣？這也就是潘曉的問題，人生的意義究竟在什麼地方？於今臺灣的青年有這種情況，大陸上的青年不滿意於這種情況。所以我答應他們兩位，今天晚上來跟你們各位談談罷。他們要我寫一大綱，我就臨時寫了幾點，現在也印出來了。其中有的意思我沒有寫上去，有的是我已經寫上去，但印掉了的。我今天所講的要點就在這裏面。現在我就要坐下來，慢慢的照這個線索同各位談談。

(一) 虛無主義之語源與性質

我想第一要講這兩個字「虛無」，還有一個名詞「虛無主義」的語源與意義，這兩樣當然是有相關聯的東西。虛無二字中國用的最早，《史記》〈老子傳〉上面就講到「老子所貴道，虛無因應，變化於無爲。」此後我們常以虛無兩個字，形容老莊哲學。老莊之學是說整個世界是從無才到有的。這麼一個思想，表面上看來是一個哲學上本體論問題。但由此引申，也變成所謂齊物論，認爲堯舜與桀紂，一萬年與一瞬，也沒有什麼差別，這就達到虛無主義了。魏晉六朝的時候，老莊很流行了。因爲覺得世界上旣然從無發生，不免要回到虛無，回到沒有。當時是政治空氣很危險，不安或僞善時代，一種反抗便借這種思想在生活態度上被表現出來。魏晉時代有所謂竹林七賢，他們講虛無，表現是反對禮法，反對道德。他們認爲世界上的禮法與道德這些東西都是不存在的或虛僞的。他們怎麼過日子呢？他們喝酒、喝必醉，一位阮籍先生一醉六十天，甚至於還裸體。一位劉伶先生在房子裏裸體，有人進去問他爲什麼裸體？他說他以天地爲房屋，房屋爲褲襠，誰叫你進我的褲襠呢？這所謂虛無就是放蕩的意思。

虛無主義的現象在外國也很早，但成爲一個名詞，是在十九世紀六十年代，俄國大小說家屠格涅夫在他的《父與子》中的一個主人公，叫做巴札洛夫的，使用Nihilism這個名詞，Nihil就是「沒有什麼」，nothing 的意思。巴札洛夫相信科學，除科學以外，什麼自由呀，進步呀，道德呀，理想呀，這些東西他以爲都靠不住。科學因爲有用，靠得住。結論是，旣然否定一切，否定一切的結果，最後就要毀滅一切。不久俄國另一大小說家叫杂斯妥也夫斯基，寫了一本小說，叫做《鬼迷的人》，書中的主人公變成一種虛無黨，着手毀滅一切了。這種革命黨有嚴格的紀律，用陰謀詭計，暴力行爲，進行革命。到十九世紀末期馬克斯主義輸入俄國以前，俄國的革命運動，就是虛無黨的革命。

竹林七賢之放蕩與俄國虛無黨之暴力似無共同之點。眞正解剖虛無主義的心理，使用今天一般人所使用的虛無主義意義的，是德國十九世紀末，死於一九〇〇年的一位哲學家尼采。他寫了一部書《求力之意志》，現在一般叫做《權力之意志》，副題「一切價值之再評價」（胡適譯爲「重新估定一切價值」）。這部書分爲四部，第一部是虛無主義來到歐洲之診斷，結論是權力意志之處方。他所謂虛無主義是什麼意思呢？就是對人類所有最高價值剝奪其價值，沒有目標，沒有人生「爲什麼」之答案。由於道德與生存意志背道而馳，轉爲不承認世界上有什麼道德、眞理、正義。這些東西都是爲了自私自利之別名。只要於我有利，那就是對的，就是好的。一切信念觀念都是門面語，都是假的，只有成功才是眞的。結果就是種種墮落、犯罪、奢侈、酗酒、放縱、誹謗、顚覆、破壞……尼采的書裏頭說的虛無主義主要是這麼一個意思。這也就是今天一般使用的意思，就是否定道德和價值，說一切道德和價值都是自私自利的一種藉口，或一種裝飾。實際上只求自私自利之成功。於是到了必要與可能之時，殺人或毀滅這世界亦在所不惜了。

到虛無主義行動之前，一定有一種虛無心理。這也可說是悲觀主義與懷疑主義。由於道德與生存不相容，就根本不相信價值、道德之存在，不承認善惡有什麼區別，好人壞人也沒有什麼區別。於是乎玩世、憤世、嫉俗、或隨俗浮沈，一直到極端的「現實主義」，一切一切爲了目前的享受。乃至於勢利主義，哪個有勢就有道理，哪個有錢就有道理。於是趨炎附勢，終於出現獨裁主義，以毀滅人道爲當然了。

有了尼采的說明以後，我們就可了解竹林七賢與俄國虛無黨有一定關係了。共同之點是否定價值與道德。前者是一種虛無心理，悲觀主義或懷疑主義；後者則進一步成爲虛無主義了。猶如，從前我們有人說笑話：「有錢使得鬼推磨」，「有錢買得活人倒地」，「衙門八字開，有理無錢莫進來」。勝利以後進了一步：「有條有理」。在這意義上，一切混子、鄉原、官僚、貪汚、騙子、流氓、賣假藥、賣假酒騙錢的、流寇、帝國主義者、共產黨、法西斯、漢奸，都在虛無主義者這個大範圍之內，不過程度不同，情況不同而已。

《鬼迷的人》裏有許多驚心動魄的話。什麼叫做虛無主義？虛無主義，第一、是「無事不可爲」，殺人、放火、謀財、害命、扯謊，什麼都可以幹。第二、基本的主張是什麼？就是「打破一切的廉恥」，就是徹底無恥。這雖然是一種諷刺的話，但是與虛無主義的觀念與行動有密切的關係的。

（二）虛無心理與虛無主義之由來

各位可以說，你所說的鄉愿、官僚、貪污、騙子、流氓、帝國主義者、共產黨，可以說他們是不道德的，或者是犯罪的，那犯罪與不道德是人類有史以來就有的啊，爲什麼特別要叫虛無主義這個名詞呢？

世界上儘管有不道德的事好久好久了，犯罪行爲也不知有好久的歷史了。但是虛無主義與此不同。爲什麼？因爲我們說他不道德，犯罪，是還承認有個道德。虛無主義這種思想不同。它是有意識的、公開的說，沒有什麼道德。一切的道德不是假的，就是爲了我自己的權力，爲了我自己的利益的。除了我眼前的利益以外，無所謂道德。這是「現代」的思想。過去還只有僞善、懷疑主義，而虛無主義則是公開的、有意識的不承認有什麼道德與善惡之分。

然則虛無主義由何而來呢？簡單的說，這是由文化的疾病而來，道德的崩潰而來。文化的疾病總是由文化發展以後，財富與權力擴張以後，既得利益階級起來，他們破壞道德，道德不能維持一般人的正當生存，這時懷疑主義、玩世主義起來，這就發生了虛無心理。孔子說：鄉愿是德之賊。到了現代文明更進步，而科學文明愈進步，既得利益的權勢也更擴大，就有虛無主義者進一步否認有什麼善惡。於是乎進一步利用現代社會的技術，甚至假藉道德之名或其他理由，發揮自己權力的慾望，害人的行爲。一句話，發揮自己禽獸的慾望。虛無主義是人類精神與文明之癌症。不承認世界上有什麼道德，不承認人類有什麼希望，世界是不會好的。肯定這一點以後，自然會發揮自己一切的手段、陰謀，取得權勢或金錢。只要有權有勢的時候，就整天下人，害天下人，殺盡天下人在所不惜。此以現代專門說謊和使用暴力的獨裁主義者、極權主義者達其最高峯。

所以，我們許多年輕人，切不可只要吃喝玩樂，不承認有什麼眞正的學問，不承認有什麼道德，只要會交際，會玩耍，會耍手段。如果年輕時候就有這種想法，慢慢發展，到了最後就可以

「走到無事不可爲」的絕症的。

(三) 虛無主義是今日世界病

東風社兩位同學對我說到現在靑年人有些虛無毛病。我要說這是世界性的病。剛才說到虛無主義是「現代」的東西。西方最早的萌芽，是文藝復興期的馬卡維里，他是主張「欲達目的，不擇手段」的。剛才又談到十九世紀俄國的虛無黨否定一切，要破壞一切，所以然者，是因爲他們看見了俄國的沙皇制度，俄國的政府一切都是僞善，說假話，迫害人民，所以它是一種反動。到了十九世紀末期，各位都聽到說歐洲人的「世紀末」，這是一種大墮落，一種大頹廢大荒唐的時期，就是爲了一點眼前的利益，完全不講道德，壞的事情就成了一種流行之病的時候。這就是剛才尼采所說的歐洲是到了虛無主義的時代。馬上第一次世界大戰爆發，西方人互相大屠殺，波及世界。

第一次世界大戰後出來兩個東西，一個是布塞維克，共產黨；一個是納粹，法西斯。其中兩個大的代表人物，一是史達林，一是希特勒，是二十世紀兩個最大的虛無主義者。他們爲了他們的權勢，用殘酷的方法殺戮一切內外的敵人。史達林在卡汀森林活埋和屠殺波蘭軍官知識分子一萬五千人以上。希特勒覺得如此殺人太麻煩，有科學的殺人，把人裝到一個房子以後，煤氣通過，通通弄死。把人殺了以後，覺得這個人屍還有點其他用處。至少他身上的脂肪還有用處，於是把死人身上的脂肪取出來作化學品使用。這都是史達林跟希特勒殺人的方法。人的價值完全沒有了。所謂現代文明發展到了最後，就到了這麼一個狀況。

今天世界上有兩個大的國家，兩個大的超級強國。一個俄國，一個美國。俄國人今天一切的行爲，說是爲了無產階級，實際上是爲了共產黨幾個領袖。他說各國共產黨是一個社會主義的國際家庭，第一個兄弟之國匈牙利，因爲不服從他的傀儡，便派軍隊去屠殺。第二個捷克斯拉夫，人家要自由，俄國人又派軍隊去把他壓下來。現在波蘭的工人成立團結工會罷工，罷工在別的國家是很平常的事，他卻又準備派軍隊去，再加緊奴役人家的國家，進一步滅亡人家的國家。一切共產主義，國際友愛，正義和平，都是假的，都是爲了發揮俄國共產黨的一種權勢，一種統治慾。美國當然比較好，雖然如此，美國的政治人物我們不要去談他，美國的學界，早就主張一種虛無主義了。第二次世界大戰以來，美國在學問上最大的一個趨勢是科學的價值相對主義。邏輯實證派說，科學只能談事實，不能談價值，什麼好呀，壞呀，善呀，惡呀，是科學不能判斷的，沒有客觀標準的。因爲科學只能決定是與不是，不能決定應該不應該。邏輯也不能由是什麼推論應該怎樣。這無非是擁護現狀，擁護既得權勢的詭辯，與強權卽公理並無不同。這可說是學問上的虛無主義。行爲科學也講這個東西。只能說是什麼，不能說應該如何。此說如確，我們不能說你不應說謊，不應殺人，不應侵略了。其實應不應該的標準是存在的，那就是「已所不欲，勿施於人。」這也可以想到美國有權勢的人，他們心中究竟想的什麼東西。學界的人尙且如此，就無怪乎政治上的人物雖講人權、民主，實際上常是一面的，或者二重標準的。

所以二十世紀的哲學家，歷史學家，大都承認，今天西方文明已經走到一個絕路，最大的一個精神病象就是虛無主義。胡塞爾，施維澤，阿佛萊・韋柏，雅士培這些人都承認歐洲的精神文化已走到了虛無主義，是最大的危機。同時，他們也想要維持這一個西方的文化，要保障人類生活的安全，覺得今天最大的一件事情是要能克服這個虛無主義，怎麼樣把虛無主義消除。

歐洲現在有一種哲學，叫做 existentialism。我們這裏提倡的人譯作「存在主義」，我覺得是很不對的。Existentialism 正是反對從來哲學討論抽象的本質、存在，而主張研究各個人實際的具體的生存、生活在怎麼樣一個狀況的。而其結論是，人生根本就沒有希望，人類生來就只有挫折。這生存哲學或實存哲學本身就是一種虛無主義。由於看到人類沒有希望這一點，它在世界上成了一個很大的潮流，不是偶然之事。其所以流行，就是大家（雖不是一般人，至少是知識分子）覺得人生沒有什麼希望，沒有什麼意義了。人在絕望中，不僅痛苦，而且什麼事也做得出的，雖然也有一個辯解，說絕望之極就是希望之始。

人類畢竟不能安於絕望，所以畢竟要尋求希望，必須克服虛無主義。這便要探討虛無主義之由來，才能找到救治的方法。有的人，如胡塞爾認爲這是由於文藝復興以來，現代西方人片面的自然主義，科學主義所造成。用自然科學方法研究人文社會之學，造成人類精神之自然物化，喪失了人的主體性，造成了理性的危機。所以要重新研究哲學，恢復希臘人普遍哲學的理想，解除科學帝國主義，否則這自然主義是只有走向野蠻，毀滅西方人類的。雅士培的論點有相似之處，還主張成立世界聯邦，免於原子彈的毀滅。

另一大潮流起來，就是基督教的復興。天主教、新教的神學家固然說人類不自知其有限，過於依恃科學技術而妄自尊大，喪失了上帝的信仰（尼采所謂「上帝已死」），才造成今日危機；人類要想還有希望，只有恢復上帝的信仰。許多哲學家也抱這種想法。法國一位哲學家馬理當說，必須復興聖多瑪的哲學，聖多瑪的哲學是神道中心的人文主義，才是完整的人文主義。英國史學家東比十大卷的《歷史研究》，一言以蔽之，要挽救西方文明之崩潰，只有通過基督教之復興。再舉一人，是義大利作家西洛尼，他是義大利共產黨發起人，後來失望於共產黨，相信社會主義，又覺得一般社會主義者也沒有什麼希望。虛無主義由社會上層階級傳染到工人區域，這傳染病遍佈整個社會和世界，大家只崇拜力量和成功，是非以成敗為標準。大家都不認眞，大家都說假話，大家都拿個「主義」作敲門磚，作騙人的工具。一個作家描寫的英雄，不過是為一個信仰而死的機器人，而不問其信仰之眞僞。於是害怕氫彈也變為害怕一個「更強的公理」了。怎麼辦呢？無辦法中也覺得恐怕還要講講基督教，要教人誠實，教人要有仁愛之心，對於被壓迫者要有同情之心。恐怕也只有大家盡量能夠誠實，能夠負責任，這個世界才能有點希望。歐洲有思想有學問的人，看見虛無主義流行，看見西洋人沒有什麼前途，世界也沒有什麼希望，即使不是基督教，也要大家能夠愛自由，盡責任，有愛心。

我要轉到中國來。西洋人所謂道德主要的是基督教義。儒家思想可以說是我們中國的正統思想。我們儒家從孔孟以來一直到宋明，中國人最重視的，就是義利之辨。孟子見梁惠王，說「王何必曰利，必有仁義而已矣。」義就是應該。應該做的事情和利益不是一個東西。這兩個東西要區別，這可以說是中國人一大做人立國的基本道理。但是碰到利害的關頭，乃至到了生死關頭，你到底要義還是要命，這個時候要人「捨生取義」實在很難啦。不過不到這一步，就一般人而言，義利之辨在中國還是很普遍的。不可以忘恩負義，不可以嫌貧愛富，這是我們中國人大都能守的一個道理。所以，過去虛無主義在中國還沒有發展。

如果在中國人中間，有一個人，最初表現跟西洋人虛無主義思想有些相同的，我們可以舉唐朝一個武三思，就是武則天的侄兒，他有一句話：「吾不知何者爲善人，何者爲惡人，但向我善者爲善人，向我惡者爲惡人。」這就已經開始一種虛無主義。怎麼能說對你的好壞就是善惡的標準呢？但這不過是一位外戚胡說八道，他後來全家被殺，並且開棺暴尸，沒有成爲「主義」。

我們歷代也有貪污，也有暴政，到了明朝末年，那到了眞正可怕的時候，那就是魏忠賢的時候。一個太監，中國歷史上讀書人看做最不值錢的太監，那進士出身做大官的都向他稱乾兒子乾孫子，這是一個道德大墮落的時代，墮落的結果就發生大屠殺。兩個大強盜起來，一個是李自成，一個是張獻忠。各位總聽說過後者的「七殺碑」：「天生萬物以養人，人無一善以報天，殺殺殺殺殺殺殺。」這殺人有理，是毛澤東「造反有理」的先驅。他好像說人類不好，但是你張獻忠也是人類之一，憑什麼資格來殺人？你張獻忠有什麼善報天呢？這無非是在魏忠賢暴政壓迫之下，虛無主義普遍起來，就有張獻忠的暴力革命，也是一種虛無黨。所以我們可以說魏忠賢、張獻忠等都是虛無主義者。

自從帝國主義侵略中國之後，虛無主義大盛了。洋人打到中國，先賣東西，賺中國人的錢，以後他們的思想學說也來了，在洋人壓力之下，我們的社會文化瓦解，無論洋人的行爲和學說對不對，我們逐漸崇洋媚外，其所以崇媚，就是洋人有勢有錢，這就是虛無主義，或一種次虛無主義了。我們又曉得洋人是一天天虛無主義化，所以洋人的虛無主義也就傳染於我們。西洋人的主義，俄國人的主義都到中國，結果中國人就一天天的同化於洋人，也就同化於洋人的虛無主義，而更虛無主義了。洋人生意人中有一種叫做「人命商人」death merchant，即出賣軍火的。頂頂大名的諾貝爾就是發明無煙火藥的富豪。洋人在中國推銷人命生意，操縱中國人買他們的軍火，自己打自己，自己殺自己。雖然外國人有虛無主義，他們的虛無主義也殺人，然主要是殺外國人。我們中國人更糟糕，學到洋人的本事，學到洋人的槍砲之後，不能打洋人，便自己打自己。更可怕的，我們的知識分子還以西化、俄化爲有理，這是人格殖民地化。於是我們中國人的虛無主義，又比外國人更墮落一層。所以我們就有漢奸和共黨。外國也有賣國者，如吉斯林，然而不多。外國也有共黨，然像中共者也可說絕無僅有。這便是因爲俄國的馬列主義根本是虛無主義，而毛澤東是人格殖民化後最墮落的虛無主義者。共黨說毛思想是「馬列主義中國化」，其實是俄國虛無主義化的張獻忠思想。外國人說要克服救治虛無主義，我們所受之害，是更爲恐怖而悲慘了。我們要反共，但如不救治虛無主義，是不能反共的。因爲中國之共禍，是由虛無主義而來的。

(四) 如何救中國，治虛無主義？

我們怎麼樣來救這個中國？我們要克服虛無主義這個東西。我們也不能盡信外國學者的話。例如外國人講要復興基督教才能克服虛無主義。我想未必有效。一則，也就是尼采所指出的，爲什麼今天西洋人的道德這樣墮落呢？他認爲有兩大原因，剛剛與上面說的兩派相反。他認爲西方虛無主義之形成，一由蘇格拉底以來的主智主義，二由他們二千年來行的是基督教道德，基督教道德不是個好道德，是奴隸的道德。在尼采看來，基督教缺乏誠實性，只造成卑弱與虛僞，所以難行，逐漸造成虛無主義。其他還有認爲今天的極權主義都是來自基督教或其中派別的。二則，我們中國人沒有這個基督教傳統。洋人自稱是亞當的子孫，如問各位在座的人你是誰的子孫，也許大多說我是黃帝子孫，我們不曉得亞當，至少大部分中國人不曉得亞當。所以即令基督教能治洋人之病，對中國人也未必有效。但尼采分析虛無主義雖然有理，他的處方也毫不足信。尼采主張以力的意志，做超人來克服虛無主義。其實他自己是個病夫，他一點都不超，甚至得精神病而死，他的主張也是一種虛無主義，而流弊更大。那個希特勒自稱「超人」，而這個超人最後只有跟自己的情婦一道自己燒死，不過一個流氓而已啦。至於中國的毛澤東之流，當然又次希特勒一等，他竟讓他的老婆代他受過。究竟要怎樣來克服虛無主義呢？上面說過，虛無主義是一種精神病，其特點首先是徹底否定世界上有什麼眞理，有什麼道德。所以我們要來肯定這些東西，世界上確實有眞理，確實有道德，要承認這些東西。我們如何能夠肯定這些東西呢？虛無主義的第二大特點就是否定人的價值，把人不當人，把人當作器物，當作工具，爲了自己的利益可以殘害人，可以殺人，可以壓迫人，欺騙人。所以我們一定要承認人有一種尊嚴。虛無主義第三大特點，就是認爲人類沒有什麼希望，所以不是混，就是力謀自己的眼前勢利。所以我們要對人道有一種信心。我們能不能得到眞理是一回事，但是世界上確有眞理，我們能不能做到道德是一回事，但世界上確有道德。人類固然可能沒有希望，但是人類是能夠有希望的。人類並不是非要走到禽獸，走到滅亡不可。所以要想克服虛無主義，一定要樹立對道德、眞理、人道的一種信心，這信心由何而來呢？

今天西洋人主張復興基督教來救自己的文明，也是要有這些信心，不過將這信心的根據放在上帝或神的信仰上。但是到二十世紀的今天，科學昌明以後，或者是達爾文的進化論以後，或者在人類支配自然力量一天一天擴大之時，一定要相信有個神，似乎很難。當然西洋人因有此傳統，很多能夠有這個信心。至少在我而言，我沒有辦法信神。因爲許多有神的證明，最後沒有一樣眞正在學問上能夠站得住。我想大多數的中國人亦是如此。所以我以爲，必須除了信神以外，能夠讓我們對眞理與道德，對人類可能走上一個良好的世界，有個信心。宗教之外，要在學問上找個根據。我覺得這是克服虛無主義的一個根本前提。虛無主義既然由觀念錯誤、無恥而來，我們要對眞理、正義、道德、人類將來之信心，在學問上建立根據。

(五) 首先應自知是人

從前希臘有個神廟，上面有一句銘文：「汝當自知」。你要曉得你自己。據說是希臘文明的起源。我們也有「自知之明」，「知己知彼」的話。曉得自己是什麼東西，沒有別的，自知「我自己是人」呀。人是什麼東西?人的問題也可以說是今天學問上的一個重要的題目。十九世紀馬克斯的老師費爾巴哈就說將來要研究「人學」，卽是哲學的人類學。除了科學的Anthropology外，還有哲學的Anthropology，現在世界上也有許多人在提倡。究竟人是什麼東西?我們中國人早就有些定義。第一個定義就是「人爲萬物之靈」。這個話是誰說的?是周朝的開國者周公說的。靈指最高的精神、聰明、智慧和道德心。孔子也講過一句話：「天地之性，人爲貴。」所謂性就是生命的意思。天地間的生命，人的生命最貴。孟子又說了一句話：「人之異於禽獸者幾希！」說人跟禽獸相差很有限哪。這些話至少可以給我們研究人一些基本的觀念。我們也可以想到外國人的定義，譬如亞里斯多德說的，「人是理性的動物。」或者說「人是政治的，或社會的動物。」也就是說人之異於禽獸者幾希呀，動物不過沒有理性。然而大家知道，說動物沒有理性也是靠不住的。我們家中養的狗，看起來也不能說他沒有一點理性。後來美國的富蘭克林說：「人是製造工具的動物。」這個定義很多人接受，馬克斯主義亦由此出發。但是也有若干動物多多少少能製造些粗糙的工具，如燕雀能夠營巢。「人類是能言語的動物。」而許多動物除了發出一定聲音外，也有多多少少能講一點話的，如八哥、百舌鳥。所以人與動物差異幾希，沒有多少呀。大家可以仔細研究一下這些定義。

一、我曾研究這個問題，我雖不研究哲學的人類學，但是多年來我研究歷史，我自己有個定義，或者多少受了「人是創造工具的動物」這個話的啓發，我的定義是：「人是能夠創造文化的動物。」所謂文化至少有三種內容。一、富蘭克林所說的工具，亦卽技術，此是對自然使用的。其次，人類還能製造制度，家庭與社會制度，政治制度，經濟制度，這是在人與人之間，爲維持他同類生活而建立的一定辦法、關係和規則。其三，還有人類能夠研究學問，並且有道德觀念。二者合爲「靈」。前二者是人類固有的能力，與動物之能力還只是程度之差。而最後一點，則是質的不同。有最後的能力，就能對技術與制度不斷加以改進，此卽所謂創造。

動物有感覺與知情意的作用，而且有美感，這是達爾文所曾證明的。但是動物總不能造出學問。學問要形成抽象的概念，再把概念連結起來進行推理。現在動物被人訓練的能夠打字、跳舞，然而思考、推理，動物無論如何做不到。何以人與動物有這麼大的區別？由近年來對腦神經的研究，我們知道，人類最大的特點，一是腦的構造更複雜，除舊皮質司過去記憶外，有新皮質專司未來的想像與思考。再者，我們人類的祖先叫做「直立猿人」。動物四隻腳，他可以跑得比人快，但人將兩隻手解放出來，使人身全體裝置與一切動物不同。人類各種細胞，乃至蛋白質中間DNA工作的方式與動物都差不多，感覺與知情意的作用也只是程度之差，但是，人類自從兩隻腳直立起來，將腦頂在上面，能自由運動其身體與四肢以後，就發生種種結果。一、腦量增大；二、眼腦合作，自動校正距離發生空間觀念；三、大腦舊新皮質使人類不僅有過去的記憶，現在的感覺，還有未來的想像和推理的作用；四、手腦合作，行動更爲自由了；五、以手作量度工具，數的觀念發生了。這一切，空間與時間觀念，想像與未來思考，就使人類能形成概念與推理，而且發生因果與目的觀念。人類便能有學問。雖像動物，終爲萬物之靈了。

學問是有系統的知識。一切知識始於同異之區別。狗曉得我是不是他的主人。但是比較同異，形成抽象概念（現象學所謂本質），對未來之事進行推理，沒有一個動物能做得到。人類之腦與動物不同者畢竟在他能推理。有推理之後才有種種的學問、智慧。幾希就希在這裏，人能推理，動物不能推理，因動物不能作周到的觀察，而且沒有未來的觀念。

人類與動物還有一個最大的不同，就是我們所謂道德觀念。父母愛自己的兒女，兒女愛自己的父母，可以說是人類道德的開始。但是這一點動物也有的。拿母鷄小鷄來說，外國人說一個人是chicken，表示你這個人是最懦弱的人。但各位一定看見，母鷄跟小鷄在一道時，哪個去惹小鷄，它會張開翅膀要跟你決鬥。天下最弱的鷄也曉得保護自己的子女。而小鷄也知道跟着它母親走。這也不能說小鷄一點道德觀念也沒有。但是一切動物的道德，就是在母鷄與小鷄，母狗與小狗同處這一期間表示一種親愛關係，過了這個期間以後，它們與路人一樣，人類則不然。一隻小貓生下不久之後，就可以自己出去，人不同，小孩子大概八歲九歲之前總不能脫離自己的父母，要長期在父母指導之下，他才能慢慢發展他自己獨立的能力。其他動物同類對同類沒有多大感情，兩隻狗會爲爭一根骨頭相咬。較弱的動物還成羣生活，我們中國「羣」字下面所以有個羊字，因它們沒有力量，大家在一道還可以保障安全。不能說其他動物一點道德觀念也沒有，甚至蜂和蟻還有蜂王、工蜂的組織和分工制度。但是人類的道德絕對不是它們所能比較的。因爲人類對於同類能擴張其愛心。由愛自己的小孩、自己的父母，推到旁人的小孩，旁人的父母，以致於同胞之愛。同胞的觀念大概是人類才有的。而這也是爲了未來的共同利益而發生的。

動物的本能智慧，如貓的眼睛，老鼠的鼻子都比我們敏銳，至於牛的力氣也比我們大，不如人類者，推理不如我們。人類的推理，不是看現在，主要是看將來。今天能夠想到明天，後天，或者明年，十年以後，下一個世紀，乃至於萬歲。所以人類的道德觀念比動物的道德觀念要擴大，考慮到同類的休戚相關。人類的知識、經驗在長時間蓄積而豐富，又因有文字而保存，也便可以應用於更大範圍和將來。我們中國素來有一句話，卽太史公常講的「天下後世」，就是能夠想到天下之人，後世之事。

所以可以結論，人類與動物最大不同在什麼地方？就是人類的知識，推理能夠看得更大更遠。同時人類道德的範圍不斷在擴大。首先是自己的部落，後來是自己的民族，乃至「四海之內皆兄弟」。人類互相扶持同類的範圍，一天天擴大。動物雖然有本能，但除現在以外不能推將來，除了自己母親以外，自己的父親可能也不曉得。一切道德觀念起於同類的關心，一切的知識，所謂推理，都是能夠由現在推將來，由已知推未知。人之異於禽獸者幾希，就在這一個地方。想得遠一點，看得廣一點。所以，一個人僅僅只想到自己，只想到今天，人與禽獸這個幾希沒有了，那就是禽獸。如果你不想用自己的知識、智慧，爲更遠的事，更多的同類來想，不過是個動物而已嘛。我們究竟是作動物還是作人呢？再者，動物很少吃同類的。人能吃人，那又比禽獸不如了。

所以想到人與動物的區別，既然曉得我們是一個人，就好好的做一個人，不要做動物嘛。我們就應該發展自己道德之心，發展自己知識的能力，爲自己的同類，爲更遠的將來盡我們的心。這就無非是把我們既有的文明向前推進一步。這是一個當然的結論，不一定要假設一個上帝的存在。

英國人羅素講過一句話，人類有兩種衝動。一種是創造衝動，多給點東西出來；一種是佔有衝動，將人類的幸福獨佔歸自己一個人。羅素的許多話都不可信，這點區別我覺得很有點意思。一個人應該發展自己的創造衝動，降低自己佔有的衝動，人的價值才更高一層，才配說是創造文化的動物。

二、既然人類能思考將來，人類將來怎樣呢？很多人說這個世界不好，確是不大好；但是人類還能夠維持逐漸的進步，並沒有完全回到禽獸世界，總還有個道理嘛。這首先要由歷史來研究。

外國人總以爲歷史是研究過去的，中國則很早以來就認爲歷史是研究將來的，所謂「鑒往知來」。近來西洋有未來學。其實歷史學就是未來學。世上歷史哲學有兩大潮流。一是決定論，或者如馬克斯所說，一個階段，一個階段，一定要照着這些階段走到社會主義。這種階段說也是由基督教來的。還有一種決定論則是循環論或輪廻論。相反的是否認決定論，因爲人類有自由意志。我們中國也早有同樣的兩派；「時勢造英雄，英雄造時勢。」究竟是時勢造英雄，還是英雄造時勢？中國也有一句話：「事在人爲」。人類一定要好，一定要壞，這些都不可靠。這全在好人壞人勢力的消長。這些問題很複雜，以我個人研究歷史的看法，許多文明國家，滅亡的有，滅亡以後復興的也有。古代的波斯曾經最強大；近代的西班牙一時最強大，支配世界；然要倒也就倒了。是否一定要倒呢？如當時有人採取不同的辦法，是可以不倒，或倒得不那麼慘的。所以我的看法，還是四個字的結論，「事在人爲」。你這個國家大多數的人要他好，他就可以好；大多數的人甘心滅亡，甘心墮落，甘心賣國，那天也救不了你。歷史畢竟是人造的。因此，每一個人都能在善惡的天平上發生一定的分量，在歷史的過程上盡一分力量。

總結「汝當自知」而言，第一要知道人與禽獸之區別，第二要知道歷史是事在人爲。國家壞，我們也可以轉弱爲強，國家好，也可以由強變弱。完全看大家人心趨向如何。我覺得在這一點中國人的觀念比西洋人還要更合乎人情，更合乎事理一點。

三、人生意義是什麼？任何人總是要死的。Existentialism 一天到晚說人是要死的，所以人類是無望的。基督教就是希望人不死，到那裏才能不死？到天上去，到上帝面前。所以外國人所謂不死，靈魂不死（immortality），要靠上帝才不死。中國人沒有這個觀念，但自古以來卻有三不朽之觀念。沒有不死之人，但是你卻可以不朽。所謂三不朽，立德、立功、立言，三者有其一，你可以不朽，等於靈魂不死嘛。西方人以上帝才是無限的。我們則以無限在自己手中。人是創造文化的動物，你能夠對文化有所創造就可以不朽。創造文化也就是創造歷史。人壽有限，歷史無窮。這也是我的定義之當然推論。我覺得中國人關於人的學說，如果再能夠拿近代的科學知識加以充實，或者能對什麼是人的問題作一個圓滿答案，而這些答案可以使我們對道德，對眞理，對人類生活與文化的進步，給我們一種確實無疑的信心。「汝當自知」，確知自己是人，確知自己是人的時候，我們就不屑於作禽獸，而當對文化與歷史盡自己的一分力量，當然就不屑於走向虛無主義。

(六) 其次當自知是中國人

僅僅知道是抽象的人、普遍的人還不夠，世界上還有外國人，你必須知道「我是中國人」，這才是更明確、具體而「實存」的事。爲什麼我們要知道這一點？因爲我們一切的禍福榮辱跟其他中國人分不開。如果全國人都死光，我一個人有錢有勢，也不可能。全中國人都是奴隸或愚民，我一個人獨尊，是最高領袖，乃至是上帝，又有什麼意思？何況，還有外國，你怎麼辦？或者說，中國人不好，我要做洋人。但外國人也不一定都好。我還要對你們說，你就想做洋人也做不成洋人，做不成美國人。法國人德國人到了美國，他們可以做美國人。因爲他們的頜髮是黃的，眼珠是藍的，皮膚是白的。你中國人頭髮是黑的，眼珠是黑的，皮膚是黃的，你連美國黑人都比不上。因爲人數不如黑人，美語也不如黑人，皮膚不如白人，你做不成美國人，所以你只能做中國人。其次，你成家立業，你想建功立業，你想成功，想不朽，你只有以中國爲基地，爲舞臺。所以，我們命定是中國人。

在美國去了好些中國人，尤其廣東人到美國很早，那中國人街今天還叫唐人街。他們已有美國國籍，爲什麼還要回到中國，希望中國強大？因爲做不成美國人啦。說美國人沒有民族觀念沒有優越感，那也沒有這個話。一般西洋人都有優越感，看不起黃種人，日本人還勉勉強強，中國人是被看不起的。但是我們既要知道自己是中國人，要知些什麼呢？

第一須知我們中國人的文明在世界上是一個偉大的文明，是可以跟西洋人文明，印度人文明，以及其他回教文明相比的。中國人在過去的發明，在世界文化中的價值，外國普通俗人不懂，他們的政客不懂，官僚不懂，他們的學者，是知道中國文化的價值的。由世界歷史看，十七世紀以前，我們在科學上是世界上第一流的科學。只是十七世紀以後，我們的科學落後了。我們不可以狂妄，說中國的文明是世界上最偉大的文明，沒有這個話，人家的文明也有人家文明的價值。但是不可以自卑，說我們中國沒有科學，沒有民主。我們只能說近兩三百年，我們是漸漸落人家之後。但落後國家趕上人家是世界上的常事。世界上過去歐洲最先進的義大利人，現在也不行了。十九世紀英國是世界上第一個強大國家，現在歐洲人已看不起他了。俄國原是歐洲最落後國家，現在居然在技術上趕上而甚至要超過美國了。這也就是證明事在人爲。其次，須知中國潛在的力量，世界上沒有一個國家可以比得上。美國兩億人口多一點，蘇俄也一樣，中國是五個美國和五個蘇俄的人口，美國俄國加起來還不如中國人口。這是多麼大的一個本錢？這個本錢是沒有一個國家可以比的。第三須知今天中國人不如人！不要說我們一千七百萬人不能在世界上有特別表現，今天共產黨控制的大陸在世界上也沒有什麼東西呀，說來說去還是賣人多。但是你十億人口，爲什麼不能比美國，不能比俄國，那麼怕俄國，那麼諂媚美國？爲什麼這麼不行？一句話，國民平均知識不如人。不是說中國人中間沒有一個比外國人強的，但是平均起來，中國人的知識不如人。假如能使我們國民平均知識等於美國人俄國人，那我們是五個美國，五個俄國，世界上哪有這麼一個有希望的地方？中國過去曾經創造偉大的文化，中國人的腦力，乃至一般人說的智商，絕不差於外國人。爲什麼今天這樣糟糕呢？

第四當知這是由於自己毀自己。開始，由於十七世紀以來，學術落後，十九世紀以來受西方及日、俄侵略，我們在學問上缺乏通盤研究，不斷失敗以後，道德也日趨墮落，崇洋媚外，自賤自殺，由西化而俄化。這過程我在《一百三十年來中國思想史綱》中分析過。一百多年來自暴自棄，把國家弄成這個樣子。不管怎麼說，一個大國今天不應該這個樣子，而且又分成兩個地方，讓世界上的人在那兒玩弄。也可以說受到外國虛無主義的利用，受到他們的傳染。

始而學術落後，繼而道德墮落，而道德墮落又增加愚蠢。共產黨學俄國人的愚蠢道理害中國人，一般說害了三十多年，是指拿了政權以後而言，拿政權以前殺中國人還殺了一、二十年。到今天這般東西墮落到什麼程度呢？明明知道共產主義不行，找一個女人來出氣。審一個女人，那千千萬萬共產黨中沒有一個男人？都是江青弄壞了，鄧小平、周恩來、華國鋒們是什麼東西？江青固然不是個好東西，但是她的罪惡不是由「毛主席」來嗎？今天北平所演的戲還是在騙人，爲毛澤東掩罪，爲他們自己遮羞，這便還是虛無主義。他們心中有什麼道德，有什麼正義？無非爲了維持他們的權力。拿個女人作他們的贖罪羔羊。所以昨天電視上江青罵他們有什麼資格審判她，沒有說錯呀。

北平的審判是共產主義破產之自白。但大陸上新的一代已經起來。在臺灣的中國人，尤其各位年輕的一代，在這地方至少有個自由世界，無論如何還可以自由思想，至少不像大陸非吃馬列不可。你不反馬列可以，甚至於你不讀三民主義也未嘗不可！我們有這個機會如不好好研究學問，發展自己的能力來解救自己的國家，豈不是太可惜！所以我們自知自己是中國人之後，知道中國並非劣等民族，曾創造一偉大文明。現在誠然悲慘和不幸，然其潛力爲美俄五倍，實有無窮的希望。只要把國民平均知識程度提高，中國人能夠互相愛護，能夠團結，好好走自己的道路，沒有哪個國家有中國這樣大的希望。縱使世界沒有希望，有十億人努力，還是人類一大希望。對國家抱希望，對同類的中國人關心，盡自己的責任，自然就不致於墮落走入虛無主義！

（七）第三當自知是中國知識分子

現在我要說到你們出給我的題目，說到當「自知是中國知識分子」。我們中國自古以來，知識分子有許多自負之言。我寫過一本關於古代中國知識分子的書。各位在海報中也說到「士不可以不弘毅，任重而道遠。」我還可以再加一句，「士當以天下爲己任。」范仲淹這句話是說，世界上的事情我都有責任。本來知識分子也不是什麼特權階級，但是人類一切的文化，知識是基本元素。有知識的人在一個國家中有一種先知先覺的身分。知識是力量。中國之所以在這一百多年不行，是國力不如人，首先是，主要是人才不足，這也就是說我們知識分子的知識力不如洋人。我們既然是知識分子，我們有責任使中國人知識跟外國人知識能夠平等，而以不如人為恥。

現在好多人有個感覺，洋人天生比我們強，我們天生不如洋人，所以應該讀洋人的書，大學校要讀洋人的課本。因此，不以不如人為恥，而且以能讀幾句洋字為光榮。當然各位今天要讀外國文，要有外國人知識，因為一定要知己知彼。然而凡是讀了一點外國書，有了一點外國知識以後，覺得我們高人一等，而相信只有跟着洋人走，那就沒有志氣，比不以不如人為恥更不知恥了。洋人不也是人嗎？他在生物學上並不比我們高一級，並不是人與猴子之區別。他的骨頭不比我們多一根，細胞也絕不多一點新的成分。你願意不如他，甘心不如他，你就不如他。你決心勝過他，一定可以勝過他的。為什麼？因為我們祖先文明很高的時候，他們還是野蠻人。但我們一定要承認今天是不如人，我們要雪這個恥，要趕上別人。如何趕上？學問是有方法的，依照正當方法做下去就可以逐漸達到一樣的水準。

臺灣有什麼學問可以跟人家相比的？老實說很多東西不能比，但有一樣在世界上可以比，臺灣的醫學並不壞。前些日子分割連體嬰，這是需要一點本事的。何以臺灣醫學還不錯呢？我想有兩個理由。首先是方法對，能夠有跟外國人一樣的設備，有一樣水準的醫生，以一樣的教學辦法，從基本研究到實習過程都跟他們一樣。但是我們的物理學怎麼樣，化學怎麼樣，乃至於其他的人文之學怎麼樣，那就不能比啦。何以臺灣的醫學不錯，剛剛說的，有好設備有好醫生教導人才，就可一樣治病。但是還有一點，要整個政府和社會肯花這個錢，肯物色最好人才主持。何以醫學會這樣進步，是因爲我們的要人，有錢的人一定要最好醫生，他不能一生病就朝美國跑。有時來不及，路上死掉怎麼辦？再者，任何事不妨找與自己有關的人去包辦，但生了病，不會因爲一人諂媚他、最忠實，或是自己的子侄就請他治病乃至開刀！所以臺灣必須有好醫生。假如將同樣的心理推廣，我們會有好的物理學家，好的化學家，好的生物學家，好的人文科學家。同樣找最好人才，其他的科目不是一樣會好嗎？但是許多有力之人，愛護自己的生命之心有餘，愛護國家之心則不夠。

此外，我要講到今天世界學術上的一個大問題。自然科學方法，縱使技術上有小小的不同，全世界差不多一樣，卽實驗加數學方法。此因自然科學原理是有普遍性的。人文社會科學則全世界也沒有兩個國家完全一樣。英國的社會學經濟學與德國的不同，今天美國的經濟學與歐洲的也不同。他們的政治制度也不同。沒有兩個國家的政治學是完全一樣的，至於美俄之不同更不待說了。此因各國的問題不同，而方法也不是一樣的。

我們學問上最大的毛病是什麼？從清朝末年起，我們便決心找一個國家來學。五四以前學日本，五四以後學美國，而我們既不是日本，又不是美國，所以越學越用不上。於是乎就倒向蘇俄的馬列了。自然科學方面我們還出一些人才。社會科學當然不如人，假若如人，怎麼今天會到這個樣子？今天自然科學的方法跟社會科學方法是否相同，在西方人中也還在爭論。他們很多人認爲，應用自然科學方法於社會科學，才造成今天西方學術與文化危機。我們更不深思，甚至不知，只知或學美國，或學俄國，結果不僅未能救國，反而使自己精神分裂，造成今日之局。我所主張的超越，就是要脫出外國人的牢籠。在人文社會之學上，必用歷史比較方法，針對自己的問題，研究原因，確定可能而必要目標，研究因革損益之手段。文學藝術，尤須由自己同胞之生活及喜怒哀樂之體驗出發，以自己的語言和方式表現。必須如此，才能有中國人學術的進步。使中國人學術不遜於人，是一切中國知識分子的根本責任。有此責任心，自不會流於虛無主義。

(八) 第四當知自己是中國大學生

各位都是知識分子，將來可能會有大知識分子。但是我要對各位講，你們今天是大學生。所以我最後要各位自知「我是中國的大學生」。知識分子可以包括甚廣，大學問家，大發明家，大哲學家，大思想家，大文學家，大藝術家。當然大學生也在知識分子範圍之內。但是大學生都是在研究學問的準備階段，離上說的成就還有一段路程。不過萬丈高樓由地起，各位將來房子有怎樣高法，未可限量，一切看你們今天在大學時代能不能層層打好基礎。大學生是做專家的準備時期，拿醫科學生來說，我們今天可以請一個醫科學生來治病嗎？他還要先好好唸書，再跟著大醫生實習。各位現在還在一個學習的時期，但要在此時把學問的基礎打好。同時要養成一個正大的品格。今天各位是修行的時期，修練功夫的時期。以下我要講點修行的要點。

（九）修行之道

人生是修行過程。知是爲了行的，既知必行。知行卽修行。修行要點有五：

第一件事情是自尊。沒有自尊心一切談不上。所謂自尊並不是驕傲，我是東海大學學生，我爸爸是部長，我有錢，我長得漂亮。自尊是自尊我是人，我是中國人，我是中國的知識分子，中國的大學生，卽中國未來的主人或大學者的準備生。但是不是空口自尊，自己搖搖擺擺，就算自尊。自尊是自尊人的品格，發展人的潛力潛能，保持自己的人格尊嚴。那麼，第一要誠實，卽是誠實的辨別善惡與眞僞，是非與正邪。有此辨別，必定能自尊，不屑於下流。一個人能自尊，亦必能自修，以正道勝虛無主義之魔道。

同時我們一定要有一個高目標，要有志氣。中國過去聖賢常常勉勵人要立志，所謂志者不在做大官賺大錢。總是要替中國，爲天下後世作點貢獻，在歷史上不朽。

一切的罪惡，一切的虛無主義，一切的卑鄙、無恥，首先總是從說謊開始。學問在求眞理。如果說謊成了習慣，不僅是沒有人格，也沒有法子研究學問。學問一定要絕對的認眞的求眞理，是不是得到眞理是另外一回事，但是求眞的目的都沒有，還有什麼學問可言呢？

其次是要好學，喜歡學問。孔子說過：「好學近乎智。」希臘人說他們最愛知識。大家曉得Philosophy，哲學，就是愛知識之意。希臘人愛知識，孔子比希臘人說得還要進一步，他說「知之者不如好之者，好之者不如樂之者。」喜歡學問也許還有點功利之心，或爲了分數考好，爲了考托福，把英文讀好，這個好是爲了考托福嘛。孔夫子不然，樂是在學問中間求一種快樂，一種喜悅和純精神的享受。知識可能是零散的知識，學問是系統的知識。好學，你一定要愛學問，你不愛它，它怎麼會愛你呢？諸位在大學生時代對學問要有一種愛心，要像愛自己的父母，愛自己的情人一樣愛它。你找情人，也許情人不一定愛你。你愛學問，學問一定愛你。學問最不辜負人。

學問從什麼地方起？學問的第一步是讀書。世界上的經驗太廣大了。書者，是別人，外國人，前人的經驗，我們讀書就是把天下人的經驗搜集到我自己這兒來。一個人的經驗好不容易呀。我們讀書人有一個好處，別人的經驗我們可以從書上得到，變爲自己血肉的一部分，這是很便宜的事。但是讀這些書幹什麼呢？讀書者，集合前人的經驗，使我能應用，尤其是使我採花釀蜜，進一步創造一點東西。所以學問是始於讀書，成於自己的創獲，想出一些東西來。書籍之中，教科書是基礎知識，讀好書、進大書，不看低級書，無聊書。因爲看壞書的時間要躭誤看好書的時間。何謂好壞，開始得請教老師或可靠的人介紹。但無論好書壞書也都不能盡信。而批評能力是看多了後就能養成的。我要勸你們在大學時代，第一、要愛惜時間。儘管你們各位都還年輕，光陰似箭，一晃就會跟我一樣變成白頭髮的。怎麼樣愛惜時間呢？就是不浪費時間，於身體、學問、品格無益之事，一分鐘都不要浪費。眞正一寸光陰一寸金，要愛惜每一分鐘。問你愛不愛惜生命，一定愛，生命是什麼東西？生命就是時間。富蘭克林說 Time is money。我說 Time is life。時間就是生命。因爲你一生頂多不過八、九十歲的時間嘛。所以青年時代每一分時間都要用於對自己的生命有意義有價值的事。

我要勸各位在大學時代學好一種外國文。我們今天知識不夠，就是夠，也要懂人家的。美國人今天知識夠，他還跑來臺灣學中文。他爲什麼學中文？他是來替我們服務嗎？恐怕他是來學好中文後，將來好控制中國人啦。我們不控制別人，至少我們要了解人家，知道怎樣對付人家。(記者案：此時在座的東海一位美國教授起而聲明：「我們來這裏的目的，不是來控制你們的。」)這很好。我的意思當然不是個個美國人如此，有的美國人是眞想跟中國人作朋友，有的美國人是打算控制中國人，不可一概而論。再進一步說，人類到了最後的理想世界，還是要基於互相瞭解，你不懂他的文字怎麼能瞭解他呢？

任何學問，國文、英文、數學三者是基本工具。次爲歷史、地理知識。此外我們每個人要學點邏輯和學問方法。邏輯在求推理之一貫而不矛盾，由一般推特殊。學問方法則由特殊之事，比較研究，求一般原理，不變的因果關係。讀書思考不在記得多。而在領略新知之愉快，自己得出新的原理新的知識。這是各位在學生時代應該注意的事。

第三、能夠自尊，能夠好學，進而我們要保持正義之心，保持道德勇氣，保持自己人格的尊嚴。這不是那麼容易的。首先要有健全的體格，否則一天到晚生病，時刻頭痛，就不能吃苦耐勞研究學問。這個世界不吃苦耐勞是不行的。有了健康的身體，就能勤儉，吃苦耐勞。我還要勸各位過淡泊簡單的生活，頭腦越複雜越好，生活越簡單越好。簡單的生活對人是有好處的。許多怪病，大概是他們吃的太好了。營養不可不好，也不要太好。太好之後並沒多大用處。我一生營養並不好，不過我身體並不壞。不要羡慕奢華。他濶氣他的，沒什麼好羡慕的。這可以養成一個人的基本抵抗力，抵抗一切誘惑，一切汚染。

另一方面要學得一技之長。我們每個人一定要有點自己獨立生活的能力，能自食其力，就能不受人家的控制，也不求人。

陶淵明不爲五斗米折腰，就是不做官。老實說，陶淵明回家門前還有五棵柳樹，屋裏雖然酒不夠，總還有酒喝。假若無家可歸，或回家後什麼都沒有怎麼辦，豈僅折腰，而且還要叩頭，甚至於還要當狗。要保持人格尊嚴不是一句空話。自己沒飯吃還不要緊，太太也沒有飯吃，小孩也沒有飯吃，不折腰，不扯謊，不拍馬，難道看他們餓死嗎？所以要有一技之長，身體好，至少可以賣力。

此外要謹愼，無不可告人之事，還要有點法律的常識。因爲你不惹人家，人家會惹你。我常受人家惹，還不要緊，因爲我懂一點法律，我抵抗他。但同時，也不可違犯法律，不論他好不好。此我所說的謹愼。謹愼也包括不討便宜。世上無便宜事。討便宜不僅養成僥倖投機之心，而且大多其中有詐，是吃虧被騙上當之本，正如騙魚上鈎。不討便宜也包括不學時髦，不趕潮流。

我們自己當然不做壞事，也要避免與壞人來往，並應該幫助好人。你幫助好人可以得罪壞人，壞人就要整你。怎麼辦？我絕不勸你去打抱不平，當英雄。我喜歡打抱不平，但是我不勸你們各位打。打抱不平以前，要考慮一下，打不打得過。打不過，還沒跑上去就給別人打在地下，打什麼抱不平呢！你要練習一點功夫，所謂功夫者，是廣義而言，不僅僅是打架的功夫。要考慮你自身的能力，聲譽，以及自己的後援，即須度德量力。

但是，無論如何，我要請你們年輕朋友養成一種習慣。縱使不抵抗壞人，制裁惡人，絕不可以幫助壞人，欺侮無辜。縱使不說眞話，但絕不可說假話。說眞話有時候麻煩得很，但是絕不說假話，說不知道，他拿你沒辦法。

以上幾點，我想是做人的基本道理。我想勤儉誠實，自食其力，不討便宜，就能確保自己正直而立的地位，剛毅品格，能有所不爲，立於不敗之地。於是也就能確保自尊。自尊自能無畏。不僅不趕潮流，而且對壞潮流要能夠做中流砥柱，抵抗潮流，並在力之所能及範圍內，責任所在之地，扶持社會正氣。我不是勸大家去做英雄，做文天祥，做史可法。專求成功固然不好，求失敗也沒有什麼意思。總之要度德量力。史可法、文天祥是身當其位，如文天祥當了那個倒楣的宰相，沒得辦法。不是文天祥，自己跑去把自己腦袋送掉幹什麼？

最後，我們一定要與人爲善。一個人力量有限，要與人合作，要謙和，要正直，要有信用，要寬宏，能原諒他人的小錯，要大家互相勉勵。無論在學校或出社會要找些志同道合者，共同商討學問，盡力來扶植社會上的正氣，努力來造成一代光明的社會風氣。

我不是說所有的事情到此爲止，這是各位在大學時代應有的修行之道。有了這種修行的基礎，到了社會以後，能永遠保持這幾個基本的修行要點，自然就能養成自己的道行，不會受汚染。每個人在自己崗位之上善盡自己的責任，也就可以勉勵他人盡其責任。人人如此，慢慢總可以改善社會的風氣。從前曾國藩說：「風俗之厚薄奚自乎？繫乎一、二人心之所向。」這不是說一、二個人可以改變社會的風氣，但是每一個人都能如此，這個社會的風氣就非改變不可了，就可使「君子道長，小人道消」，虛無主義就慢慢壓下了。

我們不能一天到晚說這個社會不好，政治不好，我們從自己好好開始嘛。我並不是爲許多壞的政治風氣辯護。許多貪官汚吏在年輕時代也都能說大話，也有救國之志呀。不過到了社會就一天天受社會汚染。這也可以說是修行不夠。現在不僅有許多不好官吏，社會上也有許多不好的人，不良的習慣。有怎樣的社會就有怎樣的官吏。整個社會好了，個個人好了，官吏怎麼壞得了？壞的官吏也不是天上掉下來的，外國來的，他還不是從這個地方長出來的嗎？種子都好了，不會有壞果的。國家的希望總在一代的青年，一代的青年大家努力做好，這個社會一定是個好社會。

如果大家問，我們的教育辦了這麼些年，新教育也辦了六十多年，爲什麼國家還是這個樣子？這是青年道行不夠呀。在學校時還有點天眞正氣，還愛國，還參加社會運動。到了社會七折八磨，就軟化了，被汚染了。到了老年甚至比過去官吏還壞得多。今天在大學時代的道行越夠，將來就越不容易受汚染，而且能發生澄清的作用。我由自尊開始，就是希望各位養成一身硬骨，具有強大抵抗力，不受虛無主義病的傳染。

（十）結　論

舉世滔滔，瀰漫虛無主義空氣。世界與中國問題不曉得有多麼複雜，但有一件事情毫無疑義：中國弄不好，世界也沒辦法。很多人指望美國好，現在許多人寄望於雷根。我也抱希望，但我看也不會有了不得的奇蹟出現，因爲美國人有他的生活方式，而他本人的學問大概也只有那個樣子。而且美國好與中國好畢竟是兩回事。我們還是應該希望自己。

中國人的事情別個國家沒有法子包辦的。也許美國人、俄國人想包辦中國的事情，但是他們決不是爲了中國，而我也斷言他們沒有法子包辦。只有中國的人，中國新的一代才能解決中國的問題。但是要有人才，中國不出人才，一定外國人來管。外國人一定把中國弄得更壞，要使外國人不能管我們，一定要中國有人才。人才出於何處，出於學校，出於青年，出於今天在座的各位。如果剛才那位洋朋友愛護中國，也要鼓勵中國青年自立，自尊，自愛，自強。

這就是大家要有一個責任心，要創造中國的歷史。我們這個國家是個偉大的國家，也是一個不幸的國家，大家一定要使我們這偉大而不幸的國家走上一個正道。有這決心，也就自然不受虛無主義之汚染。

我上面說的話，就個人而言，不一定保證大家成功。如各位說今天聽了你胡先生的話，我自尊，我好學，我誠實，我保持正義，這一定成功，我不保證。但是我保證一點，你不會失敗。還有一個好處，你很愉快，心安理得。既不失敗，又很愉快，有什麼不好呢？我總是講三大尊嚴，人格尊嚴，民族尊嚴，學問尊嚴。這也就是古人所說的「不爲聖賢，便爲禽獸。」聖賢沒有什麼了不得，聖賢並不是神仙，不是上帝，不過是因爲自尊，因而自任，努力修行，充實和發展人類固有的德性才能，並爲自己的同胞盡心盡力的。我要著重的說，這就是人生之意義，因爲如此才能實現人之定義。所以人人可以爲聖賢。不是聖賢就是禽獸，反過來說，不是禽獸就是聖賢。不爲個人的利益損害他人，不否認正義，不否認眞理，同時發展自己的能力，盡自己的能力替國家替同胞盡心盡力，就是聖賢。孔子也沒個什麼特別成功，他不過是好學，誨人不倦，這就是聖賢。換句話說，也不過是發展自己的才能，把才能貢獻給自己的同胞和青年。反過來說，虛無主義只知自己，否認道德，否認眞理，盡力來欺負人，把人不當人，求自己的金錢權勢，那就是禽獸。禽獸就是靠它有點狡猾和爪牙，可以咬人。所以，一個是向前創造歷史，創造第二宇宙，歷史就是第二宇宙。就是中國人所說「與天地參」，什麼叫做與天地參？天、地、人，天地之間還有我，這就是尊嚴嘛。尊嚴者，最高之價值，錢買不到的。一個是向下墮落爲禽獸。人本來不是禽獸，而要做禽獸，那不是向下墮落嗎？那是他自己毀自己而又毀人而已。

今天這個世界並不一定那麼理想。正因如此，就要創造歷史，就要有點奮鬥力，要向抵抗力最強的地方前進，要向世界奮鬥，這便需要學問，這也便要發展自己的才能。如今天討便宜，只向最弱的地方進，那便只有欺侮中國老百姓，因爲他們最弱，這只須狡猾無恥卽可。外國人欺侮得不夠，你還要來欺侮，此非禽獸是什麼？這也不過是發揮卑怯的私利私慾的毒蟲而已。

世界上的壞人總是少數，眞正的壞人，最徹底的虛無主義者還是少而又少的，大多數都是可好可壞的人。壞人總是因爲好人知識不夠，勇氣不足，他們才可以用謊言用暴力來求發展，一切虛無主義最後的法寶不過是謊言和暴力。把他的謊言打破，他的暴力就沒有什麼作用了。所以好人能夠團結，並提高一般社會的知識與道德水準，總可以把這個世界漸漸的改善。這也就是使人類都能實現人生的意義。

這是我的經驗，也是我的信心。我活到今天七十歲，我也碰到很多危險，我是靠這些辦法或修行活到現在的。我所想的沒有成功，但我個人也未失敗。我的身體還可以，心情也很愉快。我能力有限，對好人只能隨緣盡力。我決不跟惡人妥協。因爲我對中國人有信心，認爲中國有希望，我不怕惡人。我決無力量消滅惡棍，但我決不讓惡棍在我這裏找到便宜，長小人之志氣。

我不能做到的事，我絕不敢勸人，勸你們各位青年朋友。必須我自己能做得到的事情，我才敢勸各位。上面所說的，我自己做得到。至少從我有知識之日起，我已做了幾十年。諸位有此好意，要我講此題目，故就所見所知一說，希望諸位更加努力修行，修諸位的道行。君子之道長，一定小人之道消。不僅保自己的尊嚴愉快，亦所以再造中國歷史。就我所知，也不認爲要救我們這個多災多難的國家還有什麼捷徑。最後願大家尊重自己，珍重自己：由修行自己的人格才能開始，到對自己的同類盡責終結。如是，也就不負自己的一生。（記者案：此稿係據錄音整理，並經胡先生過目。）

馬列主義與中國問題

去（八十一）年十二月七日《人民日報》評論員的文章中說「不能要求馬克斯、列寧的著作解決我們當前的問題。」次日，他們更正爲「不能要求馬克斯、列寧的著作解決我們當前所有的問題。」《中華雜誌》主張大家——共黨、非共黨、反共黨的人——對此問題作充分討論：不僅是馬列主義能否解決所有或一部分的問題，而是他究竟與中國問題有什麼關係，應用他解決中國問題發生如何的結果，然後便能了解我們應該怎麼辦。乃寫此文，作爲討論的引子和參考。我要說的是五個問題：①馬克斯主義是什麼？②列寧主義是什麼？③馬列主義是什麼？④中國問題是什麼？⑤用馬列主義解決中國問題，卽由蘇俄滅亡中國。

（一）馬克斯主義是什麼？

馬克斯的副手恩格斯說馬克斯主義是「科學的社會主義」，此係對空想的社會主義而言。社會主義起於工業革命後西歐兩個工業化最早的國家——英國與法國。十九世紀初，歐文、傅利葉、聖西門等看到工業革命後資本家利用機器及工人發財，而勞工階級生活痛苦而悲慘，社會發生進步與貧困的矛盾，便提倡社會主義，亦名共產主義——此由英文社會的（social），法文公共的（commun）二字而來。他們是由人道主義、自由主義出發的，目的在維護工人之權利。恩格斯說馬克斯主義是科學的社會主義，乃因在十九世紀的科學概念包含「必然的」、「規律的」意義。恩格斯說馬克斯有兩大發明：

一是唯物史觀——這就是《經濟學批評序言》中所說，人類社會由經濟決定政治法律，以及精神的意識形態，又由於生產力與生產關係之調和與衝突，使人類社會依照亞細亞——古代奴隸——中世封建——現代資產階級的生產方法連續進行。這是社會進化的規律。資產階級與無產階級是人類社會最後的對抗形式。這反映生產力與生產關係之衝突。

二是剩餘價值說——這是《資本論》的基本觀念。馬克斯依李嘉圖的理論，以價值是勞動創造的。但如果勞動的價值或產物歸勞動者所有，沒有人做資本家，資本家亦無利潤可言了。資本家的利潤，由資本家剝削（開採）工人的剩餘價值而來。所謂剩餘價值，指工人爲自己的生存而勞動以外，額外的工作時間或工作強度。資本的蓄積，卽剩餘價值的蓄積使富者愈富，貧者愈貧。又因工人生育子女之多，以及機器之更新，必然造成生產之過剩，市場之縮小，購買力之減少，勞力之過剩，與失業之增多。於是資本主義之恐慌不能避免，資本家生產方式必然崩潰。

三、由上面兩個理論，就達到社會主義、共產主義之必然論——有史以來之歷史是階級鬥爭史。現在資本主義的生產力已經國際化，而私有財產的生產關係使恐慌失業不能避免，也就是私有財產束縛了生產力的發展。為了解放生產力，必須取消私有財產制度。資本家決不會同意。而國家也是他們的統治機構。所以只有無產階級團結起來，奪取政權，實行無產階級專政，實行工業與銀行之公有。這時國家的功能也逐漸萎縮。於是在最後，人類實現國際共產主義，也就是各盡所能，各取所需的社會。

四、社會主義之條件——除了以上三點之外，馬克斯還說到，一個社會形態在其中一切生產力還有發展餘地以前不會滅亡，新的較高生產關係——社會主義社會在其物質條件還未成熟之時，亦不會出現。這是說社會主義以高度資本主義基礎為條件。

五、暴力與和平方法——馬克斯、恩格斯都曾主張在社會革命過程中，暴力具有產婆作用。但他們晚年都認為資本主義先進國，如英國、荷蘭，是可以和平方式實現社會主義的。

六、無產階級專政非一黨專政——馬克斯認為所謂民主政體實即資產階級專政。有人問恩格斯何謂無產階級專政，答覆是看巴黎公社好了。一八七一年的巴黎公社是民主的多黨制度，而且有言論自由的。

七、馬克斯與恩格斯不僅是思想家，而且是行動家。他們組織國際工人運動，反對戰爭，促成並指導德國社會民主工黨爭取工人權利。馬克斯主義在政治上實卽社會民主主義，而這是從事和平合法鬥爭的。馬克斯發起的國際運動因巴黎公社而瓦解後，有社會主義國際成立。社會主義國際（第二國際）成立之初，恩格斯也是指導者。

八、馬克斯主義之錯誤與價値——馬克斯的唯物史觀將西方歷史過程誤爲每一社會必經過程，剩餘價値忽視精神勞動與文化價値，階級鬥爭忽視階級合作（他也知道階級鬥爭使羅馬滅亡）與階級同化；而由於地球資源之有限，各取所需根本不可能。他所知道的資本主義是以十九世紀英國爲標準，對世界歷史之知識也以十九世紀前期之知識爲限，當然錯誤甚多。此任何大思想家所不能免。但他畢竟出於人道主義傳統。他批評資本主義並非永久之物，必須改革，批評資本主義的商品拜物教之庸俗，資本主義制度造成人失去自性（卽所謂外化、異化），敗壞人性，亦有其理。反對沙皇侵略，尤其正確。社會主義與社會民主運動受其影響而興，對西方政治經濟也發生改革作用，至今也還是活動力量。但當作教條，說是「放諸四海而皆準的眞理」，則由於自己的愚蠢。

（二）列寧主義是什麼？

一、在說列寧主義之前，應先說馬克斯對俄國的看法。

馬克斯說他的學說不適用於俄國——十九世紀後期，俄國革命青年對馬克斯主義發生興趣，但不知如何適用於俄國。一八八一年俄國著名女革命家查素里契（Zasaoulich）寫信問馬氏這個問題。馬氏覆信，說他無意使其唯物史觀成爲普遍的歷史哲學；他在讀俄文，研究俄國歷史後才能答覆她。同時引證其婿所譯《資本論》法文版的註釋，說他所說的「資本主義制度之歷史必然性只限於西歐國家。」（按此文爲其他版本所無。）這表示馬氏充分的學者精神。

二、俄國列寧自稱最革命的馬克斯主義者。列寧主義是什麼？有七個有名的定義。

①最早，是斯巴達卡斯團兩大領袖之一的盧森堡女士的定義：列寧是「韃靼的馬克斯主義者。」

②「俄國馬克斯主義之父」樸列汗諾夫的定義：「列寧是布朗契主義者（Blanquist），不是馬克斯主義者」。

③前第三國際委員長季諾維也夫的定義：「列寧主義是俄國的馬克斯主義」。

④史達林的定義：「列寧主義是帝國主義和無產階級專政時代的馬克斯主義」。

⑤德國正統馬克斯主義者考茨基的定義：「布爾塞維克主義，卽俄國共產主義」，「與馬克斯、恩格斯所主張主義完全相反，只是恐怖主義。他完全拋棄民主原則，全靠暴力維持」……「他創造了一個新官僚階級……發展新軍國主義……他想建設共產黨的獨裁，煽動全世界各國的內亂。」「他只能建設韃靼式社會主義。」

⑥俄國流亡的實存主義哲學家貝加也夫的定義：「布爾塞維克主義是馬克斯輸入沙俄後的變形物。」俄國是東正敎化的韃靼帝國文化，發生第三羅馬的信仰。西方文化轉入後，發生斯拉夫主義、無政府主義、虛無主義與人民主義（瞿秋白譯爲民粹主義）的潮流，最後則有布爾塞維克主義，此是「第三羅馬」神話之復活。蘇聯是一「極權主義國家」。

⑦奧國新馬克斯主義者希爾費丁也認爲蘇聯是一與法西斯的義大利，納粹的德國同一類型的「極權主義國家」。

以上七種定義中，除史達林的以外，其他六個定義都是相通，而且互相補充的。而這六個人，都是對馬克斯主義有研究的，而史達林原是一個列寧稱爲「粗暴」之徒，有術無學，自不足信。

三、列寧主義三源泉——馬克斯其所以說他的學說不能應用於西歐以外，不能應用於俄國，主要原因，是由於俄國落後，不夠實行社會主義條件，而且因爲沙皇專制制度特殊殘酷黑暗，必先實行民主革命。在馬克斯主義輸入俄國以前，俄國有農奴暴動，有十二月黨軍人革命，其後有人民革命運動，這運動以暗殺爲武器，主張陰謀暴力，卽所謂虛無黨者。巴枯寧的徒弟尼卡也夫(Nechaev) 著《革命問答》，是虛無主義革命的敎科書。這也就是朶斯妥也夫斯基小說《鬼迷的人》所描寫的。他們的口號是「無事不可爲」。如《列寧傳》作者修伯 (Sbub) 所說，列寧之兄卽是一個虛無革命黨且被沙皇處死者，所以他受尼卡也夫影響甚大。馬克斯主義輸入後，革命理論與方式一變。列寧也就由尼卡也夫轉到樸列汗諾夫方面。

列寧嘗說馬克斯有三源泉。列寧主義也有三源泉，即①尼卡也夫主義與②馬克斯主義。此外，③他隨著恩格斯的指示，精讀克羅塞維支的《戰爭論》。他將一切政治與策略加以軍事化。他是聰明的，嚴肅而用功的，他將尼、馬、克三人的思想結合起來，應用於俄國和世界。

四、列寧主義也有三時期。第一時期由一八八七年他哥哥之死(時列寧十七歲)，參加學生運動起到一九〇〇年出國創辦《火花報》止，是由人民虛無主義到馬克斯主義轉變期。一九〇三年俄國社會民主工黨在倫敦大會中分裂爲布爾塞維克與孟塞維克二派之時，是列寧主義誕生之始。在這時期他的思想已是尼卡也夫主義與馬克斯主義一半一半。在這時期，他批評孫中山先生的民生主義企圖不經資本主義而實現社會主義，是俄國人民主義派的觀點。就此而言，還是馬克斯主義的觀點。最後，從他回國發動十月革命直到其死，則尼卡也夫主義的因素已經壓倒馬克斯主義因素了。他對托洛斯基說，他做夢也未想到生前能取得政權，爲了保衛政權，他「無事不可爲」了。

五、因此，列寧主義是馬克斯主義之變質或歪曲——歪曲之點主要有九：

①馬克斯說必須資本主義高度發展才能實行社會主義。何以落後的俄國能首先實現社會主義呢？列寧答覆：「因爲俄國是資本主義最脆弱的一環。」這句話被引用了千萬次。但這顯然是詭辯。如果資本主義最弱可以最先實現社會主義，那麼，資本主義弱到等於零的國家豈不應是更先

實現社會主義的國家嗎？

②馬克斯認為共產黨或社會民主黨是無產階級的代表。必有主人，才有代表。列寧則以為黨是「職業革命家」團體，即革命專家，亦即沒有無產階級也可以由革命專家「替天行道」，亦即「人造革命」。

③馬克斯認為社會主義必須以無產階級（產業工人）人數、知識、組織發展到一定程度為條件。列寧則認為無產階級不足可加上農民為同盟。農民不足還可以加上兵士。於是有「蘇維埃」（工農兵會議）政權之理論與實行。

④馬克斯所說無產階級專政，是多黨政體。無產階級也不一定只有一黨。列寧則在立憲會議選舉後布黨成為少數之時，將其他黨的代表逮捕，強行一黨專政。翌年改布黨之稱為共產黨，並成立第三國際，宣布第二國際死亡。

⑤馬克斯認為暴力只是革命補助手段，最好不用暴力，列寧則認為革命必用暴力，而且歌頌暴力。

⑥恩格斯說「革命者不可有尼卡也夫氣質」，列寧則是尼卡也夫主義者。

⑦馬克斯主張國際無產階級團結起來，反對戰爭，列寧反而主張煽動各國內戰及國際戰爭，於中取利。

⑧馬克斯主張民主，希望以共產主義廢止私有財產來充分實現人的精神價值；而列寧則以國

家爲階級壓迫階級的機器，以職業革命家的黨對無產階級及其他人民專政，而且說文學也必須是黨的文學，卽使人的價値成爲革命專家的工具，肥料和炮灰。

⑨馬克斯說社會主義是要廢止私有財產，變爲共有財產。究竟如何共有，馬克斯說得並不明白。然馬克斯還有國家萎謝的主張，則公有並非國有甚爲明白。而列寧則以財產國有卽社會主義，所謂國有實卽黨有。此卽以職業革命家搶奪國民財產變爲一黨財產。並以此種國家統制一切人民的精神與行動，而達到極權主義（Totalitarianism）卽以國家之名全盤統制一國政治經濟與精神。

六、結論：列寧主義是二十世紀極權主義之先驅——列寧主要著作有三：《唯物論與經驗批評論》在知識論上是反映論，這是很膚淺的，而辯證法在他手上已變爲詭辯法。二是《帝國主義論》，此乃繼霍布森、布爾費丁、盧森堡之硏究，而其特別的主張是獨佔資本主義必定變爲帝國主義，此乃忘記他的社會主義卽是職業革命家的獨佔團體，故社會主義最易變爲帝國主義，如列納爾（Renner）所說。三是《國家與革命》，這一本書是曲解馬克斯主義變爲極權主義的理論標本，這使他成爲莫索里尼和希特勒之先驅，後兩人也都是「社會主義者」。

(三) 馬列主義是什麼？

一、馬列主義之三義——列寧在世之日，因爲他要以眞馬克斯主義者自命，乃罵當時馬克斯主義公認泰斗考茨基爲「背教者」，故絕無列寧主義之稱。他死後，俄共才製造「列寧主義」這個名詞。史達林則又杜撰馬列主義（Marks-Leninisma）一詞。這寫法，有三個意思。一是馬克斯主義「和」列寧主義。二是以列寧主義爲馬克斯主義之發展，即二十世紀的馬克斯主義。但還有第三個意思，即是史達林自命他才是眞馬列主義者。馬列主義即史達林主義。史達林主義與列寧主義是有同與不同的。同者，史達林的確發展了列寧主義的極權主義。但也有不同，列寧將馬克斯主義尼卡也夫化，而史達林主義則將列寧主義沙皇化。列寧是痛恨和鄙視沙皇的。史達林則很崇拜沙皇。史達林時代，有文章說「彼得一世是第一個布爾塞維克」！

二、史達林在黨內曾被疑爲沙皇特務——一位沙皇特務馬林諾夫斯基在布黨之內活動甚久，他一面爲布黨辦宣傳機關，一面破壞布黨組織活動。一時布黨之內，特務甚多。史達林被捕七次，但皆處罰甚輕，故久被疑爲沙皇特務。

三、史達林的一國社會主義實爲新奴隸制度與新帝國主義——列寧死後，蘇俄有托洛斯基與史達林之爭，即如何在落後蘇俄建設社會主義之爭。托氏主張繼續世界革命，史則主張「一國社會主義」，托爲猶太人，史氏聯合俄羅斯人將托氏驅逐，後將其刺殺。史達林專政後，停止列寧的新經濟政策，實行工業化及國有的五年計畫，同時在農業上實行集體農場，國有農場。他自稱殺死農民一千萬人。繼而他舉行莫斯科大審，宣布所有老布爾塞維克都是「賣國賊」，他們亦皆認罪處死。他還清算高級軍官五千餘人。而那些特務頭子也一一被殺。繼而他在一九三九年與希特勒勾結，訂不侵犯條約，瓜分波蘭，發動第二次世界大戰。然而馬上希特勒打進俄國了。在犧牲了五百萬紅軍並且已經準備遷都之時，因美國天文學數字的軍援以及北非戰場之開闢，終解史達林格勒之圍。而隨著同盟國的勝利，史達林也成為英雄。他利用戰後的混亂局勢，一口氣消滅了二十幾個民族與獨立國家，建立一大批附庸國的「人民共和國」，包括「中華人民共和國」在內，使蘇俄成為戰後大帝國主義者和第二超強國。

又須特別說到的，在俄國革命之前和初期，一般知識界是歌頌革命的。結果，一切文人受到更大壓迫與束縛。很多人自殺和流亡。史達林將高爾基迎回毒死。日丹諾夫成為文化奴隸總管。

四、馬列主義是二十世紀之大反革命——如一個美國的前左派吳爾夫（B. Walfe）在一九五三年（史達林死時）所說，俄國革命到史達林死時，他原來一切允諾都變成了正相反的東西。他原先允諾給農民以土地，而終於驅他們成為新國家奴隸。他曾允諾和平，但他成立了一個極權主義之國對自己的人民作不斷的戰爭。他允諾這個國家成為「工人的天堂」，結果變為一大集中營。他曾舉起民族自決和反帝旗幟，但他變成了歷史上最侵略的帝國主義國家。一九一七年的俄國革命已變為不折不扣的反革命。

一九五六年赫魯雪夫在俄國共黨二十次大會中，報告史達林之個人崇拜及其罪行醜態，已成舉世皆知之事。但許多人還以為此是史達林個人罪惡。我國的第一任共黨領袖陳獨秀早在抗戰時期說，史達林的罪惡，是列寧、托洛斯基也要負責的。

(四) 中國問題是什麼？

關於這個問題我說得很多，《一百三十年來中國思想史綱》即專論此事。《中華》也說得很多，去年十月號三篇社論即專論此事。現只極簡單的條舉數點。

一、中國問題起於文化落後——十七世紀以後西方文化在科學、資本主義與工業方面空前進步，亞非諸民族均已落後，這便造成西方帝國主義時代。中國文化相形落後，加之清廷之閉關政策，對世界之變化完全不知，而八股制度又特別造成知識界之愚昧，如是西力東來之時不知如何應付。

二、中國問題日趨嚴重之原因——中西相遇後，中國一直不能翻身，原因有三：一因中國地大物博人多，諸帝國主義集中圍攻中國，尤以俄日加入進攻爲然。二因西方發生內部之分化，俄國發生共產主義。中國人學問不足，在固有文化不能應付世局之時，又捲入西化、俄化之爭。這使中國學界不僅不能對於中國問題之本質，世界形勢之眞相形成共識，因而團結起來以團結全國人心，反而造成中國人之精神分裂及內戰，且墮落至於依賴外力以自相殘殺，直至今日。

三、中國問題之本質——中國問題是民族問題，即對外求獨立、解放與安全問題，同時也是建設中國人的新文化問題。中國欲求對外之獨立，必須有現代之國力；現代之國力來自工業技術，工業技術來自自然科學。同時，自己之國力在世界上如何運用，亦須對國際形勢及各國情形有正確了解，而自己亦須有正當之政策，保持外部之和平。此爲民族方面之問題。爲求對外之獨立，亦必求內部之團結統一。此自不可對內鬥爭，或希望愚民；此亦必須採取民主制度，調和內部之衝突，樹立一安定有效之政府。此爲民權方面之問題。國力之來源來自工業，然亦須有農業商業及經濟財政政策之配合，資本主義與社會主義兩種方式何者最能促進經濟之發展使國家富強，人民安居樂業，亦須視種種之條件而定。此爲民生方面之問題。所謂三民主義乃此三方面之建國原理，而具體政策是應隨時隨地而變化的。

四、建設自己新文化爲建新中國之前提——建設新的工業或武器，需要自然科技，其原理是各國所同的，一時學問不足，還可抄外國。然爲了團結人心，促進工業，還須有種種經常制度，臨時政策，這需要社會科學，而社會科學是因各國國情而不同，不能照抄的。而爲團結人心，鼓勵國民自尊自信向上相愛之心，發揮一國才能之特色，尙須有文史藝術以及哲學盡陶冶敎化之功，這更是必須一國天才創造出來，不能模倣的。中國建國由根本上說，是一個創造新文化，並發展新文化創造力的問題，這必須超越傳統、西化、俄化之窠臼，才能成功的。而沒有由中國人自己創造出來的新的精神文化，也不會有新的物質文化。

五、實證主義與馬克斯主義皆不適用於中國——十九世紀後期以來，西方社會科學可分爲實證主義、歷史主義、馬克斯主義三大派別。實證主義代表西方富國富人之哲學，馬克斯主義代表西方富國中窮人之哲學。而中國則根本是一窮國。馬克斯講工人解放，我們應講民族解放。馬克斯講資本主義之危機，生產過剩之危機，而我們的苦痛根本是生產不足，資本主義不發展。所以馬克斯根本用不上中國。其次，馬克斯說他的歷史哲學不能應用於西歐以外，他也沒有研究中國歷史。他在《資本論》中不斷說中國是「亞洲生產方法」，而這是來自黑格爾及西方教士斷片傳說的錯誤觀念。不過馬克斯在英國侵略時說到萬里長城上終將寫上自由平等博愛，則是說中國需要一個法國革命，國民革命之意，還不失為卓見。但自由平等博愛並非馬克斯主義。又馬克斯說到私有財產使工人與其生產物分離造成人的外化。然中國人最大的外化是在外國的權力與意識形態壓力下變為崇洋媚外，甚至變為漢奸。但馬克斯主義不能使我們恢復民族精神，那需要民族主義。

由上所言，可說馬克斯與解決中國問題無關。

(五) 以馬列解決中國問題即由俄國滅亡中國

一、先馬列主義的解決——俄國人是要解決中國，即滅亡中國的，這是沙俄以來的一貫政策，蘇俄承繼這傳統，並用馬列主義為意識形態和政治的新武器而已。俄人入侵雅薩克，還不算侵略。眞正侵略起於俄人利用英法戰爭迫訂璦琿條約。此後利用新疆回亂佔領伊犁。此後與法國訂立同盟修西伯利亞鐵路，包圍中國。此後利用中日戰爭我國失敗，誘西太后訂立中俄同盟密約。此後與德帝勾結，造成八國聯軍佔領東北。及日俄戰敗，四次與日本成立密約，瓜分中國。辛亥革命發生，他煽動外蒙自治。在這些事件中，他藉口畫界，蒙混土地。夜間移動界碑，佔我土地。或屠殺邊境華人，奪其土地財物。凡此利用我外患內亂，僞裝友好進行侵略，明搶暗偷，殺人掠貨之手段，在蘇俄革命後，仍由列寧與史達林等這些馬列主義者承繼。

二、列寧之解決——列寧時代，鑒於西進之失敗，轉向東方革命。對中國發表三次宣言，表示友好，實則想保持帝俄權利。其後派越飛見孫中山，派胡定斯基組織中共，派馬林來進行中共加入國民黨，是想利用國民黨反英，以解其圍。雖然如此，越飛承認蘇維埃制度不適於中國，也等於列寧承認。

三、史達林之解決㈠：封建社會論——國共分裂後，史達林爲了報復，說「只有蘇維埃才能救中國」，這是與列寧相反的。他還有理論。他的中國問題理論家（後來說是賣國賊）布哈林在中共和第三國際的六次大會上宣布，中國是封建社會，應該先行土地革命打破封建社會，然後在蘇俄無產階級領導下，不經資本主義，直接進入社會主義。這就有八一暴動和以後的長期國共戰爭。

四、史達林之解決㈡：抗日統一戰線——在日德互相勾結，中共已逃到延安之後，史達林於一九三五年命第三國際開七次大會，宣布反戰反法西反日統一戰線，可是除了對唐努烏梁海、外蒙和新疆進行侵略以外，他又派索爾格到日本，鼓勵軍部與近衞侵華，終有蘆溝橋事變和第二次國共合作。繼而又在一九三九年勾結希特勒，發動第二次世界大戰，不過也身受其禍。

五、史達林之解決㈢：由雅爾達密約到「中華人民共和國」——一九四三年史達林在史達林格勒勝利後，先命中共向中國政府要求成立聯合政府。繼而於一九四五年初在雅爾達會議中向羅斯福勒索，要求恢復一九〇五年前帝俄在滿蒙權利作爲對日參戰之條件，並要求美國勸我國與其訂立中蘇同盟條約。這是中共「人民共和國」和政權之由來。在「馬列中國化」的名義下，毛澤東宣布「獨裁」和「一面倒」。翌年，史達林即命中共充當志願軍參加韓戰。

六、後史達林時期之解決㈣：百萬大軍之包圍與核戰威脅——一九五九年，赫魯雪夫以原子爐爲餌，要求指揮中共海軍。中共未予同意，從此兩共反目。六十年代，兩共皆自稱馬列，相互論戰，表示有兩個馬列了。赫魯雪夫曾經企圖對大陸進行核戰。一九六九年珍寶島事件後，蘇俄稱中共爲「叛徒」，百萬大軍包圍中國邊境，布里茲涅夫亦企圖進行核子戰爭。一九八二年三月，布里茲涅夫在塔什干要求中共關係正常化，這談判至今尙在進行中。此是逼迫中共再就範。

七、結論——中共黨綱以「毛澤東思想是馬列主義中國化」，所以，以馬列解決中國問題對內要實行「文化大革命」，對外應使中國爲蘇聯之一個自治共和國。如不接受，蘇聯就要實行「布里茲涅夫主義」。

（註）欲知蘇俄如何「以馬列主義解決中國問題」，首先要研究封建社會論——蘇俄是以封建社會論煽動中共進行內戰，而使中共成爲內戰之勝利者的。首先接受這謬論的是瞿秋白、李立三。加以發揮講中國社會史的，是郭沫若。這謬論在三十年代的中國社會史論戰中已受到有力的批評，然因爲不久抗戰起來，大家未予注意。而范文瀾、毛澤東則在延安大力宣傳。一九四○年，毛澤東發表〈新民主主義論〉，說「周秦以來中國是一個封建社會」。中共取得這政權後，更將社會發展史和這謬論編入各級課程賊夫全國的青少年。史達林死時，毛澤東下令全國哀悼三日。范文瀾說「如喪考妣」。然珍寶島事件後，中共了解蘇俄是「新沙皇」，是「社會帝國主義者」了。毛澤東還說「過去蘇俄中共的關係是父子貓鼠關係。」其實，如果中國是封建社會，則「社會主義祖國」之蘇俄高封建社會兩輩，應該說是祖孫貓鼠關係了！雖然貓兒一定要吃老鼠，中共至今還是認爲「周秦以來中國一直是封建社會。」中共頒布了一張「中國歷史年代表」，除略去其東周列國、五胡及五代部分外，如附圖。這表示中共在政治上不受蘇俄，在史學上竟仍受蘇俄控制而不能自拔。

又案：這整個的表，是錯誤而荒謬的。一、此表分爲史前與歷史兩部分。關於史前時代的年代，大多是推算的，此表竟據爲定論。二、以夏商周三代爲奴隸社會是荒謬的，中國沒有希臘羅馬式的奴隸社會（但不取顧頡剛等禹爲爬蟲說則是一種進步）。其實三代皆封建社會。三、以孔子卒後直至僞政權成立爲封建社會，尤爲荒謬。馬克斯的公式已錯，俄人有意瞎套，中共奉命自殺而不自知。四、他們以中共政權時期爲過渡到社會主義時期，然大陸民主青年稱爲「封建法西斯」了。

中國歷史年代表

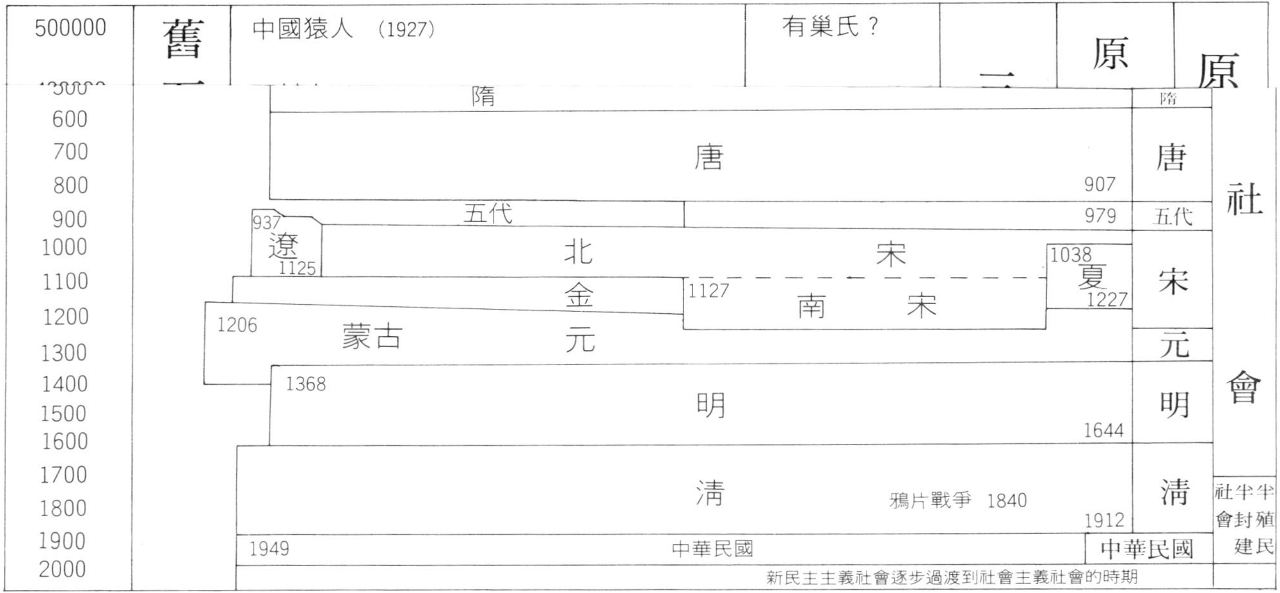

500000
舊
中國猿人 (1927)
有巢氏？
原
原
600
700
800
900
1000
1100
1200
1300
1400
1500
1600
1700
1800
1900
2000
隋
唐
907
五代
979
937
遼
1125
北
宋
1038
夏
1227
金
1127
南
宋
1206
蒙古
元
1368
明
1644
清
鴉片戰爭 1840
1912
1949
中華民國
新民主主義社會逐步過渡到社會主義社會的時期
隋
唐
五代
宋
元
明
清
中華民國
社
會
半殖民
半封建
社會

由馬克斯與韋柏論現代化之理論與實際

兩個德國人，馬克斯與韋柏分為俄美兩國社會科學之古典。美國學界提出現代化理論，作為一種社會發展的學說。此在理論構造上是馬克斯與韋柏之拼湊，又是社會達爾文主義與東方社會論之混合，牽强附會，不成理論，只是美國富豪保持現狀之短視低能的意識形態。他們以為韋柏可以對抗馬克斯，以前者之世俗化、合理主義為「現代化」的理論基礎。其實世俗化卽馬克斯之「外化」，而韋柏亦承認「現代資本主義」的合理主義只是形式的，在實質上則不合理。現代西方文化只能使人類原子化、機械化，進入虛無主義，極權主義，此是馬克斯、韋柏和歐美學界皆承認的。在實際政策上，美國的現代化與蘇俄之馬列主義、社會主義都是新殖民主義。但現代化的理論無力對抗馬列主義，只能為其鋪路。他無論對美國或開發中的國家，是不僅無益，而且有害的。為了解俄美的世界政策，必須了解馬、韋兩人學說之真相。這也便了解蘇俄將馬克斯暴力化，美國將韋柏庸俗化之「操作」。

(一) 前 言

民國五十一年我因被邀參加所謂中西文化論戰，結果使得我浪費了不少時間，躭誤自己的事。那時西化派尚未使用「現代化」術語。

此時美國學界開始造出「現代化」的理論，作爲社會發展之學說，並向外推廣。一九六五年由美國資助，在漢城召開一次「亞洲現代化問題國際學術會議」，美國出席者有 Pye, Henderson, Janson, Riggs, M. Levy, Scalapino 等人，都是這理論的提倡者。我爲被邀請的中國人之一，因得不到出境證，未曾參加，但我曾寫了論文寄去發表。我的論文主要是指出「現代化」一詞意義曖昧，其理論是馬克斯與韋柏觀念之 hybrid（混血兒），實卽西化，故勸亞洲人以中國之失敗爲鑑，不要接受。一九六八年我到韓國，再對該會全部報告作一總評，勸亞洲人「以自己的方式發展」。

此時我得見該報告中有英國倫敦大學社會學教授多爾（Ronald Dore）的〈論現代化理論之可能與可欲問題〉與我的看法相同。他說，這是近來美國學界很時髦的名詞。他列表舉了美國人關於現代化所說的特點，諸如每人出產的貨物與勞務之增加，大衆敎育水準之提高，都市化，趨於核心家庭構造，社會組織之功能專門化，社會腳色不以所屬爲根據而以成就爲根據（卽世俗化），更大的社會流動，韋柏意義上政治經濟構造之官僚制度化，收入之更大平等，政治決策之更大參與，更廣泛的法律合理化，等等之後，說：不論此表如何，以此定義「現代化」要發生大的困難問題。首先是，「將俄國放在何處？」因爲現代化不過是工業化的並存過程，美俄都是高度工業化的，在此表中，許多方面相似，然在政治社會方面則又大爲不同。美國學界表示自由派的寬容，將美俄並列爲現代化標本，並請西歐作陪。此乃將現代化當作一種「過程模式」。然此包含一種前提，卽民主或自由市場或高度官僚制是工業化之必然結果，然而這是不能由歷史證明的。於是只有承認美國是現代化的「終局模式」。然而，「這在大多數美國學者（不幸並非全體）看來，至少未免是一種味道惡劣的種族中心主義（ethnocentrism to be at least in bad taste）。」這是英國人對他的濶表弟的幽默！

多爾說，如果將現代化當作一種「過程」，則此過程無非是說更大的平等，政府更大的權力，更大的分化，而這都包括將要犧牲多少自由的問題。結論是現代化對開發中國家領袖，不能有所幫助。他說討論現代化的理論是以泥入水之事。他勸亞洲人確定自己目標後，再作歷史上的比較研究：「如果在如此如此情況之下，發生如此如此之事，則結果似將如何。」如此才不致浪費學術的精力云，這是現代化理論之否定。

德國馬堡大學政治學教授 Ierrfarhrdt 的論文談開發中國家的政治問題，也是不附和「現代化」理論的。

這是十三年前的事。直到一九七四年大英百科全書中所說現代化理論，還是多爾所列舉的。凡是在美國時髦之事，在臺灣也一定更爲時髦。此處大學中許多人對學生灌輸泥水，以爲是可樂。這是很不幸的。但我記得五十一年之事，只是偶爾批評這理論沒有道理。

直到他們宣傳反民族主義以後，九月號《中華雜誌》才對他們有所勸告，並對列爾納的現代化理論提出八點批評。

這八點十分簡略。現再譯黑曼尼的一篇，並對這兩篇有代表性的現代化理論和實際作一有系統的批評，要點有二：一、這在理論上是一種拼湊的非學術的意識形態；二、在實際上，與蘇俄的馬列主義同爲新殖民主義，對美國，對接受者皆爲有害。（在分項說明時，以一、二、三，①②③，甲乙丙分別層次。）

（一）理論——短視無能、不合理非人道的意識形態

以下逐步證明此標題之結論。短視指其只知維護現狀之國際既得利益，無能與不合理指其拼湊馬克斯與韋柏，採用馬克斯關於現代資本家社會之形成學說而不提其外化論；對韋柏取其世俗

與合理說而不顧其實質不合理說，終於自相矛盾。非人道指其絕對唯物論，比馬克斯主義更爲「唯物的」。

一、先要解釋 ideology 這個名詞。

①此詞起於法國大革命前夕，其本義爲「觀念學」，即研究人類觀念的學問，有用其代替哲學之意。代表者爲加巴尼（Cabanis）與孔道西（Condorcet）。前者是一醫生，由生理研究精神；後者是《人類精神進步論》，一部歷史哲學名著之著者，在革命中枉死。

②在法國革命中，拿破崙藉軍事權力實行獨裁，那些觀念學派反對拿氏。拿氏乃將「觀念學派」用於嘲笑之意義，即空談的，虛僞的觀念家之意。

③繼之盛用此詞者是馬克斯。他在大體上是用於拿破崙之用法（虛僞觀念），但此虛僞，有其社會階級之背景。今日譯爲「意識形態」由馬克斯、恩格斯來。他們在《德意志意識形態》（*Der Deutschen Ideologie*，一八四五～一八四六）一書中批評費爾巴哈、鮑威爾、斯丁納三個新黑格爾派的哲學。其序文第一句說，「人們總是爲自己造出種種虛僞觀念」。在論費爾巴哈的部分說：「每一時代佔在統治階級的思想，都是佔在統治地位的思想。一個階級在社會上佔統治地位的物質力量，同時也是社會上佔統治地位的精神力量。」這到了《政治經濟學批評》的序文——即一般稱爲唯物史觀公式者——中再簡化爲「不是人的意識決定人的生活，而是人的生活決定人的意識。」簡言之，意識形態是有階級性的，它不是客觀眞理。這也是今日共黨的口頭

禪。

④使此詞普遍於共黨圈外者，是德籍匈牙利人後入英籍之曼罕的《意識形態與烏托邦》(K. Mannheim, *Ideologie und Utopie*, 一九二九) 一書。其意識形態指各階級維持現實利益的思想，烏托邦指注目於未來的理想。其論種種意識形態，如保守主義、自由主義之類皆與實存關聯，大體仍本馬克斯之說。有意義的是他認爲馬克斯主義也是一種意識形態。如果社會科學上的思想都只有相對意義或是虛僞意識，難道就沒有客觀眞理嗎？曼罕認爲可在相關與透視中，在現實進行中，求出共同的主調。此書已成知識社會學的名著。而在此時，佛洛伊德提出「有理化」(rationalization) 的名詞。此與工商管理上之「合理化」雖是一字，但用於自圓其說之意。此外，麥克伊孚 (Mac Iver) 等則用「神話」一詞，甚至以民主也是神話。意識形態、有理化與神話三詞可以互用。

⑤時至今日，意識形態用於兩義：一如美國文化學家 L. White 用於文化系統之意。二則用如曼罕之意，大體與宣傳同義。

⑥我用意識形態一詞，從衆用於曼罕之義，而特別用於與眞理、學問對照之意義。凡眞理、學問必在構成過程中經過嚴格的方法論，基於事實，合乎邏輯，而理論之全體必須對於有關現象能有普遍妥當說明力。否則僅爲既得利益說法，縱不無是處，終爲僞科學 (pseudo-science)、僞知識，卽意識形態。

二、何以美國有這個「現代化」的意識形態？他有兩個重要背景。

①第二次世界大戰以後，美國一時是世界上最大最強最富的國家，新技術之發明，戰後各國之復興，美元成爲國際貨幣，在世界空前繁榮期，美國成爲更「富裕社會」，美國人以爲千年王國已經實現了，他們要使此幸福永久保持，而且不斷增進。

②但美國還必須與蘇俄對抗或競爭。韓戰以後，二十多年以前，《讀者文摘》上有一篇文章，說需要或徵求一個名詞來代替「資本主義」。這當然是因爲蘇俄和共黨常用「資本主義」一詞爲攻擊美國之口實，而社會主義至是時已有一百三十年的歷史，且在歐亞非洲許多國家取得政權。「人民資本主義」，「經理資本主義」，「自由企業」，「自由經濟」，就是用來代替的新名詞。

韓國停戰後，有日內瓦會議，邱吉爾提倡和平共存。這表示美俄也有妥協之必要。同時，過去以「歐化」他人自豪的西歐人，對於「美化」深表痛恨。

於是「現代化」一詞開始爲許多美國著作家使用。費正淸在一九五八年的《美國與中國》一書中，應用這理論稱「毛澤東思想」爲「中國傳統之現代化」，爲承認中共之理論根據。

到了六十年代，講「現代化」的書便如雨後春筍。一九六五年美國基金會在南韓開「亞洲現代化國際會議」時，也便是「現代化」理論高潮之時。

我自不會知道這理論形成的內幕。但由以上的事實，我猜想這理論之由來，是美國學界要製造一個理論，避免「資本主義」與「美化」之攻擊，既可與蘇俄競爭，又可與蘇俄合作，在第三世界進行美化運動，一如蘇俄使用馬列主義、社會主義進行俄化運動一樣。

三、爲什麼說他是一種拼湊的意識形態？

答：他是由四個人的理論拼起來的。

①摩爾干的「古代社會」分人類社會爲蠻野 Savage、蒙昧 Barbarianism、文明 Civilization 三期。列爾納將文明分爲傳統與現代化，黑爾曼則將蠻野、蒙昧合稱原始，再在文明之後加上一個超文明的「現代化」。

②斯賓塞說社會進化由武士國家變爲產業國家，他們變爲由傳統到現代化。斯氏的進化法則是：「經由不斷的分化與整合，由不定的，不連貫的同質狀態到定形的、連貫的異質狀態之變化」。現代化理論所說的「構造分化」，參與組織之「整合」，「價值多元」，即由此而來。

③馬克斯在《政治經濟學批評》序言中說社會進化是生產方式的變動，程序是：甲、亞細亞的，乙、古代奴隸制的，丙、中世封建制的，丁、現代資產階級的。現代資本主義因自身矛盾，必然變爲戊、社會主義社會。他們乃將前三種合稱傳統社會，將資產階級字樣刪除，並與社會主義合稱現代社會。

馬克斯在《資本論》中常說到「前資本家生產制」。他們將馬克斯的「前資本制」稱爲傳統社會或「前現代社會」。資本主義以後便都是現代社會或現代化。

凡馬克斯對於資本主義之起源與發展之所說，他們照本宣科。然馬氏是宣布資本主義必因其矛盾、恐慌而死亡的，赫魯雪夫又說要埋葬資本主義。於是美國人對蘇俄說：咱們都是「現代化」，還是「和解」罷。但資本主義有無存在之理由？幸而另一德國人韋柏說「有」！

④美國學界稱韋柏爲「二十世紀馬克斯」。大概以爲他是賽馬克斯，可在理論上爲資本主義辯護，正如凱因斯可在實際上保護資本主義一樣。

這是天眞的。韋柏是尊重馬克斯的，嘗稱其「偉大」。他對於馬克斯所說資本主義過程之物質條件是同意的，他只是在「精神」方面加以補充。主要論點是「人類歷史是合理主義發展史」。此即「新教倫理與資本主義精神」。馬克斯研究由資本主義到社會主義的轉變，韋柏則主要是研究由前資本制到現代資本主義這一階段。其所說可簡表如下：

	精神、倫理	政治統治型	經濟型
前現代社會與國家	傳統主義心情倫理（宗教的）（人情的）	傳統的權威的（家長的，身分的）「卡里斯馬的」	①封建制（契約的與俸祿的），②家長制，家產世襲制，③商業資本主義，④政治資本主義、殖民資本主義
現代社會與國家	合理主義責任倫理（世俗的）（對事的，無情的）	官僚制（依法的紀律）	營利計算的資本主義（最高形式合理的複式簿記）

由此簡表，可知現代化理論之術語，如「前現代」，「現代」，「傳統」，「合理主義」，

「世俗化」，都來自韋柏。所謂卡里斯馬（Charisma）指神異的聖者英雄式人物，可以信仰感召大衆的人。現代西方資本主義有兩大支柱，即官僚制與複式簿記。科學技術是合理主義之產物，還有新教倫理所代表的資本主義精神。

由此又有他的第二個重要理論，即東方社會沒有合理主義，所以只有西方才有現代科學與現代資本主義。

在學問方法上最重要者有三：一是認爲社會科學對象是人類社會「行爲」（Handeln）。二是理解法（對觀察言），類型論，理想型之說，應用中古敎會之決疑表（Casuistry）法。三是爲了「客觀性」，必須「不論價値」，韋柏是此一名詞之提出者。

凡此一切，皆爲美國大多數社會科學界（主流派）所接受。韋柏是美國的古典，一如馬克斯是蘇俄的古典，不過美俄又各對其古典加以歪曲。

美國人的現代化理論，主要是摩爾干，斯賓塞，馬克斯、韋柏的鷄尾酒，而百分之八十以上是韋柏，不過他們亦皆有所變造，特別是將馬克斯與韋柏共同承認的「外化」問題加以刪除，又對韋柏之合理說斷章取義，詳下。

將不同或相反的理論結合起來，不一定不能構成一種理論，但這還要看這些構成部分本身是否正確，或有多少正確，其次，是否對借用理論有曲解或誤解或不當刪改。最後，如果要形成一個新的社會發展之理論，則又必須能有一新的觀念，將他人不同的理論連貫起來，具有更高的說明力、預見力。必如此，才配說是一新的理論。以下作此考察，以估定現代化理論之價值。

四、就以上四種成分而言，現代化理論將摩爾干的蠻野、蒙昧合併爲原始，並無不可。問題在將文明與現代化分開，後者視爲超文明。如下可見，現代化變爲反文明。

斯賓塞是社會達爾文主義的先驅。將生物進化法則擴張於社會，此淮德海所謂「具體性倒置之虛妄」。社會達爾文主義後來流爲帝國主義，此在美國亦早成過去，現代化理論將其復活。如下可見，現代化變成了反進化。

更重要的是俄美兩大古典的馬克斯與韋柏。茲先對兩人的理論構成部分和全體作一考察。馬克斯的理論是要反對資本主義，建立社會主義，內容包括唯物史觀，剩餘價值，階級鬥爭和外化論。這都有極大的眞理性，但也有極大錯誤。西方人批評馬氏者甚多，我以爲皆不中的，我的批評如下：

①唯物史觀之最大價值是其構造分析，由生產力與生產關係之調和與衝突，說社會之構成與變化，論資本主義之必然崩潰。但最大缺點是只注意社會之內部構造，忽視外部構造。他以西方資本主義社會由封建社會內部產生，而由資本之原始蓄積開始。但布爾喬亞由何而來？十字軍以後西方才有都市，一六〇〇年以後英荷法的東印度公司成立，才促進西方資本主義之發展。馬克斯注意到新大陸發現與印度洋開通對於資本主義生產的促進作用，也談到殖民主義。但未給以充分估計。實則沒有殖民主義，不會有現代西方資本主義。

②馬克斯的社會靜態構造是三層樓房。經濟是決定一切的基礎，上層構造則財產私有決定階級關係，經濟與階級決定最上層的意識形態。但他忽視政治也能決定經濟，而思想是一切技術制度與行動之母。人類思想並非都是意識形態，亦有普遍妥當的眞理。其次，沒有民族，階級無由發生。階級是民族鬥爭之結果。是民族分化爲階級，不是階級造成民族。此外，階級鬥爭不一定造成社會之進步，亦可被外力一齊滅亡，如羅馬帝國，此亦〈共產主義者宣言〉所知的。

③在社會動態階段論中，馬克斯將紀年史與社會史混同。埃及、希臘、羅馬、日耳曼人的歷史不能看作一個民族的歷史。日耳曼人未曾經過奴隸制度。中國亦然。有若干奴隸與奴隸制度不是一事。農奴制與奴隸制度與資本主義亦可併存。俄國到一八六一年才有名義上的農奴解放，美國到南北戰爭才解放奴隸。

此外，亞細亞生產方式絕無根據（他心目中的中國是野蠻社會）。後由恩格斯取消了，所以他的社會階段論根本不能成立。

④剩餘價值說基於勞動價值說。但在不同文化階段，同一時間產生的勞動價值不同，財產不一定都是贓物。沒有投資，勞動亦不能單獨生產。

⑤總括言之，馬克斯關於資本主義本身矛盾之分析，現代西方文明之批評，關於「外化」之理論（見下節），在基本上還是正確的。他說社會主義必須有高度資本主義的生產力之條件，也是正確的。但除了忽視社會之外部構造使其史學理論不確外，其經濟社會學說有五大錯誤：

甲、對資本家生產作籠統分析，忽視資本主義有早期、高級、晚期之區別，此是松巴特才研究清楚的（《現代資本主義》）。

乙、將人類完全看成「經濟動物」，人類社會只是生產與財產問題，社會主義取消私有財產也是爲了解放生產力。然人類文化畢竟有在財產以上者。

丙、將國家完全看作階級工具，現代國家是資產階級委員會。其實國家與法律多少有調和階級利益之作用，純階級政權是很難支持長久的。

丁、基於階級國家論，所以他要以無產階級革命和專政打破資產階級國家機器，而國家最後亦將「萎謝」。這種以暴易暴論造成極權主義。國家亦永難消滅。

戊、〈共產主義者宣言〉說「工人階級無祖國」，又說在資本主義社會「一人壓迫另一人之情況終結以後，一民族壓迫另一民族之事卽可終止」。此乃以民族解放爲階級解放之附屬品，不知東方民族不能解放，西方之普羅永遠不能解放。此由於當時猶太人無祖國而已。

馬克斯自承其唯物史觀不能適用於歐洲以外。他的理論只是西方普羅階級與猶太普羅之意識形態，不能適用於中國，因中國人需要的首先是民族解放。他只知資產與無產階級，不知根本問題是「資產民族」與「無產民族」問題。

⑥馬克斯主義到俄國變爲列寧主義。正統派馬克斯主義者考茨基說列寧主義不是馬克斯主義，只是恐怖主義。而以落後國實行社會主義只有造成新階級的韃靼式社會主義（吉拉斯的新階

級說本於考茨基）。但馬克斯主義變爲恐怖主義亦非無故。一則，自亞丹斯密的「經濟人」的觀念以來，經由邊沁到馬克斯，是一貫相承的以求富，求財產爲根本目的。貧富不均後，金錢崇拜必定變爲暴力權力崇拜。二則，落後國之西化又增加其毒性。落後的沙俄在西化後，使其社會對西方原型發生同形寫像（isomophic mapping）關係。但因其落後，如俄國社會民主黨第一次宣言所云，「資本家愈到東方愈無恥」，社會主義也就愈暴力化。於是又再在俄國固有農奴、專制、帝國主義傳統中變爲史達林主義。對內變爲集中營制度，對外變爲社會帝國主義。列寧、史達林認爲民族革命應受蘇俄無產階級領導，組織各國共黨爲其第五縱隊。

⑦受西方資產階級壓迫的東方人，還要受蘇俄無產階級的領導（壓迫），這是什麼理論？中共黨人居然欣然接受，亦可謂共產主義愈到東方愈無恥。

次說韋柏。他用了極大的心力想將資本主義「有理化」（此用於佛洛伊德之意義）。現在只批評他的理論中最重要三點：西方現代資本主義之由來，東方社會論，不論價值論。他的學說，比馬克斯毛病更大，即錯誤更大。

①馬克斯還注意到殖民主義，他根本不注意。他並且認爲那是政治資本主義，不是合理的資本主義。他除了承認馬克斯關於生產力與生產流通的分析外，主要補充是新教倫理是現代資本主義之精神動力。因爲新教倫理是世俗化的禁欲，是禁欲的合理主義，而現代資本主義是合理的，計算的。這是缺乏歷史之通觀，將一段事實加以誇張。神聖與世俗或禁欲與世俗既不一定有截然

界線，可以併存，亦可互相轉化。第一、猶太教中神聖性與世俗性皆有之，由馬克斯之言可知（見下）。希臘人是世俗的，其後有斯多噶派之禁欲主義。有羅馬帝國之世俗，便有基督教之興，此是受猶太教與斯多噶派之影響的。原始基督教是革命黨。成為羅馬帝國國教以後和帝國滅亡後，天主教皇大多是法學家乃至精明政客。十字軍也是世俗行為。都市發展後，教會在領地中做生意，設法庭。教皇也姘女人（Concubinage 一詞由此而來），還有買賣聖職（Simony）這個名詞。十五世紀教皇亞歷山大六世是文藝復興保護人，他的兒子 Borgia 以聖職身分，東征西討，極世俗行為之大觀，他也是馬基維里《君主論》所恭維的人物。新教由路德反對贖罪符而起。賣贖罪符是神棍行為，是神聖還是世俗？第二、宗教改革與民族運動有關，也與航海、殖民事業有關。路德的改革與其說反對世俗不如說是反映民族主義。「德意志超乎一切」由路德來。而荷蘭的加爾文派則與反西班牙運動有關，這傳到英國變為清教。英國國教由亨利第八要娶新王后而起（伊麗莎白之母，又終以其通姦殺之）。伊麗莎白重用海盜，與西班牙競爭海上霸權，但仍繼父志，對天主教和清教兩皆防範。到了克倫威爾，這位清教徒的軍事家提出「鐵的紀律」（傳到列寧），頒布航海條例，與荷蘭作戰（一六五一～一六五四），奠定英國海上霸權與資本主義的基業。第三、宗教戰爭實即民族戰爭與殖民戰爭。在舊教反改革運動中，西班牙之羅耀拉由軍人而聖者，組織「耶穌會」，以「暴力與謊言」為信條，發展海外活動，乃有利馬竇、湯若望之來華，在西方殖民活動與資本主義發展中，與新教徒並駕齊驅。此耶穌會之組織，是今日共黨組織之藍圖。現代西方資本主義是藉「商人、海盜、教士」三位一體而發展的。而《強盜貴族》(*Robber Barons*, Josephson著）亦二十世紀美國史學家所不諱言。純粹掠奪不能形成經濟，經濟行爲必須「合理」，必須計算，清教徒代表英國商人的利益，這都是不成問題的。但不能說只有清教徒代表經濟的合理主義。打仗也要合理主義的。想想《孫子兵法》講一「計」字好了。所以不是新教產生資本主義，而是資本主義使基督教變爲新教。英國經濟史家湯奈在《宗教與資本主義之興起》(Tawney, *Religion and the Rise of Capitalism*) 中曾批評韋柏所言不合英國史實。在中世紀自然法時代，經濟活動已與貪婪合流，英國由國教到清教皆與政治經濟有關，新經濟觀點形成工業宗教，乃排除基督教而陷於冷漠主義云。

②韋柏將恩格斯廢棄的亞細亞生產方法論變爲東方社會論，說東方與中國沒有合理主義，沒有西方依法的官僚制，所以只能停在前現代而不能進入現代資本主義（他說印度宗教是魔術主義阻礙合理主義，玆姑不論）。

甲、就中國言，他是完全錯誤的。我曾在《中西歷史之理解》中對東方社會論作了詳細駁斥。此處只提三事。甲、韋柏說新教的精神是禁欲的（刻苦節儉）合理主義。說到勤儉，我想全世界以中國人爲第一，過於猶太人（此猶太人在唐時已入中國，終於同化消失之故）。資本主義精神無非是營利精神。他所謂合理精神無非是計算。孔子所謂貨殖，一般人所謂將本求利，卽資本主義之定義。「發財」是中國人的口頭禪（「恭喜發財」）。中國商人「打算盤」之語，流行社會。人情與商業分別甚清：「親兄弟，明算賬」，「人情一匹馬，買賣分毫厘」。韋柏引用富蘭克林《告青年生意人書》爲新教倫理之代表，我曾說與臺灣市上的小書《千金寶》所說相同。

營利欲望與歷史一樣古老，中國是「典型的營利之國」，亦韋柏之所知。然則何以中國不能進入現代資本主義呢？韋柏說是中國的儒家官僚制度，使中國社會刻板化，停滯化，阻滯了中國資本主義之發展。中西官僚制不同，儒家官僚是家族主義的，傳統主義的，和平主義的，人情倫理的；西方官僚制由騎士的英雄精神變爲依成文法而治，有責任倫理。

乙、韋柏以官僚制是現代國家政治支柱。美國顧理雅（Creel）曾批評韋柏不懂中文，忽視中國法家的理論與重要性，中國的官僚制正是依成文法的程序分層行使權力的。照韋柏現代國家之定義，秦漢以來中國就是現代國家了（見《中華雜誌》二卷七期文）。韋柏又說現代國家重要特徵是預算制度。至少唐代後期中國政府已有預算了（《元和國計簿》）。

此外，韋柏又將中國官僚制與西方官僚制之不同，歸於中國與西方之治水文化、森林文化之不同；兩種封建制度——契約的、俸祿的——在中西程度之不同，使西方封建制下的中層容易擴大，有利於後來的自由都市之形成，中國官僚制特別與家產世襲制(Patriarchaler Patrimonialisms)結合，公私不分，發生阻滯作用。凡此一切，皆是穿鑿附會，或與事實不符，或充其量是程度問題而不是類型問題，我均在《中西歷史之理解》中有反駁。

丙、然而，畢竟是西方最先進於現代資本主義，而中國一直停滯不進，這又是什麼原故？這便要先了解資本主義有早期、高級之分。高級資本主義是英國在十八世紀末因工業革命而進入，其他國家跟進的。爲什麼是英國首先進入而非其他西方國家？那可以看霍布森的《資本主義進化論》，卽在十九世紀末，印度的市場，科學技術之進步，以及國內外政治形勢，使工業革命的條件一齊最先集中於英國之故（亦可用韋柏適當關聯之說）。爲什麼中國一直停滯於早期資本主義？二十年代拉狄克一語道破的，中國沒有殖民地。法國大史學家格魯塞(Grousset)在《歷史的總計》中說，此因「天朝皇帝在鄭和以後停止航海，不要海軍」。何以以後仍然不能趕上呢？想想諸帝侵略戰爭和不平等條約好了。此卽我在《中華》九月號文中三十、三三兩頁之一、四兩條所概括的。

③他的不論價值說，基於「心情倫理」、「責任倫理」之區別與科學不能判斷價值。後者非無理由，然前者錯誤。一切倫理出發於「心情」，表現於「責任」，只要想到康德價值論歸結於責任就夠了。

④總括的批評是：韋柏指出資本主義的計算性，官僚制之機械性，是有價值的。但新教倫理說失之誇張，其東方社會論只是西方偏見，在史學上根本站不住。他的不問價值說，乃因其新教的資產階級價值立場，反對歷史學派之施莫勒迎合威廉第二的軍國主義，壓制學院自由而發，卽爲學問而學問之意。而在歐洲成爲虛無主義之藉口，在美國爲旣得利益之護符，是他不及料的。

馬韋二人皆有所見，亦皆有知性的眞誠。然因爲他們的西方偏見，一個德國無產階級與一個德國資產階級的偏見，加以東方歷史知識之不足，使他們的學說意識形態化。於是蘇美兩國將他們一個暴力化，一個庸俗化。現要指出，雖然他們立場不同，但由於知性眞誠，對於現代社會卻有共同的見解，此卽與「世俗化」有關的問題。

五、馬克斯與韋柏都談世俗化。此在攻擊資本主義的資產階級社會的馬克斯，與「外化」相連；在維護資產階級社會的韋柏，則與合理主義相連。然韋柏亦承認現代社會只有形式合理，而非實質合理，亦卽同意馬克斯所說之「外化」。這問題是今天爲西方學界所發揮，而又頗爲美國現代化理論家們所誤解忽視——如非故意的話。我先對馬韋所說作簡單介紹。

所謂世俗的（Säkular, secular, profane），對神聖的（heilig, sacred, holy）而言。此亦由西方中古時代敎俗兩界（Ecclesiastic, clergy, layman）之別而來。文藝復興以來，用以指人文主義，穆勒用以指功利主義、功效主義。韋柏亦然。他常用以指 Nutzen，卽英文之 utility, use。

「外化」（alienation）始於猶太敎、基督敎之神話：人之「外於上帝」（alienated from God），爲亞當子孫墮落之由來。此詞經過黑格爾與費爾巴哈使用後，馬克斯用以攻擊資本主義制度。

二十世紀發現了馬克斯的兩種遺稿。一爲一八四四年《經濟學與哲學》手稿，其中專門討論

「外化」(馬氏用二字，一爲 Entäusserung，割讓之意，二爲 Entfremdung，離異之意；英譯皆作 alienation)。一是一八五七～一八五八年的《前資本主義經濟構成之綱要》，此是爲唯物史觀之準備，也說到「外化」。前者使馬克斯在第二次世界大戰後聲價大增，在西方學院派不能不研究馬克斯的哲學，而在東歐，引起「青年馬克斯」的潮流，成爲反蘇俄、反俄化的思想基礎。近年歐美各國討論馬克斯外化論之書不下百種，最近公認在考證解說兩方面最詳細的是米沙羅斯的《馬克斯的外化論》(Isvan Meszaros, *Marx's Theory of Alienation*, 1970)。他認爲外化論是馬克斯終身的思想，不限於青年時代。從其博士論文起，一直討論這問題。首先是在「猶太人問題」中確立其理論。

《舊約申命記》(第十五章十一節、十三節)摩西傳耶和華的話說：「我吩咐你說，總要向你地上困苦窮乏的弟兄鬆開手。」「若借(錢)給外邦人，你可以向他追討。但借給你弟兄，無論是什麼，你要鬆手豁免了。」「凡自死的，你們都不可吃。可以給你城裏寄居的(stranger)吃，可以賣與外人(alien)吃。」(同上十四章二十一節)。高利貸是資本主義之起源，亦猶太人之能手。猶太精神是資本主義精神。但猶太教還區別自家人和外人，如死猪肉只能賣於外國人。馬克斯說，猶太教變爲基督教，才「完成了文明社會。基督教將一切民族的，自然的，道德的，理論關係加以客體化(外化)，使文明社會與國家生活分離，撕破一切人之種的紐帶，代以利己與自私，將人類社會變爲原子的，衝突的個人。」馬克斯又說「人之自外必將一切變爲可賣，可讓之物，爲自私需要和小販所奴役。出賣是外化之實行。在自私需要下，人類只好將自己之所產和活動，歸於外物，即金錢之支配。」（猶太人問題）馬克斯認爲新教將《聖經》中之外化問題加以「世俗化」，並使外化經由買賣而發展。此乃將世俗化與外化連結，所以他認爲猶太人之解放在由猶太教解放。

翌年，即在《一八四四年手稿》中，馬克斯說在資本家制度之下，勞動者出賣勞力，發生四種「外化」：

——勞動者與自然之分離，即與其勞動產物之分離，

——人與自己生活工作之分離（人出賣自己之勞力，變爲他人之工具），

——人與人類之分離，一切勞動僅爲其個人生存之手段，即社會的人性之喪失，

——人與其他個人之分離，此前者之結果。

所以馬氏認爲唯有在社會主義之下，人類始有自由王國，發展眞正的人性。

在又翌年的《費爾巴哈論綱》中，馬克斯將外化與革命實踐連結起來，而批評費爾巴哈「由宗教的外化，卽分世界爲宗教的與世俗的兩世界出發。他想將宗教世界在世俗基礎上解消。」但「宗教世界只能經由世俗世界之矛盾才能理解，世俗世界也只有在其矛盾並在革命化的實行中才能理解，所以也就必須在理論和（革命）實行中加以毀滅。」

在一八四八年的〈共產主義者宣言〉中，馬克斯、恩格斯分析現代資產階級社會之形成、擴

大，並描述其世俗化說：「凡有產者取得權力之地，他毀滅了一切封建的，家長的，牧歌的關係，……使人與人間失去一切連帶，只有粗鄙的自私與無情的『付現』。他在冷酷的自私計算中之冰水中，將虔敬的熱忱，騎士的豪氣，兒女的柔情一齊溺死。他將人格尊嚴墮落到交換價值；他將無數高價取得的自由，變為唯一無恥的自由——『自由貿易』。一言以蔽之，他將以宗教與政治幻想所籠罩的剝削，變為公開的，不知羞的，直接的與粗暴的剝削。資產階級撕破了家庭關係的溫情面幕，除金錢以外，別無其他。……資產階級不停的使生產工具革命化……資產者時代主要特徵就是生產之連續變形，永恒的社會條件之動亂，無止境的不安和運動。一切安定的刻板關係及其古老可敬的成見概加掃除，而新成立的在僵化以前亦已變為陳腐。一切認為堅固的東西破為粉粹，一切認為神聖的都世俗化了。」

接着他說到「資產階級改進生產交通工具，使一切蒙昧人羣進入文明軌道。廉價商品形成重炮，打入中國的萬里長城，強迫最頑固的蒙昧人（指中國人）克服其對於外國人的憎恨……而接受他們的所謂文明。此種文明，簡言之，照他們自己的樣子來創造的世界。」「對大多數人而言，這種文化，只是將人類變成機器。」然資產階級不僅造成自己無法解決的生產過剩的危機，而且創造他的掘墓者——無產階級云云。這便有另一種世俗化的革命。

由上可見，在馬克斯的理論中，世界並無神聖與世俗之分。神聖也只是世俗之反映。世俗化有兩個途徑。一是資產階級之私有財產及其冷冰無情的自私自利，猶太主義的世界化。二是他主張的普羅革命，要以權力剝奪資產階級的私有財產，實行公有財產制。

當三十年代德國生存哲學家海德格再提出外化問題後，匈牙利的馬克斯主義者盧卡契提出「青年馬克斯」以後，加上卡夫卡的小說重新被重視以來，外化問題成爲兩世界的熱門題目。綜合所言，造成人類外化的，不僅資本主義，還有官僚制度和機械主義。在蘇俄的控制之下，波蘭的馬克斯主義作家沙夫（Schaf）說，在官僚制和機械主義之下，社會主義亦不能解除外化現象（《中華雜誌》十一卷二期〈自我割讓問題〉）。而在蘇俄，沙哈諾夫、索忍尼辛、阿馬里克攻擊蘇俄社會主義是「古拉格羣島」，不僅是「外化」的問題了。

韋柏以「此世的」（Welt, the worldly）「日常的」（altäglich, ordinary business of life）稱世俗化。他以對人的，人情的（personlich）與對事的（sachlish）爲傳統的與現代的合理的態度特徵，所謂對事的態度又稱爲非人化的（Entmenschlichung），非人情的（Verunpersonlichung），英譯有的皆作 impersonal，有的譯前者爲 de-humanization 則爲正確。日本人譯爲「即事物化」，「沒情誼化」，「沒主觀化」，「客觀化」，都是有失原義的。

韋柏關於世俗化與合理主義的理論中有三點甚爲重要，常爲一般人或美國學界所囫圇吞棗或斷章取義。

甲、非合理的合理主義：禁欲的新教——韋柏並不認爲僅僅外部的世俗的力量（如商業、市場之發展），就可以達成現代社會之合理化，而是還必須有內部的反世俗的力量，信仰的力量才成。傳統的強根，常需要卡里斯馬的活動才能打破。此表現於修道院和戰士團的共產生活。但熱情一代過去以後，其後繼者也逐漸與世俗調和，他們的種子也時常在歷史上復活。韋柏由此說到新教與清教徒的歷史作用。中世修道院中有「不勞動者不得食」的信條。這是獻身於神意的合理禁欲。宗教改革使修道僧的義務擴張於世俗的大衆，普及了「入世的禁欲（innerweltliche Askese）」。此禁欲的新教徒愛好科學，相信以職業對社會有利（Nutzen），「正義而勤勉的生活」，也就是對神之奉獻。在路德以後，德文之Beruff，英文之Calling，都含有「天命」「職業」二義。這禁欲的職業倫理，必須有宗教的反世俗的非合理的英雄的信仰之支持，才能打破傳統，實現合理的資本主義。此種由非合理動機出發的合理主義，才造出新興的市民階級，成爲西方由前現代到現代不可缺的因素。此種穿鑿，前面已加批評。我只想補充一句，無神論的中國人「義以爲利」之說，恐怕是更合理的合理主義。但亦可見美國人僅將「消費」看作世俗化，並非韋柏之原意。

乙、形式的合理與實質的合理——韋柏認爲西方資本主義是唯一合理的資本主義，但他對經濟上的合理主義分爲二種，即「形式的合理」與「實質的合理」，並認二者是有衝突的。在《經濟與社會》中，他指出下列四項：

——流通經濟（生產工具私有，經濟自由，自由勞動，工錢勞動），

——貨幣經濟（貨幣計算），

——官僚制（經濟經營與國家機構中之官僚制），

——現代的合理的技術，

爲現代資本主義高度形式合理之四大特徵。此是技術的合理，不是實質的價值的合理。現代社會主義者攻擊資本主義，正因其實質的不合理，卽價值的不合理。社會主義如何呢？韋柏與奧國社會主義者牛賴特（Otto Neurath，後爲邏輯實證派領袖，卡納普繼承之）論爭時，他說在社會主義下，現代社會特徵之一的官僚制將繼續下去，而資本主義形式合理性，卽以貨幣計算爲基礎的流通經濟方面效能則將要降低，卽不得不爲實質合理而犧牲形式合理。這多少接近後來米色斯（Von L. Mises）所說社會主義下計算不可能的結論（此論現已在理論上不成立）。另方面，他認爲「沒有營利的刺激，必須發揮利他主義的性格」，此與穆勒以社會主義用社會成員德智雙方之高度水準爲前提之論大略相近。究竟社會主義資本主義何者爲好，因爲他是不論價值的，他不作判斷。

資本主義與社會主義之好壞另一問題，但只知資本主義形式合理的一面，而不知其實質不合理的一面，不是韋柏的理論。

丙、形式合理與非人化——韋柏在《學問論文集》中，說由於科學技術之知性合理化，使我們知識進步，但是，人類能知的，僅限於他想知道的，可以經由計算而知的，由此發生對於知識的信仰。但是在現代營利事業的社會中，人類都變爲一個每天上工的齒輪，使人非人化。於是他在《宗教社會學》中，說到西洋文明之前途只有二者選一：或者是出現「一個新的預言家或古老思想與理想之全新復興；或者是塗上痙攣的，自我陶醉的機械的化石人」；那也便是「人道可能性的消滅，而只剩下沒有精神與遠景的專家，沒有人心的日常生活享樂者（Fachmenschen ohne Geist, Genussmenschen ohne Herz)。」韋柏選擇何者呢？他認爲這是價值判斷問題，非其理性所能及。

由此可見，韋柏所謂合理，正如恩格斯所云，「今日所謂理性王國不過是資產階級王國之理想化。」然馬克斯所說的人之原子化與外化，與韋柏所說機械化、化石化、非人化，恰恰是一致的。

我要補充一點後來的討論。

曼罕將韋柏的形式合理、實質合理之用語，改爲功能合理、實體合理，前者「將一連行動組織起來給以配合」，然「不問目的，各個人亦不知其行動在全體中的腳色如何，所以功能合理，實卽實質不合理。」(Man and Society in an Age of Reconstruction, 1940)。他提出現代的產業社會造成機械時代，造成一種「大衆社會」(Mass Society)。在此前後，歐美社會學家有許多書出來，大抵指出機械時代之三要素——大規模生產，官僚制組織，大衆傳播；造成三大矛盾：由合理化到非合理化，由民主化到非民主化（獨裁），由組織化到原子化。又造成菁英與大衆之分裂，主體性與個性之喪失，人格之分裂，虛僞敷衍的意識；而在大衆傳播下，大衆成爲被傳播專家或菁英使用低級趣味，淺薄玩笑所操縱，而非合理化、孤立化、同質化、原子化、情緒化、平均化，只能被動化的思考與批評而趨於痲痺，也便成爲作爲商品販賣對象的「孤獨的羣集」，這便是曼罕，西班牙之阿特加（Ortega），美國 Mills, Reisman, Fromm, Merton 等人所說，而亦與馬克斯所說「外化」相通的。

此種實體的不合理，使民主成爲「似而非的民主」，亦卽必然孕育獨裁。不僅馬克斯是歐洲人，極權主義並非只有蘇俄的專利品，亦西方文化自身之趨勢。前世紀末，莫斯卡已提出少數統治階級論。本世紀來，巴列托之菁英循環論，密海爾斯之寡頭制之鐵則論，已說明現代社會權力集中於菁英，大衆由權力排除之趨勢，法西斯主義利用之證明其合理。二次大戰後，諾曼著《巨獸》（*F. Neumann, Behemath*），說希特勒與極權主義正是要使人類原子化，打破一切固有連帶，打破家庭、地域以及一切固有團體，才能使獨裁黨控制各個不相連屬的個人，而這也正是馬克斯首先指出現代資本主義爲其準備基礎的。

美國史學家史特勞斯批評韋柏的不論價值論，說他不能評價人類變爲機械化石之合理主義爲「歸謬於希特勒」（Reductio ad Hitlerum）。其實如韋柏夫人的傳記所言，韋柏政治立場之特徵是民族主義與基督教倫理。韋柏最後遺言說，「沒有熱情，不能做出任何有價值的事業。」韋柏之化石化主要由於邏輯實證派之誇張，此將另論之。

然與韋柏的理論對照，說明現代西方社會之發展以及其必然達到極權主義者，是另一韋柏，即韋柏之弟阿佛萊・韋柏。在《歐洲史之告別與虛無主義之克服》一書中，他說：歐洲歷史自開始即捲入希臘及希伯來兩極端敎條中。而歐洲歷史自文藝復興以來即有錯誤。西洋的生命，因文藝復興而擴大深化，此至啓蒙時代而達高峯。自是以來，西洋有三大過程，即現代（民族）國家，現代資本主義，現代科學之發達。這三者，都是自然主義的，三者都極力發揮「權力」，如是都具有「吃人之傾向」。卽科學要一切科學化，由科學家統治，也無異宣言「科學帝國主義」。這三個權力系統到十九世紀達於極點。權力代替神聖制裁與超越價值。卽馬克斯也了解——不，不是他也了解，而是他特別了解——這一點，因他看出布爾喬亞如不能不斷將生產方法革命，卽不能生存。「不斷的生產方法革命，社會狀況之紛擾，乃布爾喬亞時代之特色。一切固定關係，以及古老而受尊敬的成見和意見，皆一掃而空，神聖的也世俗化，而人類也終於被迫面對生活的現實。」（〈共產主義者宣言〉）不過，馬克斯並不了解普羅列特利亞而已。由現代權力鬥爭而生的虛無主義，由馬克斯給以理智形式，希特勒則是其化身。在此變化將達於頂點時，尼采將歷史分裂爲二：主人與奴隸。他以爲人只是權力意志。他宣傳「超人」，不知實是「低人」。虛無主義還有另一面。資本主義社會將一國分爲兩國，不負責的有產者，絕望的無產者；有知識專家，大衆文化接受者。而在社會動盪中，學者們又宣傳價值之相對主義。馬克斯主義者則將十九世紀工業與理智狀況加以綜合。告訴普羅，說他們負有使命，對此社會加以毀滅。而由於一切價值都不是永久的。則毀之自亦不足惜。此使他們的虛無主義的復仇有理。然馬克斯主義尚非純粹的虛無主義。他還相信無階級社會合乎正義。而列寧說「世界剩下的，須以火與鐵毀滅」，則是純粹虛無主義。馬克斯主義（與俄國共產主義非一物）還自以爲是歐洲文化之完成。而戈林則說「一聽到文化這個名詞，我就要拿起槍來。」納粹德國所發生的一切——特許的荒淫，以殘忍爲樂，屠殺病人與低能者，煤氣室與電殺室之集體屠殺等——不過是整個歐洲虛無主義後果之一部分。國社主義與俄國共產主義都是對歐洲復仇的，國社主義是德國方式的社會革命。

然則救濟之道如何呢？在歐洲與德國二重毀滅之後，A·韋柏所提的救濟方案，其原則是「超越」。此指克服虛無主義，粗鄙與物質主義，了解人的義務。同時克服「優秀分子」與「大衆人」之分裂。他希望知識階級擔任教育責任，教育德國國民在藝術、科學和政治上務須超越過去西方文化之成見，尤其是勢利與科學之權力，克服價值相對主義，以克服虛無主義，以教育新國民，新的人羣，是很明白的。

這是一位著作等身的德國大歷史哲學家在國破家亡之後，以屢瀕死亡之餘生，七十八歲之高年，用無限深沉痛楚之筆所寫的著作。他對馬克斯和韋柏都批評了。然美國現代化理論家只知大韋柏而不注意更博學更有經驗的小韋柏。

此外，曼罕提出「爲自由而計畫」，加強「小集團」，德國呂斯托夫 Rüstow 主張恢復家族制度，加強企業連帶心，最近英國舒馬赫主張小經濟和甘地的經濟思想。而瑞典的彌爾達則特別重視世界資源之重新分配。另一方面，許多傳統派如馬理當、尼布爾等則力言文藝復興以來的世俗化是根本錯誤。這都是主張重新改造，不是繼續現狀。無論如何，美國的現代化理論家們是未免過於泰然於現代，有如堂前之燕雀罷。(參看《中華雜誌》三卷九期〈廿世紀歷史、文化、知識、社會學〉。)

六、了解了馬韋二人之理論之意識形態性和他們所說外化、世俗化、合理主義之眞相以後，便容易了解美國現代化理論既沒有一個新觀念，只是採用馬克斯的資本主義社會形成之理論，而掩飾其批評，再對韋柏斷章取義，亦不注意三十年來對現代社會的批評，自不能拼湊成一個新理論。

①「現代化」不能形成一個社會理論。「現代」是一時間的概念，卽現在、此時，必與其他事物連結，指其現在狀態，才有確定意義。現代在地質學上可指冰河期後約萬年，在歷史上指世界大通以來的數百年間的現在狀態。馬克斯、韋柏皆以一定的概念爲核心，例如前者由生產方式出發，韋柏由合理主義出發，分析歷史現代期，資本家支配的社會與國家的特色，這是有意義的。我們也可以用以指歷史的現代期種種事物的最新狀態。如果指器物而言，例如衣服現代化，武器現代化，經營現代化，那有意義，那是最新式之意，亦必有一標準。如美俄之巡弋飛彈與逆火機之武器是。今天美國學界關於現代化之所說，除馬、韋兩人所說之外毫無新見，只是將兩人所說「現代社會」的「現代」抽離出來，再加一「化」，-ization，使其實體化(reification)，這便無意義，因實無所指。也許有點像二十世紀大形而上學家海德格的 Dasein（現存在）罷，

但海德格用以指人生現存狀態。他們可說，此詞是用以指現在兩個最大工業國，以美俄社會之共相爲標準，並爲向他們轉化（transformation）的「行爲」的概括。美俄是現代兩大超強國，他們在轉化別人，許多國家被迫的或志願的爲其所化，不只一日，這也是一百多年來西方、俄國、日本在殖民地的行爲之總稱，也用不著什麼「理論」。他們不然。他們是要用馬克斯，特別是韋柏的理論，將「現代化」一詞當作一個社會變遷的法則，因而使美俄偶像化，神像化，作爲對低開發國的政策之理論根據。

「現代化」一語根本不成理論。因爲「現代」既指時間，而時間是不斷向未來，向明天前進的。如有人要復古，卽「古代化」，因時間不能倒行逆施，所以復古無不失敗。同樣，時間不會停在現在不動（除非地球停止運動，那一剎那，人類也要毀滅），也就不能「現代化」！

如果說，現代化指現在美俄的工業成就，則如多爾所說，現代化如指最高模式，則美俄社會有大的不同，卽願被化，無所適從。如指過程而言，美俄之有今日，有他的條件，不是願意變爲美俄就變爲美俄的。如照韋柏理論，東方人沒有西方的那種封建制度或不合理而又合理的新教，根本無法現代化了。列爾納與黑曼尼又加上一個「日本模式」。這只要想想日本是如何成爲東亞強國的過程——英日同盟、大陸政策、原子彈、韓戰等等——好了。

②韋柏以傳統主義、合理主義爲「前現代」與「現代資本主義社會」的心態特徵，其說誇張，已見上文。現在如列爾納之文所代表的，將韋柏的傳統主義之「主義」去掉，換爲「社會」，於

是人類社會分爲「傳統」、「現代」兩大階段。隨着現代化之進行，傳統也便「逐漸消逝」。這更是荒謬的。

在時間上，過去不復回。然人類的創造，總是推陳出新。正如一棵樹，老幹新枝常常併存，除非敗葉枯枝。傳統、現代亦復如是。有的傳統「消逝」，有的變爲新的傳統，而有的改變自己一部分形態而繼續生存，基督教的舊教新教便是如此。傳統的電影與現代化的電視亦復如此，這個表是列不完的。

又如他們所公認的，現代化實卽工業化。但工業革命是由傳統出來的。例如因有商業革命，科學革命，農業革命在前，才有工業革命的。（同時，還要有殖民主義的外在環境。）而在工業革命後，過去的傳統也便納入工業體系之中，如英國國王，英國國會和法律。這些傳統，當然也變化，合爲一個新的傳統。不獨英國的工業革命如此，其他各國及其他之事莫不皆然。

在美國，東部世家（Eastern Establishment）總是傳統勢力，而軍工複體（Military-Industrial Complex）現代化一點，是併存的。農業、工業在同一時代也是併存的。西方人一向以他們之所至，卽該處現代史之開始。如是印度現代史始於一六〇〇年，中國現代史始於一八四〇年。然如此說，紐約市是現代化社會，美國南部農村便是傳統社會了，但他們並未「消逝」，而且一個美國傳統社會的花生農在一九七七年做了最現代化國家的總統。如此滑稽不成名詞的名詞遊戲，還可以成爲理論嗎？

③大概他們發覺「傳統」「過渡」「現代」的分法之不通（此在一九六八年《國際社會百科全書》論政治之部已經提到），所以有最近黑曼尼的版本，廢止傳統之詞，而直接以韋柏的「前現代」代之，並以「原始現代化」代替過渡社會。而又採取他的東方社會論或唯西方現代社會論。這也便更爲不通，因爲這包含兩個相反的基本理論：

——社會進化由原始而文明而現代化，形成「歷史階段」；現代化是一永久革命，還要繼續現代化。此社會達爾文主義。

——只有西方社會才能現代化。此韋柏類型論的東方社會論。

這種社會達爾文主義與韋柏的東方社會類型論是不調和的。當然，這也有辦法。即是說，動物進化到靈長類以後（好比原始社會），其中有一支變爲直立猿人（好比文明社會），而直立猿人中有一支變爲眞人（Homo Sapiens），好比現代西方社會！

我已在前面批評東方社會論。例如他們說中國人缺乏個性。其實孔孟說「匹夫」時，他們沒有這個觀念。東西社會之不同不過是資本主義發展之遲速問題，而西方之特別迅速則由於殖民主義，而且回頭過來阻礙落後國之工業化。黑曼尼之說，不過是西方人之優越感。於今歐洲人已心知其非，唯美國人尚多保持此種落後的優越感，或韋柏所謂塗上痙攣的自我陶醉的機械化的化石人語。黑曼尼居然以荷包爲前現代，非現代，現代的區別。這就是說歐納西斯和羅克費勒不僅比美國一般大學教授更現代化，也比卡特更現代化，因爲前面兩人的荷包似乎更大！然而這也便是說科威特的王公比一般美國人更現代化！

④但前現代社會如何過渡到或者進化到現代社會呢？何以有許多社會到現代社會有先來後到之不同呢？他說，全在世俗化的形式和水平之不同。西方先進於現代化，過去靠新教倫理，後來靠民族主義，大概以後就靠世俗化了：「爲一切知識、經濟、政治、社會之基礎動力者是『世俗化』，此世俗化是使一切活動合理的組織起來，環繞非情人與功利價值，而又足以產生一切科技與經濟成長而趨向價值多元」(黑曼尼文)。這顯然是將世俗化與韋柏的合理主義同一化，並以學科學也是世俗化的結果。但韋柏並沒有以世俗化與合理主義同一化。亞里斯多德與愛因斯坦皆以學問起於好奇心，且不說淮德海還以現代科學起於基督教。韋柏更未以世俗卽是價值，而現代化的理論家則直以世俗化爲基本的價值標準。但世俗化既無非是功效實利之意，則價值多元也便是實利多元。世俗化的現代社會如湯奈所云，是一「貪欲社會」(Acquisive Society)，個人利益第一，求財是最高目的，此必造成階級與民族鬥爭。而歐美學界自曼罕和A．韋柏以來也不斷指出現代社會變爲大衆社會，由金錢崇拜到權力崇拜，虛無主義與獨裁主義成爲必然歸結。一個社會總需要一定的道德維持其調和。今天西方社會尚未完全崩潰者，還是「傳統的」或十八世紀的道德觀念尚未完全崩潰。現代化理論對此全不注意，且曲解韋柏，直以世俗化卽是價值，甚至已不再談自由了。馬克斯以世俗化造成自私自利和人類外化，西方學界常批評其爲唯物主義的。於今現代化理論是比馬克斯更唯物。他們說是impersonal，其實此在韋柏亦de-humanization，

即非人化。非人化還有什麼合理？

⑤他們又將韋柏之世俗化加以粉飾，說是「論成就不論出身之所屬」。果眞如此，他並不世俗，而是神聖。此即是加爾文派的「有功即有理」(justification by merit)，而此語來自《馬太福音》「憑著他們的菓子，就可以認出他們來」（七，二〇），也是「不勞動者不得食」之一般化。然事實上不是如此。在黨權的蘇俄，不屬於共黨難有成就。在金權的美國，絕無金力恐亦難有成就。當然，美國很多 self-made man，但在「世俗化」下一天難一天了。美國的總統候選人能不屬於兩大政黨嗎？美國統治階級大部分能不屬於東部世家與軍工複體嗎？美國的高級知識分子能不屬於「常春籐」的大學嗎？

九月號《中華雜誌》編輯部說「世俗化用不到中國」者，包含下列諸義。就世俗化之本義言，此乃對教權而言，中國無國教，用不到中國。就韋柏的功利主義而言，中國人也是很世俗的，如上所言。就他們所說論成績不論出身而言，中國人自古講考績，講用人唯才唯賢，論功行賞，以立德立功立言爲三不朽。陳涉說王侯將相無種，事實上，漢朝有如章太炎所說「地保做皇帝，屠戶做將軍」，以後有草鞋工人和農民皇帝（劉備、劉裕）強盜和乞丐皇帝（朱溫、朱元璋）。而俗話也說「好漢不怕出身低」，「行行出狀元」。而就馬克斯說的革命言，中國人也是認爲人民有革命權的。最後，如果照湯奈所說個人利益，以求財爲目的，雖自古已然，於今尤烈。再「化」下去，那只有殖民化，那「成就」是什麼？

⑥黑曼尼說世俗化三原則，選擇而非預定，趨於變和專業化互相關聯，也是與實際不符的。黑曼尼說極權之下的「參與」是嘴唇服務與假象，然卽在美國，如大選所表現的，好像賽馬，實際上，總統候選人都經過黨老闆預定，選舉人也只是在他們「預定中選擇」而已。黑氏也承認變只能在一定規則下變，而愈專業化便愈只有預定的選擇而無自由選擇了。密爾茲說到美國人之外化不一定是左右革命化，而是「政治的冷漠」(apathy)，所謂冷漠卽「不參與」是也。在「現代化」的大衆傳播痲痺之下，美俄大衆均趨於冷漠。民主與極權之差別，乃是在前者之下人類固有紐帶雖因世俗化而逐漸瓦解，但還保存若干；而在極權之下，一切人類固有紐帶因人工摧毀，消滅殆盡。而這無非是說前者之中保存更多的傳統而已。在此意義上，極權是更「現代化」的。

⑦在黑曼尼的論文中，將現代社會的病態以「緊張」(stress)一語帶過，但他也很老實的指出平等只是表面現象，此表面現象由於現代社會物質利益（貨物、勞務）之普遍提高，而此提高，由殖民地來，甚至有許多原始民族被消滅或掃光——這都是世俗化、現代化過程！此外，國際有層化，有中央區與邊緣區，而貧富國之差距更大了，這都是以現代化，世俗化之名義行之的。

⑧但他畢竟是自相矛盾的。在他的論文中將現代化看成一種超級文明。可是A·韋柏認爲是「再野蠻化」，阿特加說專業化的菁英專家是明察秋毫而不見輿薪的新野蠻人，這豈不是與摩爾干的社會進化論相反？而再據上面所引美國社會學家所言，現代社會的大衆不是由同質到異質，

而是由異質到同質的。就斯賓塞理論而言，這是反進化的。再照他的不斷現代化和變的理論，以後應該有如尼采之超人說一樣，有一「超現代化」社會！然而他自己知道那不是「超現代」，而可能是《一九八四》和《美麗新世界》，而甚至人類生存成了問題。他竟毫不覺得與他的前提——不斷現代化與世俗化——自相矛盾。又一面說現代化使人有自己決策的能力，一面又說現代化減少應變的能力，亦自相矛盾。想想十八世紀西方人希望的自由平等博愛現在如何，即可知現代化了。

⑨更重要的是，無限現代化不可能。在他的文章未刊出前(一九七四)，羅馬學會已提出成長之限度，地球資源有限，不能不斷現代化的。世俗化使科學誤用。即無三次大戰，最近有一美國學術團體提出到公元二〇〇〇年，人類每三人中將有二人死於癌症，而且無藥可醫。除了兩超強的爭霸和第三世界的反抗外，恐怕今後的問題不是「非人化」，即是「解除現代化」；即 de-humanization 或 de-modernization 二者選一了！

綜上所言，證明了美國現代化之理論，沒有學術價值，只是爲美國富豪利益而造出的短視的、無能的、東拼西湊、自相矛盾的意識形態。

或者有人說，你怎麼可以這樣低估美國學術界呢？不然。我充分承認美國人的長處，他們有技術、商業的天才與傳統，他們蒐集資料之富，甲於全球。他們研究學問之便利，亦爲其他任何國所不及。他們還能招攬歐洲學者擴充智囊，也能找東方人爲助手節省精力。可是學問之事，社會科學、人文學科之事，比自然科學有一點不同。沒有對自己同類的深刻關心，或如韋柏說的沒有熱情，就不會苦心思索，作出有價值的理論。而要認眞思索必須擴張自己的知識與經驗，除了現在之事以外，也必須求知於歷史。同時也必須盡量超越目前利益的限制，想到更廣大人類命運與將來。馬克斯與韋柏都由歷史出發，都曾用苦功。馬克斯寫經濟學批評序言，如他致拉薩爾之信所說，費了十五年準備工夫的，由《德意志意識形態》到《政治經濟學批評綱要》（一八四四～一八五八），恰恰是十四年。蘇俄馬恩學院院長梁山諾夫在《德意志意識形態》中，引用貝羅（Von Below），考證在形成唯物史觀之前馬克斯與恩格斯在法國、在英國之圖書館中讀了一些什麼書——那是幾十本的書單。韋柏用功，竟得了神經病。唯因爲其西方人的和階級的成見所拘，仍不免於意識形態。而現在美國的學人既有其根深蒂固的優越感，又滿足於現狀，養成韋柏所說「無心的享樂者的心情」，此是玩世的（Cynic）心情。而愈有研究的便利，愈不願費力讀書，只要找一個觀念，便命助手蒐集資料。又喜用眼不用腦，不願費力於思考，便用計算機。可是計算機必將你知道的東西「送進」，你不知的東西，電腦也不能「送出」。這就是電腦仍不能代替人腦之故。黑曼尼引韋柏、馬克斯爲兩種古典，共四本書，但沒有前者的《宗教社會學》，也沒有後者的《一八四四年手稿》。然即以所引的四本書而言，也表示並未細看。而這又何僅黑氏爲然呢？他不是道地美國人，還算用功的哩。

(三) 實際——自害害人的新殖民主義

美國人的「現代化」理論在實際上，與蘇俄的馬列主義都是今天兩超強的新殖民主義。關於這一點，我只想略爲提到幾點即足。

①十九世紀西方殖民主義者如馬克斯所言，「照自己樣子改變世界。」承繼西方霸權之美國還是做這種事。在這意義上，這也便是他們的「傳統現代化」。又美國在十九世紀是與沙俄友好的。俄國革命後，捷克政變後，美國才與蘇俄對抗，現在又進行「和解」，這也好像是「傳統現代化」。

②可是美國仍不能不與蘇俄爭霸。在此爭霸中，如只用「現代化」之意識形態，只有自害。一則，那「現代化」中許多惡劣的東西，如不改掉，美國只有日趨衰弱。二則，如想用現代化對抗馬列主義，只有失敗。因爲韋柏不是馬克斯敵手。馬克斯主義雖是意識形態，但在邏輯上更爲一貫，而外化說有道德意義；而韋柏之形式合理根本是不合理。即以文章而言，看前面所引馬克斯的鋒芒，也不是韋柏的學究，現代化理論之拼湊所能敵。如欲爭霸，美國唯有發展其另一傳統，即卡特就職時所標榜的道德與人權原則。

③美國的「現代化」只足以摧毁開發中國家，或造成反美運動，爲共產主義開路。首先，美

國的行爲是矛盾的。例如，美國人常自豪其自由傳統。雖立國僅二百年，處處保存其傳統。甚至還要保存「五月花」的傳統。而且美國的 Capitol Hill 與 Senate 還是與美國人毫不相干的古羅馬傳統。開國二百年紀念時，以自由鐘爲酒瓶裝飾，英國也送來大憲章原本。可是，美國對於開發中國家，卻不尊重別人的傳統，目之爲保守主義，甚至製造一些親美派（Americanophile），想「變更」別人的「心」，學他們的世俗化。更惡劣的是以其現代化理論，歪曲別國的歷史。蘇俄說美國學界「是華爾街的工具」，美國人不高興聽。美國的學界卻喜歡照自己的想法談別國的歷史和社會，如過去太平洋學會對中共的解釋，二次戰後費正清以「中國專家」自居，改造中國歷史、日本歷史、越南歷史。然美國人如眞懂「東亞大傳統」「大轉變」，何至有今天慘敗？現在聽說費正清還有新著作，那也無非是爲「正常化」作宣傳。黑曼尼所寫的那一套又算什麼理論？這都是滅人之國先滅其史的勾當。對回敎世界亦復如此。最近的例子是美國支持伊朗國王的「現代化」，引起回敎徒的反抗，也便可變爲反美運動。除上期《中華》報導者外，寫此文時，內亂還在繼續中，這只有利於蘇俄與杜德黨。

④然佔人類三分之二的第三世界皆趨於覺悟。技術經濟落後，並非頭腦落後。他們懂馬克斯與韋柏不下於美國人。他們認爲當前世界問題不是無產階級解放，而是無產民族解放。他們日益趨於以自己方式發展，拒絕美化和俄化。本誌六月號介紹《第三世界》一書證明如此，南北會議中他們提出經濟新秩序及最近不結盟會議亦證明如此。

⑤美國人對於中國問題有「正常化」的政策，並與日本共同進行。這也許是由於依據「現代化」的理論，「正常化」合乎世俗化的原理；「環繞無情與功利價值而非禮儀與傳統模式的，合理組織的活動」，一言以蔽之，以中國人爲工具對抗蘇俄合乎世俗化原理。假使如此，列寧在〈共產主義幼稚病〉中，連說了十幾個「利用」，所以列寧是「現代化」的大政治家革命家！

(四) 後　語

一、我作了上面的批評，決無意將美國與蘇俄等量齊觀。在兩巨強並起之日，沒有美國，世界將爲蘇俄所有。縱使不理想，那是較小之害，也就是必要之害。不過沒有美國，也決沒有今日蘇俄，那將是軸心世界了。

我所希望者，是美國放棄其優越感，好好以平等態度對待第三世界，誠實與其合作，始能對抗蘇俄，促進世界和平。這才能爲道義領袖，不爲帝國主義，於是也才能自保。這首先要擴大道德心，放棄世俗化。

二、中國人首先要研究自己的問題，自己的出路。鴉片戰爭以來，中國一天一天的「現代化」了，在一切固有文化破壞之後，清末民初，中國人比西方人更「原子化」了——這就是當時一般人說的「一盤散沙」，一盤散沙也便容易外化了。一般人不知怎麼辦，只知歐化，西化，乃至「全盤西化」，「全心現代化」（一九二九年胡適最初提出的），愈是一盤散沙。一九二七年俄國人假借馬克斯理論，說中國是封建社會，中共必須打破他，實現社會主義。但馬克斯說沒有高度資本主義不能實現社會主義。俄國人說，在蘇俄無產階級領導下可也。中共信之不疑，終於造出俄化的中共政權。

今天眞正中國只剩下一個島。中國是什麼社會？美國學人假借韋柏說，中國是一傳統社會，前現代社會，過渡期社會，應向現代化前進。如何前進，在美國（或美日）領導下可也。我們也有人以GNP計算每人所得，說現在每人平均所得是六七百美金，再過五年，就接近開發國水準了。不知現在他們是三四千美金，而五年後他們將是四五千美金了。今天所謂「現代化國家」除了獨立的科學技術外，還是有其他種種條件造成的。如果那麼容易「現代化」，今天世界上就不應只有「三邊」與蘇俄在他們的表內了。然則中國本來是一什麼社會？由經濟史觀點說，中國早已是松巴特所說早期資本主義社會了。英國也只是十八世紀末進入高級資本主義社會的。高級資本主義社會以工業爲基礎，向前工業國進攻，即是帝國主義。鴉片戰後帝國主義的壓力與手段強制中國落後，使中國不能發展工業，便向半殖民地或次殖民地墮落。日本是經過甲午戰爭由半殖民地而升爲高資本主義的帝國主義者的。於是西方、日本、蘇俄也便都來「化」中國了。此即中國問題的特點，而孫中山先生學說之意義就在這個地方。他要以民族主義將「一盤散沙」的中國人團結起來，以民權主義鞏固團結，以民生主義發展實業而不走西方老路，也拒絕蘇維埃的制度。

研究中國問題應該由此出發，而不是回頭鬧西化、俄化、現代化、資本主義與社會主義、馬克斯和韋柏。更要知道這現代世界是很危險，沒有力量對抗現代化，不被掃光，也將在「層化」下壓得不像人。

三、可是今天此處有些宣傳家自以爲由美國帶回「現代化」的新聖經，抱著莫名其妙的優越感，又只用耳不用眼。於是想當然耳，以爲世間好事，包括「久旱逢甘雨，金榜題名時」都在現代化之內，還要反對民族主義。不知這不過是清末的歐化，民國十八年以後就有人提倡全盤現代化的。又不知美國講現代化的人也不是反對民族主義的（如黑曼尼之文）。又不知這一套日益外化，喪失國性，喪失人性，也便喪失大陸。現在「正常化」來了，我要問問他們：贊成還是反對？贊成現代化除了「適應」之外，還有理由反對正常化嗎？

我們主張民族主義，一個最基本的理由，就是要克服外化的苦痛與危機，返於中國人的立場。用一句英文，即是 Back to Chinese; qua Chinese。不然，中國人只有互相乖離，每一人也只有精神分裂，有如游魂，不會有任何思想學問之可言的。

超越傳統派、西化派、俄化派而前進

胡適之先生的〈發展科學所需要的社會改革〉一文於上期本刊發表後，關於東方文化與西方技術文明的優劣問題，引起了廣泛的重視和辯論。這是一個爭論了百年的老問題，直到現在仍然停留在爭論階段，中國之衰敗，不是無因的。不了解近代中國歷史的青年們，無法從這一論辯中辨別是非，本刊編者為了這個緣故，函致胡秋原先生，請他針對此一問題為文，對年輕朋友有所指引。胡先生來函，表示不願參加此一辯論，却說到他的見解。編者將原函抄稿寄回，並徵求胡先生同意，把它發表。胡先生再作補充，乃有此長信，已相當充分說明他對東西方文化的看法，對中國文化的促進與青年思想的啓廸，相信是有益的。胡先生說：恐怕要得罪許多朋友。我們想是不會的。

《文星》編者附言

小魯兄：

謝謝你的信，並同情你的眞誠與「痛苦」。但因我比你癡長幾歲，我可以告訴你一點事實，並略說我和你不同的看法。你所說的問題是大問題。「復古派」、「西化派」相爭已百年以上。我是在兩派相爭最烈之時開始思想的。最初我認爲兩派各有是非，可以調和。後來我覺得兩派不能自圓其說，且各走極端，皆爲不滿。終於看出兩派都有基本錯誤，而且在理論上實際都有極大害處。我便覺得中國必須在思想上首先拒絕這兩派，以及拒絕由此二派相爭而起的「俄國派」，中國才有出路。這是我在民國二十五年以後一貫之見，曾寫許多文章說過，亦是在《庚子懇談》中說過，並還要一說的。

(一) 論傳統西化門戶之爭爲俄化派開路

文化是人性人力之創造。人性人力本質相同，故文化本質相同。而亦因此，人類文化是人類共有財產。其所以表現不同者，一由外部環境之不同，二由發展及其正常與否。中西文化無根本不同。迄今爲止，中、西、俄三派所說中西文化根本不同，以及西洋學者所說根本不同，無一經得起批評。中國文化在古代媲美西方，所以然者，雙方都在發展。在中古超過西方，所以然者，我發展彼不發展。至於近代，中國逐漸落後於人，此絕不可否認之事實。所以然者，我以閉關，八股之類自縛發展，而他人則以航海及自由思想拼命發展而已。中西俄三派不對中外文化與衰之故作全盤研究，以求發展自己；而只是執著於三百年左右之事，說祖宗如何，西洋如何，蘇俄如何，作終古定論，如是只在「維持現狀」與「同化於他人」之間選擇其一，此所謂錯誤。

又一國與優勢文化相遇之時，發生「傳統」與「外國」兩派之爭，亦是全世界歷史上普遍現象；歐洲、英國、法國、德國、俄國、土耳其，特別是近世亞洲各國都曾經過的。然只有經過一番「新」、「舊」之爭後，進一步發展創造自己新文化的國家，才能自立而貢獻於世界之文明。而陷於此一爭執之中不能自拔者，則新舊並皆空虛，亦永不長進。我們即是如此。此所謂有害。這是我的根本看法。

一國不怕新舊之爭，不怕思想「混亂」（你所說「混亂」乃指不統一而言），怕的是無思想，不思想，成見，亂說，只爲個人或既得利益找口實與理由。「舊」不要緊，兄不是編《民族正氣文選》嗎？《文星》不是印《中國古代藝術》嗎？假如看中國書，線裝書就算復古，那「復古派」就太多了。何況還有許多團體、雜誌、演說在恭維中國文明？「科學」，我想更無人反對。世界上民主集權國家都在提倡科學。中共也在拼命提倡科學。我們又何嘗沒有提倡科學？兄以爲我們有權勢的人反對科學嗎？他們自海通以來甚至海通以前（看《紅樓夢》中多少洋東西好了），就懂得欣賞西洋科學文明。他們非汽車不可，豈肯走路？他們非抽水馬桶不可，還看不起日本茅房哩。他們天天研究科學營養。他們早能用種種「科學工具」、科學方法來對付自己的同胞。至於今日臺灣，早在政府和名流提倡科學之前，絕大多數青年誰不願投考理工？爲家長者又誰不希望自己兒子能得諾貝爾物理獎金？我相信臺灣斷無一人不願今夜就有原子彈。至於一切衣食住行之日新月異，更不待說。因此，臺灣可說個個是「科學派」了。我這樣隨便舉幾個例就顯示許多問題。例如，我們的文化除了古東西（如「古代藝術」）外沒有什麼了。事實上大家都在西方化科學化了，而此「化」主要是找一點舒服與權勢的實用價值，而「科學」也主要是權勢之專利品與裝飾品，不一定對於利國福民之事有根本的成就。此外，也說明，一般人對於中國文化西洋文化是在「擇善而從」，不過，中國文化也確在解體。

一方面看兩派都有；而另一方面看，兩派也都不多。既然是以中國文化，西洋文化或科學爲號召，便當了解之，身體力行之，發揚光大之。然除了在博物館以外，在可憐百姓身上以外，我看不出臺灣有多少中國文化。如謂中國文化在道德，誰覺得今日人與人之間還有多少「古道」呢？想想誠信二字好了。衣冠禮樂早沒有了。如尚有中國文化，或者只有「吃」！但我不承認吃可算文化。當中國人只能以古代藝術與吃自豪於世之時，眞將使祖宗痛哭於九原。說西洋文化也好，但西洋文化不僅科學。就講科學也好，「科學」首先要知科學的本質、精神、方法、價值。一般的人以抽水馬桶、汽車、大砲、飛機、原子彈卽是科學（我不是說不要這些東西）。卽在學界，早有人以爲否定大禹才算科學，中國歷史必自商朝起才算科學。或者，必認「北京人」爲祖先才算科學。或者，看線裝書不科學，他寫篆字卻科學。或者，用「之」字不科學，「的」才科學，有時要「地」才科學。僅僅「她」不科學，有了「妳」才科學。但究竟方塊字不科學，拼音字才科學。然而中國話根本不科學，洋話才科學。哪一國的洋話呢？凡此科學，科學，「多少可笑假汝之名以行」，可以不說了。卽如兄以胡適先生所說是新思想，代表科學者，我要說對他作爲一個文化界前輩，我應有敬意，他一貫站在自由主義立場，我尤有敬意。但對他談東西文化，我贊成之處很少；他談學問或科學方法，我以爲全屬誤解或不相干。至於他最近在《文星》發表的一文，接兄函後我才看了。首先我以爲文不對題（題目是「社會改革」）。這不重要。以內容而論，他說西方文明亦有其理想主義及精神性，東方人並無理由以精神文明自傲這兩點，我都同意。但此外全文推論和議論，大都是站不住的。因爲他將文明、精神、科學、技術、價值安全混爲一談，並在內部邏輯上缺乏謹嚴和一貫。例如，他問老叫化婆子死在貧困裏，臨死唸阿彌陀佛，有多大精神價值可說。但我想也許美國百萬富翁死時也唸「嘎德」，也許愛因斯坦死時也唸過「耶和華」。我以爲問題不在此。唸阿彌陀佛與耶和華沒有多大精神價值區別可說。又如，他說文明工具是觀念在物質上表現。這話如稍加限制原不甚錯，但馬上跳到坐東方舢板的哲人沒有理由藐視他頭上坐噴射飛機的人。他的意思顯然是那坐飛機的卻有理由藐視那坐舢板的。如果「觀念」是如此講法，則表現在俄帝噴射機與人造衛星和美國噴射機與人造衛星上面的應該是同一「觀念」；而俄帝的還大一點，則俄帝的「觀念」豈不尙高於美國一層乎？如坐噴射機或有噴射機卽有權驕人，則我們豈非只有對那炫耀超級核子武器的赫魯雪夫的「精神文明」甘拜下風嗎？這將與胡適先生的本意相差好遠？這正是一百年來流行於我們思想中的，素樸的，純實用價值主義的科學觀。一八六五年李鴻章說，只要有火輪船開花砲二樣，中國就好了。這種素樸科學觀在民國十二年更由吳稚暉先生發揮得登峯造極，淋漓盡致。然這正是誤解科學和降低科學價值，不但世界上斷無一個有資格科學家能夠首肯，恐怕一個普通有敎養的西方人也不會同意。而正是這種素樸科學觀日趨庸俗，是使我們科學窒息，不能進步的一大精神原因。因爲科學之所以爲科學，正是廻避急功近利的。

我說兩派相爭最烈之時，指民國十年至民國十三年之間。但不論當時一般理論水準如何，中西文化問題已提高到哲學討論階段。而且，很少人身攻擊。當時「復古派」、「傳統派」中固有兄所謂頑固派，然而也有梁漱溟先生已發表〈東西文化及其哲學〉，說文化本有三種基本態度；有柳詒徵先生陸續在雜誌上發表〈中國文化史〉；還有學界老前輩梁啓超先生（他青年時代是西化派，晚年傾向傳統，亦始終保持自由主義精神，他不是他以後的人所能及的），啓發青年好學求知的精神。主將是張君勱先生，他介紹第一次大戰後歐洲哲學。在「西化派」、「科學派」方面，爲首大將是丁文江先生，他的武器是馬赫和皮爾生，代表歐戰前最新科學方法論。胡適先生是一位急先鋒。眼見敵不住，幸有押陣大將吳稚暉先生。所說無他，人生本來一團漆黑，而科學確鬼斧神工。這是很膚淺的，然卻充分發揮了「科學」的宣傳效能。由這篇文章發動的游擊戰才博得科學派的上風。所以胡適先生不得不佩服吳先生是顧炎武以來中國四大思想家之一。而這時原爲西方派總帥之陳獨秀先生則已變爲「中共家長」。他用歷史唯物論對兩派加以「教訓」，雖左袒科學派，但說其不濟事，科學派也似乎啞口無言。我當時是一張白紙的十四歲的青年，看了這些文章常對人說「陳獨秀應考第一」。如謂我當時年輕沒有見識，今日《科學與人生觀》在圖書館還找得着，大家將文章看後，拋開政治觀點不論，純以內容論文章論，必能同意我這句話。而就在這一年，國民黨也進入聯俄容共之局。當時國民黨最有學問的人如朱執信、廖仲愷、胡漢民先生等紛紛談馬克斯主義，更不必說戴季陶先生了。何也?

這故事是非常深刻，廣泛，嚴肅而可悲的。中國文化在鴉片戰前早已出了毛病。不過遇到西方文化之東來，毛病更爲顯著，此可稱「中國文化危機」。新文化運動是這危機之表現，亦克服危機之努力。而不等到這危機之克服，西洋文化危機也暴露了。西洋文化毛病也早已發生，不過第一次大戰後，更爲顯著。如是五四（五四與新文化運動不是一事）以後中國人遇到一種「二重文化危機」。馬克斯主義者，乃出於西方文化而對西方文化作猛烈反叛的。而俄羅斯帝國主義者，又是久欲取西方帝國主義而代之的。如是俄國共黨便利用馬克斯主義，加以歪曲，乘中西文化之危機與衰敝而起。這是一絕大的破壞力量。而這是全世界各民族，東方與西方（俄國不是東方，如今日西人仍在亂說者），都應努力克服自己的文化危機，一面向前發展一面大家合作，才能對抗的。而這一問題對中國人尤爲嚴重。海通以來，我們遇到中國「三千年來未有之變局」，我們不向前發展，只糾纏於新舊之爭。亦因糾纏於新舊之爭，也就不能向前發展。如是日益衰敗下來。大戰以後，是世界「三千年來未有之變局」了。我們還只有「復古」、「西化」之爭。卽使孔子復生，也不能(我想也不會)用他二千多年前的一套來應付這二重變局，何況我們不如孔子？卽使現代西洋人也不能照其現狀來應付這一變局，何況只學西洋，而且又不眞學？所以，「復古」、「西化」這兩塊招牌，儘管用意都很好，都是抱殘守缺。復古派守自己之殘缺，西化派代守他人之殘缺。殘缺歸於殘缺。楊墨之爭，只有徬徨。而「二者選一」，必無創造。我們因殘缺而空虛，因無所創造而眞空。大家都無出路，而社會主義高潮來了。如是或者以為社會主義旣「復古」(禮運大同！)又「科學」(科學社會主義！)。或者以為中國多年來西化無成就，於今在蘇俄辦法中看出中國之模範，不如「俄化」。或者以為復古西化之理論，不如馬克斯主義更能給人一大的世界觀。如是中國智識界便逐漸成為馬克斯主義，社會主義，因而成為共產主義之俘虜。中年如此，何怪青年？我們不可以認為最初傾心於這些東西的人一定是愚蠢者，他們都是中國最富於理想的人。只是理想不足，不能了解俄國一套是一種大病而非治療耳。我們亦要承認「復古」與「西化」亦曾在一定時間發生安定人心因而阻止共產主義擴張之效能。然這不是說明這兩套理論有永久的功效，而這是事實業已證明的。昔孟子曰，「能言拒楊墨者，聖人之徒也。」孟子之能拒楊墨，並不是靠孔子之老套，而是他能對孔子之學說加以發展，才有新力量。兩派不向前發展，終於是俄國派勢力之日大。如是「復古」、「西化」、「俄化」三者相爭，使中國人民精神肉體日趨分裂而瓦解。最後中西皆敗，歸於俄派之勝利，而有今日。

老實說，以當時中西兩派理論水準而言，如充分合作還勉強可以抵抗一下馬克斯主義。而任何一派，不是馬克斯主義對手，何況相爭？所以結果更只有爲俄國派——中共開路。今日兩派水準不如過去，而在臺灣還各有天下者，俄國派或共奸沒有機會出現而已。以上所言，凡認眞的在思想上經過二十年代與三十年代世界與中國思潮變局的人，或者都能同意。至少就我個人而言，我是在民國十三、四年間看了中西兩派和馬克斯主義的辯論，覺得後者有一日之長因而傾心馬克斯主義；幸而我還能不陷於任何一派窠臼，才能自由的對中國、歐洲和俄國的歷史文化及其相互關係的大背景加以研究加以批評，然後，才能拒絕馬克斯主義社會主義；因此也才悟到必須由中西俄三方面的批評研究，向前發展和創造，才能眞正獲得中國精神的獨立和自主命運的能力的。而這是我想在《少作》自序中細說的。

但民國十二年左右，大家討論總還是眞誠的。今日可嘆者是連當時的眞誠都沒有，除惡罵外，只有虛驕空洞的門面語。一個說，中國文化雖無科學，卻有精神。一個說，中國文化因無科學，也就沒有精神可說。表面上，一崇拜古人，一崇拜洋人。骨子裏，恐怕都不免崇拜洋人，但不是洋人的學問，而是洋人的噴射機和原子彈之類，則亦同爲勢利而已。不同者，也許「復古派」「傳統派」口中復古，心中崇洋。而「西方派」「科學派」在中國說「洋」，到外國又只能說「古」。最可惜者，他們在中國並非一無憑藉之人。至少在敎育上都是「實力派」。他們不注意二十世紀最大一位科學家關於論爭所說的金玉之言：「理論之多，紙筆難盡，但任何人都當承認兩件事情，一是自我批評之良心與理論戰鬥上的忍耐，二是對於學問上敵手之人格之應有尊敬，而最後，『拿成績給你看！』」信如是總可使自由中國既有國粹之發揚，又有科學之發展，而免於「文化沙漠」之譏。而他們都將沙漠化的責任歸咎於對方。照我看，雙方是藉對方之存在而存在的。有我們之復古派，才有我們之科學派。有我們之科學派，才有我們之復古派。如中國有眞正的復古派和科學派，也未必是標榜得最爲熱鬧者。他們的爭執，似是淸末八股先生和洋務先生辯論之延長，各爲其方便，各保持其現狀而已。這不是學術論辯，至少不如我在中學生時代所見的水準。此種辯論，恕不參加。

（二）論兩派論點多不顧事實，並在中國社會解體中合演文明戲

寫完此段，再看一次，仍覺意思不甚淸楚，再說幾句。

認眞而言，沒有一個國家可以去掉自己傳統的。此則傳統派自有其理由。但傳統有好有壞，亦並非一成不變。中國在亞洲屹立數千年總有道理。而近代不如人，至於今日，亦總有其道理。此言之甚長。但可以指出：漢之傳統不是秦之傳統，反之，漢之所以爲漢，正是以秦爲鑑而另立傳統，也就是發展好傳統的。唐之爲唐，也是以六朝及隋爲鑑，而發展新傳統的。以後宋明傳統亦有好有壞，而宋末學者，尤其是明末幾位大學者，都對壞傳統有透徹批評，因而對新傳統提供

圖案。然而清人入關，厥後西力東來，展開一個工業的，資本主義的，列強鬥爭的國際環境，至於今日又有一個共產與民主兩極抗爭的國際環境。要談傳統，一定不是壞傳統。所謂壞傳統，還不只小腳，而是一切勢利主義的傳統，不將人當人的傳統，務使其民愚弱之傳統，官家萬能的傳統，武力萬能的傳統，智識分子不自貴重的傳統，特別是明清以來閉關、八股、太監、親貴的傳統。要講傳統，一定是發展好傳統。至少，首先一般的要言行一致，保持仁義忠恕之風，在學問上以對學問的眞誠，以天下安危民生疾苦自任之誠意，研究過去及現代興亡盛衰之故，研究當世之事，當世之學，使中國人的聰明才智能在現代世界環境與標準之下，發展出來，建立一個配說是中國的新中國，一個現代的富強文明之國。此與西方派也並不衝突。過去未能如此，今日也還不遲。此種研究，不一定即有現實結果。然總能有益於今日之垂亡，未來之復興。否則，專說祖宗萬能，一若他人不知，因而不肖，算什麼一回事呢？祖宗縱萬能，其如我們無能何？須知古不可復的，時間一去不復回，人不能還童，民族也不能復古。因此，不是保守任何傳統，而是鑒古知今，廣知益智，向前發展和創造新傳統。然我們復古派或傳統派不措意於正途。在過去，不是專門保持現狀，便是一味注意所謂新派之流弊。時至今日，目標愈來愈小，專門熱心於反胡適。理由呢？新文化運動卽五四運動，這運動除了提倡科學民主外，又主張自由主義，個人主義，打倒孔子，用白話文，廢文言文，這樣一來，共黨就來了。這領袖或「罪魁禍首」卽胡適云。然這一串話連起來，就全非事實，全無根據。當然，我知道今日傳統派朋友中，並無反科學者（此點似乎只是科學派誤會），亦有很多主張民主自由者，且並非一味復古，多有對中國歷史西洋哲學極有研究者。不過亦有因反對自由主義和五四運動，主張尊孔與文言而反胡適者。且對這一派論點略言事實。

第一、關於自由主義與個人主義。我以爲自由主義個人主義如不故意誤解，而指個人人格之尊嚴與權利之不可侵犯，指個人之獨立，理性的態度，思想之寬容與創造之意，則這正是孔子思想孟子思想，亦卽中國文化命脈。這也是人類的思想，斷非西方專利品。卽使是西方自由主義，也不是由胡適先生開始輸入，而是嚴復、梁啓超以及孫中山先生等早已輸入的。而如果中國沒有自由主義個人主義傳統，那麼，中共眞可以征服中國。正因有此傳統，中共統治才不會永久有效。關乎此，我在其他書文中詳細說過。這沒有什麼可反對的。老實說，反對自由主義正是反對中國最好傳統。而反對一切傳統，也必然反對到中國的自由主義。

第二、關於新文化運動與五四運動。新文化運動卽不從徐光啓或林則徐、李善蘭算起，也應從鄭觀應算起，他才是第一個談民主與科學的人——也是康有爲、孫中山和張之洞的總老師。嚴復，梁啓超之爲新文化運動倡導者更不待說。至民國以來的新文化運動，以《新青年》爲中心，此始於民國四年；正是袁世凱康有爲張勳之流陰謀帝制復辟，而以「孔教會」爲陰謀招牌時代。《新青年》乃對抗此烏煙瘴氣而起的思想運動，主張愛國、民治、科學，反對「孔教」（不是孔子）亦卽反對復辟和帝制。《新青年》的中心人物是陳獨秀而非胡適。當時主張尊孔和文言者攻訐目標是陳獨秀。如是陳作答辯，謂其積極目的在維護賽因斯與德謨克拉西。要反對新文化運動，應當討論中國要不要德賽二先生，意卽不必節外生枝。他其所以如此說，卽是德賽二位，還是當時國人之共信，而這也不是他才提出的。至於胡適先生，態度還要穩健。他在民國八年十二月〈新思潮的意義〉一文中，說陳獨秀「擁護德賽不能不反對國粹和舊文學」的話，還太籠統。新思潮的根本態度，只是評判的態度，而任務只是研究問題，輸入學理，整理國故云。陳文在五四前五月，胡文在五四後七月。皆根本與五四無關。當然，五四運動之擴大自因有新文化運動爲思想之準備，如孫中山先生之所云。然此運動純因抗議山東問題之外交失敗而起，其首先發動者是山東人，東京留學生而非北京學生。他本身是一反日的愛國的國民運動，一青年自發運動，無所謂領袖。今日所傳領袖，至多不過是活動分子，而與陳胡二人亦無直接關係。此與孔子及白話問題亦不相干，甚至山東爲孔子故鄉，是當時收回山東理由之一。而當時一切文件，也是文白並用，才發生普遍影響力的。然則新文化運動與五四運動還有可反對的理由嗎？我還可以就我所記得和知道的略說胡適先生的主張。他在《新青年》寫文，始於該誌第二年。開始是一篇翻譯小說，第二篇是通信，以後有白話詩和〈留學劄記〉。再才是〈文學改良芻議〉，爲白話文奠立理論根據。此後介紹實驗主義和易卜生，主張戲劇改良。到上述〈新思潮的意義〉，則前期《新青年》已快結束了。而全部文字中，白話詩詞和翻譯小說實佔多數。到民國九年，陳獨秀成爲共產運動領袖，《新青年》遷滬出版。胡適先生不贊成。此後他主要致力的是用他所謂的科學方法整理國故，包括考證小說和「打鬼」（國故卽鬼，小說除外），反對玄學，又一度多少傾向社會主義。北伐以後，主張人權立憲，主張全盤西化，表示反對共產主義。九一八後對抗日問題態度甚爲持重，而在民國二十四、五年間德義政治思想風靡全國，許多美國留學生也不能自持之時，依然主張自由主義。不管這些文章內容如何，此究與共產主義不相干。共黨之興，另有來源。而在陳獨秀成爲共黨領袖之後，他率領許多人主張西化，實與復古派同有安定思想之功。上說兩派終不能禦共，乃指不能有進一步理論成就而言，而這一責任，是大家的。

第三、關於批評孔子與白話文問題。許多人以爲孔子神聖不可侵犯。其實孔子就希望有人批評他。而世界各國亦皆有其孔子。近世西洋各國所由興，卽彼等不斷有孔子出來。這是由於他們對其前後孔子都可批評。中國之不幸，就是孔子以後，孔子太少了，時至今日，沒有半個孔子。批評孔子何至亡國呢？東漢之初，王充卽非孔刺孟，無礙有燕然山銘。南宋末，尊孔尊朱亦至矣，無救崖山之役。民國以來，使孔子倒楣者不是新文化運動，而正是積過去皇帝們貌爲尊孔，以及當時袁世凱、張勳和康有爲之「孔教」運動之反動。就說新文化運動罷。當年在《新青年》上反孔最力者既非陳獨秀，更非胡適，而是易白沙、吳虞、錢玄同。此三人者，皆不識洋文之人，且皆爲近代中國今文古文兩大派經學大師之大弟子。至於胡適，不過在《吳虞文錄》序文上說了一句，「介紹隻手專打孔家店的老英雄吳又陵先生！」大概當時胡先生正研究《七俠五義》和《兒女英雄傳》，而中國素有「子曰鋪」之口語，乃有這麼一句話，如是而已。但應該說到胡先生還寫了一篇〈說儒〉，可說是非常恭維孔子的文章。再說白話文。近世中國白話文萌於唐，盛於宋元，而大成於明代。此都市生活發展之產物，並非印度影響，如許多白話文學史家所亂說者。推崇白話小說與屈原太史公並列者始於李贄、金聖嘆。明亡以後，許多志士以白話作反清利器。清末革命黨人，國民黨人亦利用白話宣傳反滿，一時白話報甚多。民國以來，第一個主張並實行用白話寫文藝者是黃遠庸，早於胡先生提倡者二年。陳獨秀就否認白話文是胡陳提倡出來的。還有文言文問題。第一個使中國文言文由六朝體解放者是韓愈（當然以前還多），誰也知道，但第二個使中國文言文由古文體解放者是王陽明，則大家忽略。陽明以後，文言文已入明白曉暢一途，是一偉大進步。明人之學，上過唐宋，下過清朝。清人不學（明末諸子非清人），妄譏明人（民國學者又多附和清人）。其實清人一點考據之學，乃抄明人之書起家。清人又笑黃梨洲文章不文不白，而不知此正文章進步之途，而清朝一代文言文正宗之桐城，亦襲自歸有光，然實則襲其形而失其神，終於買櫝還珠的。此後梁啓超始再對桐城爲解放，而白話文亦同時而起。由此可見今日之語體文正文言文進化自然之勢。試問今日要恢復文言文者，恢復什麼文言文呢？商盤周誥乎？太史公與揚雄乎？庾信乎？燕許大手筆乎？韓愈歐陽修乎？陽明以後者乎？鄭孝胥梁鴻志古人詩也，無礙爲漢奸。楊度章士釗古文家也，無礙其效忠共黨。則文言白話不足定忠奸，亦可知矣。復古派諸公不研究這些事實，將新文化運動，五四運動，打倒孔子，發明白話，乃至於促成共禍，一齊寫到胡適帳上。此在胡先生可謂不虞之譽，而復古諸公又何其能力薄弱而又不分皂白也。夫孔子者，二千餘年尊之不足，而胡適一聲打倒有餘，則尊孔諸公「衞道」之本領亦可知矣。而但能處處孔廟，人誦四書，恢復文言即可富國強兵而滅共，又其誰信之？我不是說胡適不可批評，任何人可以批評任何人。胡適先生主張批評態度，也不知道他批評過多少人。我曾在三十年前批評過他，也許還要批評幾句。但批評應基於事理。如所謂傳統派僅以反自由主義，反白話及尊孔之類作爲批評的動機與理由，則既無益於國家，只自損其信用。而西化派之優勢與胡適先生之盛名，正是靠這一類批評及其造成箭垛之故。

再說西化派或科學派。西洋文化有其極大成就，否認此點必須文化盲目而後可。科學，即使是噴射飛機，也應該歡迎，亦毫無問題之事。此則西化派科學派自有其理由。但必須知道西洋文化亦是一種傳統。這一傳統中也有好有壞，決非盡美盡善至高無上的東西。壞傳統中舉其大者，奴隸制度，十字架，異端審判，宗教戰爭與巫術迫害，農奴制度，童工制度，王權神授與朕即國家，殖民主義與帝國主義，種族主義與凌遲，以及其他各種各色的勢利主義。還須知道，馬克斯主義與社會主義也還是道地西方文化。其次，即使說人是 Homo Faber，畢竟由於人是 Homo Sapiens。即使說文明工具是觀念在物質上的表現，西洋文明還有觀念的一面。今日西洋論文明者，斷無一有識之士以其文明工具自傲，假使如此，他們與俄帝不過半斤八兩而已。恰恰相反，他們頗羞於以「文明工具」自豪，而以西洋文化存在之理由在人格觀念，理性觀念，在自由與民主。而這些人，並非宗教家與玄學家。唯其是大科學家，沒有一個人講光桿的科學萬能，或科學至上的。此點我最近正在《民主潮》中略加介紹，然不過九牛一毛而已。第三、民主也好，科學也好，亦斷非西方的特產或專利品，他們並非天生的民主國家，科學國家，不過在一定時期加以發展而已。他們的成就很高，亦無問題。如認爲他們成就好，不是讚嘆崇拜可了，而是學習之，獲得之，征取之，發展之。就說科學罷，爲了發展科學，我想第一要知道科學是什麼（此將略說於後）。其次要知道各國科學由何而來。第三要研究我們科學不發達之故。中國自曾國藩於同治四年（一八六五）就提倡科學（這是當時全國朝野第一事），北洋亦非不提倡，至國民政府更極力提倡（熱心至於停止文法科，專辦理工，大家不記得而已），何以如此提倡百年，至今還在提倡，還要提倡之故，必須切實反省。再近世西洋各國科學並非從來就發達，亦非如一般教科書上所說由希臘傳統來的。他們的科學自古由東方來，近世科學首先是向阿拉伯與土耳其人學習，繼而由哲學研究而解放思想，由航海與工商事業而發展民力，最後由許多學者和學會，不慕榮利，專心致志，苦心研究奠下基礎的。這首先是義大利人、西班牙人、葡萄牙人、荷蘭人開先。其後英法諸國作更有系統的努力。德國在十九世紀初科學落後，而在下半期，一躍而居世界之先。美國在十九世紀只有技術，在科學上仍是歐洲學生。然至二十世紀，科學在第一流。日本在同治年間，其維新派還要看中國維新派的譯著。二十多年後，打敗中國。再過十年，打敗俄國。卽在今日，日本人在世界技術水準上，一般在第一流半，若干在第一流，是不可否認的。凡此各國科學進步之故，各有條件之大同小異。然而原理亦與義大利相同，卽在一般學問研究中，乃至於在哲學（玄學！）與社會科學進步中；在工商事業發展中；在政府、社會、學界三方面竭誠合作，舉國認眞，一方面不惜工本，集中人才，同時在教育制度上、課程和師資上、培養人才的各種堅實努力中；最後，都擇定科學最發達的一國或數國爲「假想敵」，一面向他學習，一面務求出奇制勝的競爭中；步步發展起來的。沒有一國科學是專門發展自然科學而成功的，沒有一個國家科學不是集體努力而成功的，沒有一個國家科學不是打好基礎長期努力而成功的，沒有一國科學是甘居人後而成功的。有了人，才有科學。一國科學之發達，自有其社會條件。這包括兩方面。一是學術界之外部。工商事業必設法發達，天天對學術界提出問題，供給實驗機會，而政府以及社會也對學術界給以莫大的熱忱鼓勵與物質援助，接受他們的建議而作一切必要的興革。而除了對學術界提出希望和問題外，決不加以「督責」，而同時必使學界享有學院的民主與自由，不能有任何威權教條，擾亂學者的精神。另一方面是學術社會的內部。這裏沒有貴族與特權階級，沒有一切因血統、地域、宗敎、年齡、資格、黨派或其他任何畛域而生的歧視，只憑學問，憑才能，憑成績，而任何人亦可憑其成就得其應有之尊榮。要而言之，整個社會除了王侯將相，百萬富翁之外，還有一大價値標準：以學爲寶，以賢爲寶。此卽人才主義，公平主義。旣然科學是可愛的，可貴的，他不是廉價的，可以敷衍，但供宣傳的；而當以伺侯名馬，培養名花，以及聚珍求寶修道之道對之，眞心實功以求之的。今蘇俄以獨裁國而以第一個發射衞星國震動世界，情形與民主國家似乎有異，然其所以有此本領之表現者，在自然科學的技術這一領域的情況，也還是大同小異的。（如蘇俄自革命以來，即重用客卿；又即在史達林時代，米格機之設計者即係一沙俄貴族軍官，並非共黨；享受極大精神自由乃至物質奢侈。）我們既要發展科學，至少應該研究各國發展科學的條件，同時反省自己提倡不起來的原因，然後改弦易轍，變虛爲實，並就今日自己的情形，確定可能目標，充實必需條件。此古人所謂「臨淵羨魚，不如退而結網。」有力量結網的人不去結網，天天高談濶論，說魚好，一若他人並此不知，因而「反動」，又算怎麼一回事呢？我聽過四十年來中國西化派科學派的議論。我愈聽愈覺得對他們不能附和，正如對復古派之不能附和一樣。這便是因爲他們也一樣的包含許多錯誤的觀念，既不措意於正當的途徑，而且也不能符合自己的主張。

第一、最不可接受的，是西「化」之說。正如古之不可復，中國不能西化的。西化者，變成西方國家之意。中國的情況，環境，問題與西方不同，如何能「化」呢？「全盤西化」之說更不可解。這也許是「打倒帝國主義」之反動，然他也有「西方殖民地化」的流弊，都是過猶不及的。且西方國家多矣，又「化」爲哪一國呢？或曰，西化者，現代化，科學化之意。然而還是不清楚的。這不是名詞問題，而是觀念問題。須知問題只在發展中國人聰明才智，發展中國的文化到並世諸國的水準。如中國人無此能力，「化」也「化」不成。如有此能力，學人之長，以益自己之長夠了，焉用化爲？孔子說見賢思齊，說得再好沒有。趙武靈王胡服騎射，未說胡化。近代世界各國亦多取法他人智能，解決自己的問題。福祿特爾留英歸國，主張取英國制度精神改革法國，並未主張英化。繼而法國科學發達，至十九世紀初，爲歐洲之冠，而英人反須向法國學習。而德國一意獨立，戛戛獨造，尤爲世所知。卽以美國而言，其思想制度，本於英法。使美國開國諸賢之志僅於英化法化，尙有今日之美國乎？須知西化與復古同爲閉關。復古是要將我們閉入古關之中，西化是要將我們閉入西關之中。都是要將我們固定在一定之時空，不能前進。當年胡適先生在《新思潮的意義》中主張「養成一班研究的，評判的（按卽批評的），獨立思想的革新人才」，又云，「新思潮之唯一目的是再造文明。」這說得何等的好。然「西化」或「全盤西化」，是什麼獨立與批評呢？能批評中國傳統，固然是好漢，但也要能批評西方傳統，也才算好漢。所以我以爲胡先生之言，實今非而昨是也。

第二、胡適先生在那篇文章中又說，要「研究問題，輸入學理」。這原則我亦贊成。事實如何呢？問題研究，將論於下。介紹學理者，當指西方文化研究、哲學、科學、史學之類。然該文發表至今凡四十二年，西方派所介紹學理似乎太少。西方人講西方文化著作似乎沒有什麼介紹，如有之，不會將西方文化與科學畫一等號。誠然，介紹了杜威。杜威先生是一大哲學家，對此哲人與中國好友，我深懷敬意，但他既不能代表美國哲學，更不能代表西方哲學。而他最好的作品也沒有介紹過來。史學也一樣。那麼就說科學好了。科學之中，就說胡先生一向提倡的科學方法好了——我所指的卽「大膽假設，小心求證」，以及清代考據方法卽是科學方法等。這就是我在前面批評爲全屬誤解或不相干者。簡言之，一則，科學字典中斷無大膽二字。二則，我們科學派所了解的假設求證，是一件件的具體事實的假設求證。此乃猜謎，正科學之反面。蓋科學是系統知識，以系統的概念與理論思考，窮根究柢以求普遍性的原理與〔因果〕法則的。人類之所以必需科學，正是爲了避免猜謎之煩。至於謂清儒考證卽係科學方法，純係誤會，此誤會殆由此一過程而來。先是章太炎先生推清儒綜刑名，任裁斷，有樸學風。梁啓超先生謂乾嘉諸老實事求是有科學精神。至科學派則逕謂清代學者之方法「卽科學方法」，唯材料不同而已。此蓋以清人之考證方法與西方「科學的史學」視爲一事。西方所謂史學之科學方法甚多，如巴克爾，馬克斯，蘭普列希特莫不自謂其方法爲科學，然皆與考證無干。故所指者當爲起於德國蘭克之正統的「科學的史學」及其批評方法，亦十九世紀歐美均奉爲圭臬者。此批評學派之批評方法，國人以其近於考證，譯爲考證方法。殊不知德人所謂批評乃以各種補助科學、關係科學以確定文物及文獻本身及其內容之眞確性，以決定「的確曾經發生之事」者，其範圍實較清人考據之文字之訓詁，版本之校勘以及辯僞輯佚之類爲廣。然此批評方法並非史學方法之全部。史學非批評不能開始。然批評以後，尙須綜合。批評僅綜合之「小學」。由此可知清人考證爲一事，而近世史學上之科學方法又爲一事。梁啓超先生深知此一區別，故對德人之「批評」，僅稱爲「審查」，稱爲「鑑別」，而不稱爲科學方法。梁先生並謂歷史上之因果與自然科學上之因果，根本不同，蓋後者遠爲複雜。梁先生之言，實較中國科學派之言，更爲科學。然在科學派宣傳之下，均以乾嘉式方法爲科學矣。由於我們科學派在科學方法上，以及史學方法上有這些致命誤會，故日言科學方法，結果不但無網可結，但畫魚充饑而已。而我所說這些誤會，還是就十九世紀西方科學知識水準而言。到了二十世紀，特別是第一、二兩次大戰以後，西方人針對自己的哲學、史學，「重新估定價值」，較前世紀尤有根本反省或重大進步。就史學而言，所謂「科學史學」已發生根本動搖。我們西方派對二十世紀科學新研究更輸入甚少。是的，我們有原子爐。但此爐是教育設備，造不出彈的。唯其是教育設備，當知原子科學之由來。這正是二十世紀科學理論幾乎全部改觀的結果。而我國科學派甚少輸入這些新的學理。是否大家能讀原版書及專門論文報告，即可不翻譯介紹呢？老實說，今日科學理論都涉及哲學與玄學，非教科書可比，非一般大學生研究生都可看懂的。而不使一般進修青年都能掌握今日科學理論，科學是不能不斷進步的。是不是一般青年之外一般科學教育領導者都留心這些新研究呢？由我們流行一般科學八股口號，則似不盡然。是不是西方科學消息絕無介紹呢？不，我們天天介紹科學新知，具體的，趣味的，奇技淫巧的消息，非不靈通。然那些具體科學結果卻有其來源，此即高度抽象的系統的思考。一般人每以我們科學不發達，由於我們這民族太空想，不實際。實則完全相反。我們太「實際」了。然如果一方面滿足於十九世紀口耳之談，一方面驚奇於他人日新又新的淫巧奇技，則我們永無科學，必矣。這有賴於科學派輸入學理。不幸正如許多傳統派不重視眞正傳統一樣，許多西方派科學派不輸入西方的學理，而輸入的，卻又並非眞正的科學。

第三、然則大多數科學派所熱心研究的問題是什麼呢？還是「國故」（此章太炎所立之詞，有包括國粹國渣之意），亦卽傳統！當年胡適先生曾爲北大《國學季刊》寫一發刊詞。我手頭適無此項材料，但因是我中學生時代讀過的，還記得大意是說，要由科學方法研究出幾部中國文化史來，如政治史，科學史之類。這是一篇很宏大的計畫。我想中國科學派研究問題，整理國故，最當致力之一事，莫如集體的寫一部中國科學史出來。然而迄今爲止，除了兩本《數學史》（一位李先生，不算正式科學派，一位錢先生，中央研究院出版）外，日本人零碎寫得不少，而從事洋洋大著的《中國科學與文明》（共七卷，已出者我只見三卷）歷史研究者，竟是一個英國左派生物學家！而甚至於，十年之間中共也出了許多中國科學史書籍，雖然只是通俗性的。我們當然也出了許多書，但比起那洋左派，不可謂不懶。或者有人以爲這不能專責科學派，大家有責。但我要說，今日西化派，科學派在政治上不是統治階級，而在教育上，學術上可謂統治階級。至少他們研究學問條件，非其他「寒儒」可比。何以成績不高呢？一來也許成了統治階級。二來目標和方法都有問題。他們以爲整理國故卽是打鬼，卽打倒一切傳統。如是，他們感覺興趣的，只限於打鬼有關之事，只限於有「革命性」的。例如，他們勸人，王充是必讀的，而太史公則不必讀。我想王充是當讀的，但不讀太史公，還會有史學嗎？十四世紀以前，甚至十八世紀以前，全世界史學家誰可比肩？革命固然要緊，學問（史學）上這一偉大建設不當注意嗎？我們固然有小腳傳統，然如對還有更長久的自由主義的傳統，不應値得科學派的注意嗎？也許，在若干科學家看，將一切傳統打倒之後，才好西化。不過，一切傳統破壞之後，結果不一定是西化啊！由於目標如此，如是西洋的批評方法在確定事實者，我們的考證方法，在務求在閻若璩之後，發現其他僞書，以證明中國歷史之僞造或「層壘僞造」。因此，研究禪宗，在證明禪宗世系是僞造的。到巴黎抄敦煌卷子，是爲了證明神是會說謊的。我不說這些事一定無意義，但這總不是唯一重要的事。雖然如此，有許多「傳統」是不可不擁護的。例如，第一、戴東原的傳統。《水經注》本身不重要，趙戴官司重要，於是楊守敬也就不行，他的書也就不必出版！第二、北大的傳統。因此，北大是哪一天開學，是史學大問題。第三、留美學生的傳統因而留學生名單，至少也比楊守敬的書重要。但一切傳統中最重要傳統尚非此三者。那便是——

第四、白話文的傳統。於是，我國西方派，科學派最大的熱心，可謂日益集中於此一事。白話文運動的推進，是胡適先生主要功績所在，這是無疑的。小說考證，標點，詞選亦有其意義。即使是古色古香的脂硯齋古本《石頭記》之影印，也非無意義。不過這未必卽是科學。當然，各人有各人的「好癖」。此則別人有時看點律詩，寫兩句駢文，乃至寫點七言八句，說不便於用白話說出的話，亦無礙天地之寬，一定「墮落」到什麼地方，我也不信。要緊的是思想。壞思想可以用文言表現，也可以用白話表現。當然要人懂。但世界許多道理無論用什麼白話寫，也不一定是讀書識字之人都能懂的。我能了解白話主義者的好動機。一是新文化運動以來的一種老說法，文言文是死語言。次則以爲科學不發達，在有文言之障礙。我要說這兩論全無根據。語言文字與思想或工具一樣，有的死，有的不死，或者，花樣翻新而永生。因此，文言白話可因兩極化過程而區別，而一般而論，只有程度之差，並無絕對區別。例如，太史公的語言，我們幾乎天天用到。（兄不信，我當面一談即知。）又因中國語爲單音語，二字成詞，四字成語成爲必要，而四字成語，多是文言，而實際亦是口語。（此例一想即知。）至於科學，尤其是自然科學書，主要是用符號的，而其文字，無論何國，都不一定是他們的「白話」。我們的科學書其所以半文半白不像白話小說者，恐怕是由於科學文體的必然要求而來，不一定是復古派的反動。中外法律條文，條約文字，亦頗有同類情形。許多很可敬的朋友對這些問題不願仔細一想，基於白話正統主義，便與文言正統主義達到同類武斷。如有人說，文言白話是兩種語言。還有朋友說，白話文用不得「其」字，用之，即不「雅正」云。這些話實無根據，然因說者有名，又據說是科學觀點，也有人相信。但區區之意，所謂兩種語言，在一般情形下，指兩個民族的母舌之意。喬塞、莎士比亞，甚至斯密與穆勒，與每日前鋒報文字相互都有點區別，算不算幾種語言呢？美國太太的語言，與甘迺廸的國會咨文也有點文白之別，是否算兩種語言呢？今日美國報紙雜誌文字，海明威的文字，與愛廸生的文字頗爲不同，是否不同語言呢？須知世間根本沒有純口語文，文章總須將口語鍛鍊，如是便參入了文言因素。這就是我所謂二者無絕對區別之原因。至於「其」字，我看根本在語言中少不得。我隨便舉一例子：「其他」。雅正的白話怎麼說呢？還有方塊字的問題，鬧了三百年以上。民國以來，也不知作了多少試驗想去掉他，最近又有朋友重作此議，而引一法國人的話爲證。我不知此法國人爲誰，但我敢斷言他大概除法文外，沒有研究過其他語系的語言；

根本不曾研究過比較語言或文字之學。在西洋學界，這一類的話在十九世紀中葉以前十分流行。到了二十世紀初，斷無人說。蕭伯納早說英文很不合理。至於最近，由於科學高度發達，頗有人懷疑西洋拼音文字是否適宜於高度科學思考。所以北歐有人建議新的文字。我遇到一位在聯合國處理及研究語言問題的學者，他至少精通十四國語言，他說科學思考必借助看的符號，而不是借助聽的聲音，在這一點，中國文字反有其長處云。不管這些話如何，那位法國朋友，殆見駱駝爲馬腫背，想用石頭壓平而已。我不一定以爲中國文字「頂好」。但我知道，他由單音語的特點而來，無法變更。其次，這文字與科學發達與否無關。至少早已廢止漢字的越南，全用英文的菲律賓之科學，並不比還用漢字的日本更爲發達。這一類的爭論也移到「工具」問題上。有人說，必用毛筆，才算愛國；有人說，必用自來水鋼筆，才算科學。前一派固然多事，而後一派也只想到用鋼筆而不想到造鋼筆問題，當自己還不能造鋼筆時，多用一支，亦多送一筆錢到外國而已。凡此一切，皆不思而來。我決不輕視許多朋友之思想力；而是一有成見，便難眞思。而科學者，正不可有成見者也。過去正是因爲成見，使我們的傳統派與科學派之爭縮小到擁孔子與反孔子，反白話與擁白話的狹小天地。一般青年日益覺得瑣屑，如是反而覺得共產主義還能注意大問題。時至今日，大家還在彈此老調。如失去了大陸，多了一點問題，卽胡適先生之必反對與必擁護是也。

以上許多話，好多地方涉及我本家老博士先生的言論，我實在抱歉。我願坦白的說，我絕不會有「打倒胡適」之意。反之，就個人言，我很喜歡他。而且，在政治上最大英雄可以被打倒，在學術上，一人只要有尺寸貢獻，誰也打不倒，這便是學術之事値得一幹的原因之一，而胡適先生無疑是打不倒之人。其次，凡在學術上存打倒他人之心者，必所見不廣之人，亦其志不大之人。學問上只有靠積極貢獻成功的，斷無靠罵打成功的。而後來者如不欲自己之被打倒，亦決不可喜歡打倒前人。這些話我對許多人談過。還有許多朋友談到胡先生沒有新見。我也常說，一個人的貢獻，不是無限的。他是七十高年之人。假如年輕的人比他懂得更多一點，那是理正當然之事，也才是國家進步之象。同時，也不可躬自薄而厚責於人。我想這夠說明我的態度。又卽使我不贊成胡適先在的治學方法，如果是單純個人之事，則你研究宇宙，他研究原子，也不妨害我研究王昭君，或鷄蛋是否有毛。只要用心研究，那是各人一喜。卽使打倒一切傳統，說白話至上，亦各人之自由。我三十年前，卽主張思想自由，「萬花撩亂」（比共黨「百花」多百倍）。卽各顯神通，河水不犯井水。所以我從不願意批評他人。意見不同，各說各的好了。卽使在理論上必須說及，也只說到問題，提抽象名詞集體名詞，不提專有名詞。近十多年來，除偶然遭遇外，我只攻擊共黨，在學問上，只批評洋人。我現說到這個問題而不得不提到個人名字的原因，應順便說明。這首先便因胡適先生不是單純個人。他是一大學派之老領袖，又是中央研究院院長，門生、故吏、新吏極多。如是成為偶像，而此種偶像威權，乃以前大陸上胡先生所不曾享有的，因地盤狹小得到了臺灣了。如是便造成一種有形的或無形的壓力，曰，非胡先生之道不為道，非胡先生之學不為學，非胡先生之方法不為方法。如是我始有說話之意。在此前後，治安機關為一命案談科學方法引用胡先生定義。我在世界新聞學校上課，第一天總要講點方法，我自問自答：「什麼叫做科學方法呢？」不等我自答，一個學生又引用那個定義。我以爲科學觀念這樣弄下去是不好的。如是我在介紹〈當代西洋科學觀念〉一文中，順便提到胡先生所說定義不可信。但我未提名字。而由於胡先生的偶像在發生作用之故，傳統派當然反攻。近數月來，也常有青年朋友來找我。他們決無成見，但不贊成胡先生打倒孔子，問是怎麼一回事。我便將前面說到的一些事實告訴他們。其中有一華僑青年還將這意思發表過。而這在客觀上等於爲胡適先生作義務辯護。但另一方面，由於傳統派言論過於武斷，又使很多人傾向西化派。老實說，我看近數月來《文星》即是如此。雖然兄等不一定覺得，我看得很分明，因我看了四十年，只須幾行，便知道是怎麼一回事。我以爲《文星》是一有希望的雜誌，我不希望《文星》變成一個西化派。但我不曾向兄等表示此意。而兄有信來，我只好說明。說就要說清楚，而我又認識胡先生，便索性說明，這便無法不提到他的名字。如是又不免在客觀上有批評胡適先生之意了。我兩方都有很好朋友，但反對兩方的意見，爲此問題，有時討論至於面紅耳赤。例如，有一次與徐佛觀先生爭論得幾乎要打起來。又一次亦爲此類問題曾與雷震先生絕交。我是兩不屬之人，尙且如此，則兩派之間的情緒可知了。因我兩不屬，兩派朋友有時私下議論我是中立者，乃至於騎牆者。這是錯的。我素不屑於中立，又騎什麼牆？我是獨立而向前的。我只論是非。我用了一點苦功，自信於學有點淺見，本於此見，我看兩派皆有人才，亦皆有所蔽。我也希望年輕的朋友們切勿捲入兩種門戶之中。「信不信由你！」

這新舊問題有思想的一面，還有社會的一面。新舊之爭如僅僅是思想之爭，那容易解決，因爲這眞可靠辯論解決。而實際上這是與極複雜的實際利害不可分，亦卽是有極複雜的社會背景的。問題在政治經濟風俗習慣各方面發生。兩派也有極大交流性與流動性。他可因青年、中年、晚年而變換位置，因生活習慣，有錢無錢，有勢無勢，因他的師友與讀書範圍而變更地位（卽今日之西化派，明日可變爲傳統派，後日又可西化派等等）。還有同一人羣在某一問題上是傳統派，在另一問題是西化派（今日政府大員每多如此）。所以，如以「西化派」一定進步，「傳統派」一定落伍；或者「傳統派」一定愛國，「西化派」一定不愛國，那也都太簡單了。傳統主義與西化主義在社會生活上作用與在思想上的表現有一大不同，卽兩種傾向經過激烈相爭之後結果趨於中西合璧，唯此合璧，不是中西精華之結晶，而正是中西糟粕之混合。這也就是中國之畸形與變態發展之過程。這過程唯有新文化之創造才能阻止。不然，便與前述思想上的趨勢（卽兩派相爭，爲中共開路）平行，加速社會之解體，爲中共開路。這情形也是意義深長而沉痛的。由思想上看出兩派之偏蔽者很多，但由社會學看出這過程者，我自信是不多的。這說來需要一大本書，我只能提一個要點。這包括中國社會在中西相遇後的變化過程。這可由經濟、政治、教育界三方面觀察。在經濟上，五口通商以來，中國有洋場。這是中國西化的中心點——西化是文言文，說白話應說「洋化」。洋場是「洋貨」之地。中外優劣表現於洋貨土貨之別。洋場的大人物是洋商以及工部局。中國人要吃飯，只有到洋場去發洋財。最高一級人物是剛白度，卽買辦。最低者爲僕歐。其他中國人亦源源而來，有商人，有鄉下老。商人入洋場後，有的得與洋人爲伍，其最高者曰華董，洋人稱之曰「高等華人」。鄉下人到了上海也升格了，後來所謂「聞人」者是。於是洋人對華人優越感變爲洋場華人對鄉下人，以及先到洋場華人對剛到洋場者之優越感，此可以「阿木林」一語表示之（我少以鄉下人資格到上海後被稱此詞，不懂，乃加考證，據「老上海」云，本作阿土生，生變爲森，再改爲木林）。這表示洋場的勢利主義。又中國人自剛白度以至阿木林，在洋場接觸現代文明和技術，也見到洋人文化，首先是洋人跑馬。但華人難於進跑馬廳，又要有自己的文化，乃有上海城隍廟，灘簧。繼而有一種洋土混合的「文明戲」。這一時代表「西化」的最高成就。這三個字也可代表許多東西（如西式理髮，西式澡堂，西式門面）的特點。就這三個字，需要二十萬字才說得清楚。中國如有眞正社會學家，應對此作精深研究。洋場經濟對中國農村發生衝擊，可以發生正負兩種影響。一方面是新生活方式之開闢，以及新醫學與基督敎之接觸，另一方面是農業手工業經濟之瓦解。但洋場勢利主義則瓦解中國人忠厚勤勞的美德，並普及洋場的刁滑。而開始對文明戲的文明表示反抗者，不僅有八股官僚，地方士紳，也有天眞的農民。這便是自平英團至反基督敎運動，再變爲紅燈罩，義和團一套東西。這是一種阿木林的原始絕望的反抗。但阿木林也有「西洋化」的，此卽洪秀全。由此一線索而「北洋化」者，卽今日之中共。

由上所言，已可知中國在洋化過程中所發生的各種危險了。要克服這些危險，需要各種努力，一方面發展自己的資本主義，另一方面實行民主政治，在內外和平保持中建設新的國力，培養新的人才。但滿皇帝和八股官僚不知應付，只有浪戰，苟和，失敗繼以失敗。八股派的李鴻章因打西化的洪秀全，到洋場了解了一些「洋務」。如是開始同治時代洋務事業，此以李鴻章爲領袖而其最高顧問，則爲盛宣懷。先是中國人稱洋人爲「洋鬼子」。英法聯軍後，「洋大人」之稱日益普遍。而洋大人亦回敬中國官吏曰：「滿大人」。至今滿大人、官話、國語三位一體，是極有意思的。官吏本來是高等華人，至是又獲得洋場意義的高等華人之資格。此滿大人而兼高等華人之西化事業在盛宣懷手中變成新式的超級升官發財事業，利息之大，又非昔日河道鹽務可比矣。這是進步還是落伍呢？我只能說是文明戲。最初反對洋務的是八股派之倭仁，但後來批評的有鄭觀應，如是有進一步的變法運動。而當時康有爲先生，可謂超乎中西二派之上的。但滿皇后、滿大人利用袁世凱告密將這運動毀滅，並上演義和團的「反文明戲」。袁世凱是新還是舊呢？他原是康有爲門徒，愛國志士。他知道滿太后反不得，所以不惜告密。他知洋大人反不得，所以也反對義和團。他什麼也不是，只是勢利主義者而已。

戊戌政變以後，滿清已經完了。中國希望在漢人，在青年，即有新思想新才能的人才。自清末迭經慘敗，任何人也知道非研究西學西法不可。要知西學，不能在洋場求，只有「出洋」去。而自義和團之事後，也終於廢八股，設學校，亦即辦「西式教育」了。中國派學生出洋百餘年矣，與學校亦五六十年矣。日本派學生出洋，尚在中國之後。然日本以此而興，而中國幾等於亡。如今日青年不研究中國興亡之理，只知出洋，我無話可說，因爲這不會學出什麼名堂的。要說這一原因，又要一大本書，我只提出幾點可注意之事。先是曾國藩想派人出洋美國（中國留學生自留美始），很少人願意去。結果派了一批小孩。這些小孩去後，看見美國堂皇富麗，多不願回國了。以後湖北首先有大批留學生至「東洋」，而大抵「速成」。同時，文武學堂設立，學東西洋「文藝」「武藝」，此卽所謂新生新軍。新生新軍以及留日學生促成民國建立，這是大功勞。然民國成立，這般人變成軍閥，軍閥在老祖袁世凱以後，有皖、直、奉諸派。或變成官僚，官僚有外交、交通、新交通諸系，以及親英親日親美等派，政客更是五花八門了。那班人，如軍閥，算什麼呢？新還是舊？共黨說是「封建」，我看還是西化，洋化。須知他們都會洋操，尤其懂得「西洋文明工具之精神價值」。他們是用電話電報說話的，他們的兒子一定出洋，他們喜歡京戲，亦非不跳舞。他們平常戎裝，回家長袍，到上海亦西裝矣。在這種過程中，自亦有復古和西化之分；如辮子元帥張勳，基督將軍馮玉祥。不過張勳之古，也只復到淸朝爲止。他們有人主張大刀，然這不是說，他們不知飛機之價値。總而言之，文明戲與勢利主義而已矣。

這是說這般速成人才之無望。國家的希望，在有更高知識與才能的人物了。這除了最好留學生還有誰呢？在淸代留學生中，最卓越人物有留英之嚴復先生，留美之詹天佑先生，以及半留學的梁啓超先生，當然也還有很多人不甚得其用的，然全體而論，是成績決不使人興奮的。民國之初，利在買辦，勢在軍人。科舉既廢，任何人若欲置身「高等華人」之列，先必經學校。僅僅中國學校不足，必須出洋。所謂「洋翰林」或「鍍金」是也。又自光緒之末，美國首先退還庚款，辦理教育事業，其後英日法等國亦倣行之，當時尚無獎學金辦法，除公費考試留學外，此一庚款教育事業，遂為學生闢一廣大途徑，留學各國者日多，而以美國為最盛。清華留美亦最有名，初皆各省保送（國府成立後三年始已），實際上非仕官之家不與焉。又清末各國亦在華辦教會學校。此蓋家境甚好之子弟之內地出洋，亦準備自費留學者也。及五四以後，隨新文化運動之擴張，教育之普及，及由於求知欲及社會地位之二重原因，官費留學自費留學者日多，而留法勤工儉學亦極一時之盛。及國民黨改組以後，又有留俄學生焉，以上為民國以來留學生之大體來源。而留學生已成中國之決定的領導勢力，最低限度，其領袖總是「名流」（此流字有考證價值）。此對於中國之洋化或現代化自亦曾發生推進之作用。然由於成為高等華人，或志在高等華人之故，又由於高等華人日多，權利不敷分配之故，發生競爭。而競爭不一定藉主張與成就。於是自五四至北伐期間，教育界亦染軍界及官場及上海洋場習氣，而有地盤、閥閱、碼頭。而領袖必為留學生，蓋必出洋，或假出洋始有在大學執教資格，而已成不成文法矣。留學者亦有留某留某之派，甚至醫生亦有派。民國十五年中國政權之轉移，有國際因素，有中國南、北之因素，有意識形態之因素，亦有新舊留學生及其名流之因素在內。而即意識，固亦由各國而來。一切至北伐而又一變。民國之初，留學生之為領袖勢力者，除軍界以日本為多外，主要在外交、交通、教育方面，此乃軍人所不懂者，而此以英美派（注意英美二字）爲多。國府以後，政權歸國民黨，而此黨固革命黨，然留美學生敎會學生之勢力亦日益顯達。除政治上散布日廣而外，在敎育上之勢力亦遠勝於前。始而爲敎育界之領袖，繼而爲政府之上賓，終於爲政府之大員，亦猶清初之名臣而兼名儒也。而爲國家之公務員者，遂由長袍馬掛而中山裝西裝，此亦洋化進展之象徵也。然則成績如何呢？我們有許多新的建設，但也有許多新的消費，不必多說。敎育上如何呢？當然有許多學者，此外則能背誦美國敎科書，卽名敎授也。學問思想呢？前面稍微說了，如是中國發生新的鬥爭。蓋除留美學生外，還有其他留學生、非留學生。國家已入訓政，非國民黨難於問津。而敎育界則爲留美派之勢力範圍，非留美者難於能揷足（所說係一般情形，非無例外）。中國既無產業可以收容剩餘留學生，彼等又不甘拉黃包車（尙無三輪車），而農村則日益破產無躬耕之可能，如是唯有藉言論爲鼓吹，而此種言論，自不會十分和平。而除非留美派之學問才能確爲彼等所不及，自亦不會心悅誠服。留美派倡西化，作爲反對派，此種非留美學生大抵先爲傳統派，再由傳統派變爲急進派。對急進派不能疏導，則又不免成爲俄化派矣。此一過程，自十三年卽已開始。國家主義派與共產主義派之分化，正思想上西化派與俄化派之分化。至社會上，則北伐前之形勢表現爲傳統派與俄化派之對抗，而西化派一時在中立地位。國民政府成立，國民黨以革命政黨而傾向傳統，九一八後則與西化派合作。而此時知識分子又日益由急進主義而趨向暴力的俄化主義矣。其間情形實極複雜，所謂新舊、傳統、西化之名詞，尙難說明之。思想之新舊，與社會上之新舊，亦並非全爲一事。而西化者，實洋化之一端，西洋之外，尙有東洋北洋也。然無論如何複雜有一點是無疑的，即中國如不能精神獨立，爲文化創造，則復古，西洋化，北洋化，亦可形成連鎖反應之過程。我可指出一極富於象徵性之事例。當中國西化派擁有中國教育界專利權之時，各國庚款管理因係教育事業，亦在名流管理之下。某庚款會一時譯某國名著，如培根《崇學論》等，即該款成績。最大開支，有《莎氏全集》之計畫，曾譯出八種。然譯出莎氏二十七種者，乃一未曾出洋之大學生朱生豪。昔日本坪內逍遙譯完莎氏，爲早稻田最尊榮之教授，有坪內館紀念之。七十歲時，全國集會慶祝。而朱生豪則僅六七種未竟即肺病而死，其身世我曾打聽，竟不能知。也許朱生豪並未向該庚款會申請，但我的朋友熊式一先生曾對我說到與該庚款會不愉快來往之經過，將來他的回憶錄會說明的。不僅此也。據云除英國庚款外，其他多下落不明，換言之，即糊塗帳。何謂庚款？此六十一年前極端復古派義和團之狂愚行爲，使洋人對中國人課人頭懲罰稅，多年來吾人常曰「四萬萬五千萬人」之根據，而因洋先生之美意退回中國，造就人才者也。有義和團而後有廢八股，與學校，派留學生，然則留學生之飛黃騰達，亦實義和團之賜。然名流行爲若此。而此種行爲，固現代美英文化中斷乎無有者。文化者，非幾個名詞主義之謂，乃全部生活表現，亦可謂「文化即其人」。西洋化派頗笑張之洞之「中學爲體，西學爲用」（此語實出鄭觀應），然彼等實無西洋精神中最可愛之「費厄潑賴」，而僅爲盛宣懷主義之延長，或亦可謂「西學爲體，中學爲用」歟？一般青年既見民初「復古派」之不足信，又見西洋化之不足信，始受蘇俄與中共之煽動，以「北洋化」爲出路，不知其又爲世界最大之勢利主義也。這一悲劇之過程，是要在上海住過亭子間的人才能知道，所以我知道，此處至少還有鄭學稼先生知道。但前年有一位很有學問且有國際聲名的留美朋友回來，他說，今日中國之局，是美國留學生和非美國留學生之戰之結果。我非常佩服他也能看出這一點。這是過去的事了。今日如何，不得而知。我只是藉此告兄，這問題不簡單。這是一部悲喜劇。喜者，是文明戲。悲者，五萬萬人之沉淪。但有一點可知的，即今日文明戲的心理依然存在。我舉兩個例子。一是我們還保持帝王時代的觀念，例如考取大學第一名者稱爲「狀元」。而這還是大陸時代所沒有的。二是高等華人生活日益美式化。同時，我們一般市民的最高尙趣味，也是與此平行的。有人喜歡劍仙奇俠，有人喜歡美式幽默與新聞文學。儘管有人厚此而薄彼，一個報紙必兼二者而有之，是亦文明戲也。一面相爭，一面共同演文明戲，這便是今日中國人的理想與現實。我看這一套看了四十年，看出兩派相爭以及合演文明戲無好下場頭，希望大家勿捲入這兩派中作選擇，也要停止文明戲才好。「信不信由你！」

(三) 論爲人爲學立國之正道與超越三派前進

然則應如何呢？不知兄是否記得，我前寫《庚子懇談》即預備談此問題的，但因他事放下了。我還會談下去的，只是現在無此時間。且乘此機會，先說我想說的結論之要點。我對比我年紀大的人，不敢說什麼。仗着我很有幾根白髮，敢對比我年輕的朋友們說幾句簡單的話：一、認眞的，規規矩矩的做人；二、認眞的，規規矩矩的求學；三、以便將來，有機會認眞的，規規矩矩立國。

所謂認眞，規矩，就是不演戲，不鬼混，不說假話，照中外古今一切正當道理做。正當道理沒有傳統、西化之別的。例如做人，勤愼忠恕是一切民族的道理，不是中國聖人才有的。例如美國人，一般人以爲是奢侈之國，而不知道，他是世界上最勤儉之國。如懷疑我這句話，看富蘭克林自傳好了。他在我們看來像奢侈者，其實正是他的節儉（正如用電燈比燈盞節約一樣）。人類是應該提高生活水準的。但國力不行，還得刻苦。既不要假道學，亦不可假摩登。必須求洋學，切不可「學洋派」。一般人以爲美國是言利之國，其實他是最講義的，最講公平的。民主政治無非公平交易之原理應用於政治。獨立與合作，才是美國精神。今日中國青年最重要的做人之道，是切不要想做或學做「高等華人」。不要欺侮人，不要做寄生者，也不可隨便被人欺侮。看重自己，也看重他人。而這必須對中外一切勢利主義具有抵抗力。

治國之道，因各國情形而異，但基本原理，也是古今中外相同的。這便是目的總要求國家之富強，對人類文明有貢獻，而方法總在團結國民，發展民德民智民力。而在世界上，求安全求朋友。這有經常的制度，較臨時政策。我們是一農業國，由農業國變爲工業國則必須研究各國的經驗和自己的條件。而條件之條件總是人才。中國之根本致命傷是人才不足，不眞知人才的重要性，因而不認眞的，規矩的培養人才。我所說的是有志氣，有度量，有遠見，有眞才實學的人才，以及有專門的精深的技能的人才，爲可悲的國家，可憐百姓設想，用心和打算的人才。人才靠國家培養，也靠自已培養。人才首先來自學問。因此，關於學問，多說幾句。

學問卽一般所說科學，科學亦卽學問，並非神秘特殊的東西：卽有系統的知識，有極大可靠性的理論，亦卽不是零碎知識，經不起實驗的理論。中外古今學問原理相同，並無中國學問外國科學根本不同之事。這都是人類功力，苦功思索的結果，而因功力累積而進步的。近世西洋諸國因競爭日烈，進步特快，而我們則始誤於閉關自縛，次誤於演戲自害，在任何學問方面遠不如人，是必須承認的。不承認此點，乃無學問之良心。但敬重他人是應該的，切不可崇拜他人。認眞的學，拼命的學，趕上他人好了。當然要學西洋科學。一般人所說科學指自然科學，但自然科學指理論科學，不是技術，技術是理論結果。自然科學固然神通廣大，也要社會科學乃至其他各種學問、學科合作，自然科學才能有效有益。但又無疑的，無哲學，無史學，無文學，發展一般思考力想像力，自然科學不會獨秀的。又學問總是推陳出新，不怕古。當今世界數一數二科學家海森堡與希瑞丁格說他們都由古希臘哲學受到啓發，並勸人必須研究。然這決不是說，《易經》中間有寶，你可以抱一本《易經》掘出什麼寶來。而是說，你可由古人智慧啓發自已智慧，因而增進你的想像力。學問當然要求新。此必研究並世之新知。「轉益多師是汝師」，必須廣開心門，而不能關閉門戶；精益求精，然後日新又新。這都要在古今之知以外，加上自已的頭腦。這便是「傳統」「西化」皆爲錯誤之根本處，卽皆欲吃現成飯也。

爲了推動一國學術之前進，需要政治、經濟、教育制度及社會風氣種種條件，然最要緊的，還是學界敎育界及一般青年自身之努力。第一是普及與提高好學精神，求眞意志，所謂科學精神卽對眞理本身一種「理智的愛與追求」，這便要有一片眞心，如慈母之於子，孝子之於親，情人之獻身，守財奴之愛錢，鷄鳴而起，死心塌地，獻身於眞理，而無絲毫假意，如是步步前進。第二將學問基礎打好，然後下功夫，下血本。「學猶殖也。」如種樹木，辛勤灌溉；又如做生意，只能慘淡經營，慢慢蓄積，一天一天，一代一代的蓄積起來。第三、學問必先求知人所知，能人所能然後自用心思，求知人所不知，能人所不能，是謂創造。倘無創見，可稱博，未可稱學。第四、科學方法卽研究學問方法，乃藉不斷的分析與綜合，實驗與比較，反覆於一般與特殊之間，而以系統概念與理論，於事物之各種變化中求不變之物，以及各種不變物之間的不變關係，對客觀實在加以構成，亦卽尋根究底，求其法則，求其趨勢。此在自然科學必以數學爲基本工具。而在歷史與社會科學，又必須有各種有關社會科學之綜合。學問要專門，但不能孤立。而概念與理論之進行與構成必須不矛盾，必須調和，而整個系統必須淸楚而明白。

因此，學問或科學有四忌：一忌功利之見（此不指浙東學派之功利派或英國之功利派，而是王陽明所用之意義）。學問有求眞致用二義，但必以求眞爲本。可以爲好奇，爲興趣而學問，不能期以實利速効。卽飛機、大砲、原子彈都是學問產物。至於世俗勢利之見，虛榮之心，廣告主義、投機主義、時髦主義，皆與學問不相容，學問不是王者作威，官腔作勢之地，而是頭陀修行，愚公移山之邦。他也是淡泊明志，寧靜致遠的。二忌忮性。章實齋云，學問不可無宗主，但不可有門戶。必須忠恕，服善服理。此卽西人所謂理智之誠實與完整。以門戶之見，亂是非之心，以爲自己知道的一點卽天地之大，適見其小。凡對學問用過心血者，斷不菲薄一切用過心血的人。武士敬其厲害的對手，文人豈可不如武士乎？三忌奴性。不可有倚傍心理，不可無批評精神。無論爲古人之奴，孔子之奴，西洋人之奴，俄國洋人之奴，卽可在實際上成功，不會在學問上成器。批評孔子可以的，但也要能批評西洋人。批評孔子，批評西洋人也可以的，也要能批評馬恩列史之類。拿幾句古人之言驕人嚇人是不可以的。第四，忌輕浮、魯莽、淺薄、偏執。戰場要勇敢，賭場要勇敢，據說情場亦如是。但學問中使不得。自始至終必須謹愼，堅忍，謹嚴，周到，深入。一義之立，必須與有關事理實論在全形中觀察，毫無窒礙。一義之立，必須確信於心，不待他人指摘，自己便應反覆批評，必無懈可擊而後已。卽使是想像，不是跑野馬的想像。卽使實驗，不是零碎實驗，不是不值得嘗試的實驗，徒費精力。在這一點，又如老將用兵，是謀定後動的。也如老臣謀國，是統籌全局的。如是知識不是散漫的知識，道理才是堅固的道理。不可炫奇武斷。不可瑣屑，必抓住要點。不能掘洞求寶，躐等跳高，只有打穩地基，層層建築，鈍杵磨針。

要結束我的話了。必不可在「復古」、「西化」中二者選一。因復古只足以促成洋化，而洋化無論西洋化，北洋化，到最後是亡國。必須樹立一個民族的前途與遠景，有一堅實人生觀，遠大世界觀，向前苦功創造，使一切中外古今之學，皆爲我用。因此，我便認爲中國青年必須拒絕所謂復古派、西方派、俄國派，中國才可望生存和進步。拒絕不是拒絕中國文化，西方文化或拒絕研究俄國；只是由門戶之爭解放出來。不僅對前兩派左右袒只足以陷入非此卽彼之囚籠，甚至專門反對共黨都是不夠的。專反一物只與一物相等。拒絕之道是超越。中國青年應該研究中國歷史與文化，西方文化與科學以及俄國事情，向學問正當方向前進，發展中國人之聰明才智，創造新中國的新文化，以求超勝古人，西人與俄帝；如是也便將那三個派拋在歷史的後面。而只有站在這向前創造的運動中，才能將中國人的創造力解放出來，人才輩出，創造新的文化，而其光、熱與力，才能使瓦解而分裂的中國，重新融合而統一。已經說得太多了。兄說要發表，恐怕要得罪好多朋友了。匆問

日安！

秋　十二月九日

再者：以上所言，雖似與目前流行之見不符，卻是前人未嘗沒有說過的。特囑抄兩段文章於下以供兄參考：

一是徐光啓先生三百三十年前（一六三一，崇禎四年）在《文集》中的話：「大統（曆）旣

不能自異於前，西法又未能必爲我用。愚以爲欲求超勝，必須會通。會通之前，先須翻譯。」

二是鄭觀應先生六十八年前至八十七年前在《盛世危言》中所說的話：「六十年來，萬國通商，中外汲然，言維新，言守舊，言洋務，言海防，或是古而非今，或逐末而忘本。求其洞見本原，深明大略者，有幾人哉？……應幼獵書史，長業貿遷，憤彼族之要求，惜中朝之失策。於是學西文，涉重洋……乃知其治亂之源，富強之本，不盡在船堅砲利，而在議院上下同心，敎養得法……人盡其才……地盡其利……物暢其流。凡司其事者必素精其事。各擅所長，名副其實。……西人立國，具有本末。其馴致富強，亦具有體用。育才於學堂，論政於議院。君民一體，上下同心，務實而戒虛，謀定而後動；此其體也。輪船火礮，洋槍水雷，鐵路電線；此其用也。中國遺其體，而求其用，無論竭蹶步趨，常不相及。就令鐵艦成行，鐵路四達，果足恃歟？」（按此段爲其書再版序言，作於甲午前一年。）

「然則西學之當講不當講，亦可不煩言而解矣。古曰，通天地人之謂儒。今彼之所謂天文學者，以天文爲綱，而一切算法、曆法、電學、光學諸藝，皆由天學以推至其極者也。所謂地學者，以地輿爲綱，而一切測量、經緯、種植、車舟、兵陣諸藝，皆由地學以推至其極者也。所謂人學者，以方言、文字爲綱，而一切政敎、刑法、食貨、製造、商賈、工技諸藝，皆由人學以推至其極者也。皆有益於國計民生，非奇技淫巧之謂也。此外有剽竊皮毛，好名嗜利者，則震驚他人之強盛，而推崇過當。但供劇談，亦實不能知其強盛之所以然。此則無本之學，不足登大雅之林也。夫所貴乎通儒者，博古通今，審時度勢，不薄待他人，亦不至震駭他人。不務匿己長，亦不敢回護己短，而後能建非常之業，爲非常之人。中外通商，已數十載，事機迭出，肆應乏才，不於今日急求忠智之士，使之練達西國製造文字朝章政令風化，將何以維大局，制強鄰乎？且天下之事業文章學問術藝，未有不積小以成高大，由淺近而臻深遠者。所謂合抱之木，生於毫末。九層之臺，起於壘土。千里之行，始於足下是也。西人謂華人所學西法，皆淺嘗輒止，有名無實，蓋總其事者，不精其學，未識師授優劣，課藝高下，往往爲人矇昧，所以學生每況愈下不如人云。」（按此段見於正文西學篇，作於同治間，初版出於同治十三年。）

——原載五十一年一月《文星雜誌》——

人格尊嚴、民族尊嚴、學問尊嚴

《中華雜誌》曾將同人宗旨，要約爲三大原則，即是：人格尊嚴、民族尊嚴、學問尊嚴。這三者，是立身治學，立國處世的原則之原則。因爲這三者是人類文化創造的根源動力，是中國的與外國的共同傳統，也是今後世界文化的根本方向。這三者是自由世界與共產主義絕不相容之所在，而也是我們亟需努力的地方。不待說，這三者又是不可分離的。

何謂人格尊嚴？即人的精神價值超過任何物質與生命的價值。人，不過動物之一種。人之所以爲人，不僅在人性，人道，人情。人性、人情大部分究可還原爲動物之性，動物之情。由於人是動物，必有飲食男女，及由此而來的喜怒哀樂。然人之所以爲人，在於有超越於動物者在，此不是要棄絕飲食男女，而是必有超越飲食男女者在。人之所以爲人，爲萬物之靈者，在其有精神活動，此精神活動之全體謂之人格。於是才有人之價值，人之尊嚴。動物是必死的，人也是必死的，人格則是不死的。人格之表現，不僅在於理性之辨別力，而且在於價值之追求——眞美善之追求。理性之辨別力與價值之追求是文化創造的兩個根源動力。在文化創造過程中，權力與金錢，勢與利，作爲副產物而出現，亦有維持文化創造之功能。然如以勢利爲人生目的，用之於飲食男女而不用之於文化之創造，則人類也不過是一狡獪的動物，貪欲的動物。人格之表現，在人類有共同的精神生活，文化生活。然人格是共同的，也是獨立的，獨特的。不獨立的精神，無人格可說。人性無高下可說，而人格則有高下，那便是各人對於人格所修的程度之高下。這程度之不同，不是生來不同，而是各人造詣之不同。人格之高下，基於愛心之廣狹，抵抗困難的強弱，以及在精神的文化的創造活動中辛勞之多少。博愛、堅強和辛苦，卽是人格之尊嚴。人格之不死，卽人類精神創造的文化價值之永在。精神的價值並不否定物質的價值，沒有基本的物質的條件，人類不能發展其才性，甚至被迫墮落到動物式之生存，此所謂「衣食足而後知禮義」。人類社會也不可缺乏權力與金錢。然如果權勢金錢用於獨裁，用於侵略，用於壟斷和詐欺，那人便變成一種吃人的動物，寄生的動物。寄生動物是最低下的動物（如肺癆菌），而吃同類的動物，在動物界也是很少的，最醜惡的動物。同理，遇着吃人的行爲，寄生的行爲，漠然無動於衷，無論是甘心被吃，或者贊助吃人，那決不配說是「好人」，那也只是放棄人格尊嚴，而成爲一種懦怯的，狡猾的動物。

人格在道德上的表現，是對同類的愛心，以及維護正義的堅強。中外一切道德教訓，並不是只教我們作一規行矩步之好人而已的，而都是教我們維護人格尊嚴，並保護人格尊嚴，使人類向上而不是下墜的。在中國，《左傳》之三不朽說，孔子所謂仁與義，所謂智仁勇，所謂「見義不爲無勇也」，「士可殺，不可辱」，都是說的人格尊嚴。孟子更在理論上發揮甚多。這便是他說的「性善」論，「是非之心人皆有之，羞惡之心人皆有之，惻隱之心人皆有之」。充分發展人格的，是堯舜。此所謂「人皆可以爲堯舜」。人格是莊嚴的，此所謂「大丈夫」。此後發揮人格尊嚴之意的，是陸王學派，即所謂「堂堂做人」，所謂「致良知」，以及自尊無畏的精神。中國以聖人爲理想人格之代表者，所謂學即是學爲聖人，即是發展人格之意。歷代聖賢所說的義利之辨，所謂「不爲聖賢便爲禽獸」，都是要保護人格之尊嚴。

古代希臘亦以有道之士爲人格之代表者。柏拉圖所謂「理」，即是道。他所謂哲學家，即修道有道之士。他以智勇節制爲三達德，而合之則爲正義之至善。希伯來人則假定一個耶和華爲理想人格之代表者，基督教以耶穌爲理想人格代表者，而基督教之最大功勞，實在教人永勿屈服於不義。到了文藝復興期，則有人文主義。其根本意義是經由古典敎養，修養人品與人格，而也是中古理想人格觀念之世俗化。隨科學之發達，有快樂主義與功利主義之發展，以幸福爲人類追求之目標。此至十八世紀與理性主義結合而大爲發展。此時有康德出，看出快樂主義之流弊。如以幸福爲人生之目標，則人類將以趨於飲食男女爲最大能事，人類將墮落得不成爲人。於是他始力倡人格之尊嚴。人之本身是目的，不是任何事任何人之手段。道德是實行良心命令的義務。此即我們義利之辨的思想。康德之所以自豪他在學問上完成哥白尼的旋轉，在他看到天上之星，與人身之心，都具有無上崇高，所以他對理性之根據，和良心自發的命令，作學問之最深追求，而他特別着重的，是所謂「實行理性優先於純粹理性」——卽道德重於科學。然康德以後的哲學集中於理性之探究，卽認識論。其後經過黑格爾之思辯哲學與實證主義，正義與人格觀念趨於淡薄，而西方文化的危機也日益表現出來。於是新康德派重作價值問題之研究。而生命哲學卻再將人性與人格混同。於是謝勒（Scheler），哈特曼（N. Hartmann）乃用現象學、存在論的理論，重新發揮人格尊嚴之義。他們比康德更進一步，不認爲人格是良心義務之履行。人類情感有對於不變價值之固有的愛或趨向。人類精神有區別現實與理想（本質）之能力。人格是人類精神自動的知善知惡之能力，爲善去惡之行爲。價值有種種層次，而個人的人格價值在一切物件價值乃至文化財物價值之上。在精神世界中，「人格的精神」是一種超越自身生命的獨立自由的活動；各個人精神活動形成各種歷史的，民族的文化精神，是謂「客觀精神」；人格精神與客觀精神都能「客體化」爲各種學術的文化的歷史的成就。人格不是世界之一部，而是與世界關聯的。人格經由自身之自由而爲一種決定世界之價值（此卽《中庸》人與天地參之意）。他們的著作影響了天主教哲學和各國人格主義之哲學。

人格主義不否定幸福主義，義務主義以及人文主義，而是超越他們，教人獨立自尊，在價值世界中發展自己獨立的創造的人格，各自實現人之所以爲人之價值與尊嚴。這種尊嚴是不容勢利加以汚損的。自尊必尊重他人，亦不待說。

民族尊嚴是人格尊嚴之當然演繹。所謂民族與國家者，是一定人羣由於自然關係（血統）並通過歷史文化傳統而形成的共同體。共同的語言、文字、風俗、習慣以及由此形成的文化，造成一個民族，而再經歷史過程而逐漸凝固；而國家則是他的政治形式。民族與國家不僅是一定土地、生命、財產和政府，也是一種文化上的全體人格，也代表一種精神上的文化價值。民族尊嚴是一民族的精神價值，是一民族人格尊嚴之全體。由於人格是獨立的，所以一個民族或一個國家也必須是獨立的。個人失去獨立精神，是個人人格之不具備；一個民族可以一時失去獨立，但不能失去獨立精神和意志。一民族失去了獨立精神，即國格之不具備。而一個民族沒有獨立的文化和創造，也只能說同樣的話。人類愛其鄰人，愛其鄉土。苟非變態，沒有人不愛其民族與國家，或賤視其民族之語言文化，乃至以受他人統治爲榮的。

在中國民族發展過程中，我們曾經發展爲很多民族與國家（國家在古代稱爲社稷）。但由於中國文字，以及儒家使用這種文字的典籍之普及，我們得以很早的將幾個民族國家（如戰國七國），融合爲一大超民族的國家。這一超民族的國家之紐帶，是以中國文化爲中心的文化。由於中國文化一直在東亞處於優越的地位，以及國力處於一種無敵之形勢，中國沒有近世西方民族主義，但有一種與希臘人羅馬人相同的民族尊嚴感。中國人以爲中國人自豪，與希臘人自稱 Hellenes，羅馬人自稱羅馬公民一樣。

近世西方國家以「民族國家」開始，這是中國早已經過，而西方過去從來沒有的，而這亦僅限於西歐，在第一次大戰前維也納以東亦沒有的。在西歐民族國家成長中，自波丹以來有「最高主權」學說。近世西方國家有兩階段，一爲主權在王時期，一爲主權在民時期，然國家主權說是一樣的。法國革命實爲國民革命與民主革命之合流，而法國革命以後，由於法國民族主義之刺激與反抗，使十九世紀成爲民族主義之世紀。而在維也納以東，民族自決亦成爲不可抗之潮流。凡此民族國家，國家主權，民族主義，民族自決，以及各國文學家無不自豪其本國之語言文字爲最優秀之文字，使民族自尊感日趨強烈，至於過分變爲優越感。彼等由於國力之優勢，能侵略有色人種，竟視有色人種爲劣等民族。其結果是民族主義之肥腫，造成日益擴大的民族戰爭。第一次大戰以後，荷蘭克拉貝（Krabbe）提出「法律主權說」，認國家實爲法律之產物，而法律拘束力之基礎，不在人類之外，而在人類精神生活之中，此即「法的正義感」對於人類之作用。這種法律的正義感，在一國之內的地方和團體之中，應該存在；即在國際社會，也是可以逐步實現的。第二次大戰以來，一方面是國家主義權說不能不受修正，另一方面是民族尊嚴感日益普遍。即在黑暗大陸之非洲，亦無一不肖之民族自居於劣等者。在蘇俄共產主義世界，各附庸國亦趨於獨立。

國家主權說之修正與民族尊嚴之普遍確認，不僅不相衝突，且爲國際間合作之必要基礎。這便是聯合國〈世界人權宣言〉所說，「人類社會一切分子固有之尊嚴，平等之權利，乃世界自由和平正義之基礎」，並在第一條規定，「一切人類生而自由，在尊嚴與權利兩方面，普遍平等，人類均賦有理性與良心，應以同胞精神，相互行動。」雖然此一宣言因共產國家及舊的國家成見未能見諸推行，然這一宣言之本身，實代表從來個人主義，民族主義，國際主義之一偉大的綜合的理想，值得我們促其充分實現的。

然要支持人格尊嚴民族尊嚴以及人類之和平，必須確認學問之尊嚴。所謂學問尊嚴，不是所謂學問卽權力，而是承認學問固有的精神價值超過一切權力與財富，對之抱最莊嚴的敬愛。孔子所謂「好學近乎智」，蘇格拉底所說「我非智者，乃愛智者」，是一個意思。又孔子說「朝聞道，夕死可也」，亦充分表示對學問的尊敬。學問當服務人生，然學問決不可作爲求勢求利之工具。

尊愛學問必然尊師重道，尊重有學問的人，而學者亦必須自尊。〈學記〉說：「……建國……教學爲先。凡學之道，嚴師爲難，師嚴然後道尊。……此之謂務本。」學問和學者之尊嚴，決非世俗之勢利所得而干犯。自古帝王莫不以禮賢下士爲第一資格，而「官大好吟詩」，只是一個社會崩潰之標誌。又中外古今，無勢者可以反抗有勢，無產者可以反抗有產，且可稱爲革命。但不學者尊敬有學，道德低者尊重有德，是宇宙不可顚倒的秩序。這秩序一顚倒，卽社會之大亂。

所以芮南（Renan）說耶穌「上帝的歸上帝，凱撒的歸凱撒」之語是西方自由思想之源泉。現代西方文化之先驅者是培根。一般人都以爲培根說過「知識卽權力」，其實原文不是如此說的

（原文是「人類知識與權力是合一的」），他眞正說了而且用爲書名的，是《學問之尊嚴與光大》（*De dignitate et augmentis Scientiarum*），這是英文《進學論》之擴大。而《進學論》之第一部即論學問之尊嚴，他引用亞歷山大告訴亞理斯多德的話，「學問之卓越，比震轢世界的權力與帝國更爲尊貴。」一般人皆知他主張求知必先去成見（idola），這是在討論學問方法的「新工具」中說的。而他在《進學論》中說到敗壞學問尊嚴的三種僞學之害：第一害是瑣屑浮詞，不切實用。第二害是迷信威權，穿鑿附會。他認爲第二害比第一害爲大。到了第三害，可說是「罪惡，因其涉及欺騙和虛僞，所以比前二者更可厭惡。這種害處，可分二類。一爲行騙之樂，一爲受欺之易。……兩種罪惡，是一塊出現的。……又有一些迷信者之愚蠢，鄉愿者的縱容爲之張目……造成莫大的恥辱和禍災。」

培根以後，西方人一面航海求知識於世界，一面改進求學問的方法，同時，國家、社會獎勵學問，尊重學者，而許多個人也都殫精竭慮，精進於學問。於是有各種學問的大進步，也造成西方的時代。中國的學問與國力原超過歐洲，然而就在培根之死之時（一六二六），中國已閉關兩百年，八股行了二百六十年。閉關使中國失去求知的磨鍊和機會，而八股不但束縛思想之自由，使知識分子昧於學問之尊嚴，並在急功近利追逐中消磨人格之尊嚴。而自培根死後，到一八四〇年止，閉關繼續了二百一十四年，到一九〇五年止，八股繼續了二百八十年。於是中國不但日益喪失學問上之優勢，而且自十七世紀以來，也喪失了對西方的平衡。這便是中國國力落後的原因，也便是後來中國受欺侮的原因。

在十九世紀中葉，當中國業已落後，而且在當代列強競爭之世處於被侵略地位的時候，中國亦曾數度抵抗，然抵抗不得其道，不斷慘敗。全部中國政治經濟社會文化趨於瓦解，而民族自信心亦趨於喪失；於是人格之尊嚴，學問尊嚴之義亦日益蕩然了。今日中國的情況，實可說是這三種尊嚴喪失以後的惡性循環之結果。

在中國失敗以後，第一事當然要研究世界的學問，了解世界之大勢，建設對等的國力。我們未嘗不知道這一點，也派人留學，至於今日，我們留學已有一百一十年的歷史了。明治維新是日本留學生知識的力量之結果。何以我們留學的結果不同呢？這原因首先是並不眞正的了解學問之尊嚴，卽不眞正的尊重學問。在位者依然相信權力卽知識，而求學者亦非皆眞正求學。所以，一方面，留學生雖有人才，回國以後，不能盡其才。另一方面，能據顯要的，不一定是人才。結果不僅國勢江河日下，而自庚子以後，民族尊嚴失去了。中國以國民之血汗，派遣留學生，求西學，行新政，原來希望學西方之文事以謀建國，習西方之武備以謀禦侮。結果是新式文武人才抵禦外侮不足，對內專權敗國則有餘。在全部西化潮流中，雖有間歇性的復古之聲——這有的是旣得利益和八股專家之自私，有的是一種自卑感的變相，有的亦出於素樸的愛國心和對於淺薄西化之反感——事實上，中國各方面的權力，逐漸入於高等華人，卽西化華人之手。所以將中國失敗完全歸咎於保守派，斷非事實。而此各種各色高等華人，大抵都是直接間接憑藉洋人之勢力，或能借洋款，買洋炮，或能為買辦，經紀華洋貿易，或者出洋留學，學得一點皮毛知識，即用以欺詐中國老百姓的。他們甚至還學得洋人的優越感，力裝洋派，視其胼手胝足之父老與同胞為土人，為生番。而這也就可說，世間最無良心最無人格者，莫過於高等華人了。

在各個時期高等華人爭權奪利，又引起中國內部之爭。在洋人與高等華人勢力之下，結果是經濟上之崩潰，政治上之無政府，學術上之空虛。

這種「西潮」既只足使中國在各方解體，而頗學西洋餘技，與西洋同盟的日本之侵略，又迫使中國人的民族主義擡頭。此時適第一次大戰後蘇俄革命勝利，俄國人宣傳共產主義。馬克斯主義原是西方工人階級反抗資本階級的學說，而俄國人將他改造為一種反西方權力之學說，和中國社會之需要，都本不相干。而馬克斯主義經過俄國人改造以後，具有強烈的反人格，反民族，反學問的性質，尤其不可接受。然而他在中國生根而且發展者，除了我們對西學、俄學皆無深知之外，實由於幾種相反相成的心理狀態。第一、「西潮」養成崇洋心理。共產主義也是洋貨，俄國人也是洋人，所以總有道理。第二、西人既欺侮中國，「西潮」試驗又無用，所以反西洋的洋法值得一試。第三、許多知識分子欣賞俄人之說，亦有假俄國洋人之力，以對抗西化高等華人之心理。繼而俄國人要利用中共進行革命或鬥爭以配合俄國的世界政策。蘇俄認為在「西潮」中破產的中國農民可為蘇俄世界革命的原料，並組織「西潮」之下不得意的知識分子作奪取政權之鬥爭。愈鬥爭，原料愈多；原料愈多，中共愈鬥爭得起勁。這一切，也無非反映三大尊嚴之喪失。

繼而日本利用這中國人之自己鬥爭大舉侵略中國，中國經濟更崩潰，中共鬥爭的「資本」愈蓄積起來。

掠奪殖民地的「原始蓄積」，是近代西方資本主義基礎。在蘇俄指導下的中共對中國殺人放火的原始蓄積過程，則是中國共產主義的基礎。

近百年來中國，是西方列強、沙俄、日本連續的共同的破壞中國實體的過程。在日本瘋狂的破壞中國八年，以及西方人將他們的權力構造自己破壞之後，蘇俄才能將中共扶植爲中國大陸之主人。而我們沒有能阻止這一浩刦，乃由於三大尊嚴之喪失，也就喪失了建國之能力。

所以，中共可說是近代中國民族尊嚴、人格尊嚴、學問尊嚴破產的過程中產物。而中共取得政權以後，其瘋狂進行的一切，是更徹底的破壞三大尊嚴。其奴役全民族和迫害知識分子，是毀滅中國民族及人格之尊嚴。其崇拜所謂毛澤東思想，是毀滅學問之尊嚴。於今欲以美俄之餘技，並以所謂「人民戰爭」恫嚇世界，實際上是掩飾其賣國本來面目，不惜將全民族陷於核子毀滅之血海而已。

了解中國憂患之過程以及共禍之由來，我們深信，要從根救國從根反共，首先是確認三大尊嚴，確保三大尊嚴。

首先提出這一點的，是孫中山先生。他提出三民主義爲救國政策，恢復民族自信之必要。尼赫魯嘗謂甘地之不朽，在給印度人以自信心。孫中山先生對於中國，亦復如是。然孫先生還說到人格救國，學問救國，即是三大尊嚴。

必須確認三大尊嚴，我們才能由內心發出一種誠意，一種信心，一種力量，至少使大家知恥，愛國，好學，才有基本的立國資格，才能復興中國。然事實上，我們至今還在無視此三大尊嚴，並有人在公開的破壞此三大尊嚴。

今天許多官吏都說愛國家愛民族。但愛國民族必定是信任自己的民族，信任自己的國民，並尊重國民之公意，才有民族之尊嚴，民族之團結，才能興利除害。但有若干人不僅瀆職不法，而且據說有存款到外國者，這斷乎違背民族尊嚴。在產業界，或勾結官僚，把持舞弊，或以「技術合作」爲名，實則代人推銷剩餘貨物。在新聞界，日本廣告不到，就說難於維持，這還有民族尊嚴嗎？而在學界，有人以能自認中國民族是野人禽獸爲科學者，其黨徒有主張「在物質上崇洋媚外」而得意者，有人歌頌臺灣第一大漢奸是聖人者，又有人奉此漢奸入忠烈祠者。喪心病狂至於此極，除了二三報紙、二三雜誌提出譴責外，其他報紙都不說話，有關當局置若罔聞。一個民族中有人自己侮辱不奇，大家對此侮辱無所動心，這民族還有資格自立於世嗎？

這不僅是民族尊嚴之喪失，也是人格尊嚴之喪失。萬方多難之日，仍有文恬武嬉，甚至賄賂，招搖撞騙，大家恬不爲怪。且不說大陸同胞之苦難，此處小民之疾恫亦很少人爲之關心，而高等華人則在大廈之中競爲中西合璧的酒食游戲之徵逐。中國小姐環球小姐之類，亦浮世風光所不可無。然老是這一套，只是這一套，乃至以此「賣報」，試問何國有此種報紙？最可嘆者，教育是神聖事業，而校長之於敎師，敎師之於學生，種種怪行，使師道尊嚴掃地。於是大學之中，甚至爲人師表之中，亦有若干流氓之橫行。現在招搖撞騙也到敎育界了，騙子以興學爲詐財之事，接連的發生。又可嘆者，自由民主，原所以維持人格尊嚴民族尊嚴，而今漢奸、貪汚、裙帶之子弟竟假「自由民主」爲口號，公然作賣國宣傳。凡此破廉恥之行爲，社會不以爲奇，且有呵護之者，這不是說明人格之尊嚴業已快到崩潰的程度嗎？

這原因自非一朝一夕之故。最重要者，一是勢利主義破壞了學問之尊嚴。在世衰道微之日，必須學術界能作中流之砥柱。這一防線一破，則氾濫卽無止境。我們必須說，所謂知識卽權力，固不足爲訓，然以權力卽知識，以權力之大小定學問之高下，則自古無此理，實學問之「亂倫」。於是又以門戶爲學問，熱心於中西之爭。其實如明末王徵所說「學問無分東西，但期有濟於世」。學問只有眞僞之分，精粗之分，斷無中西之分。由此二者，至於今日，有把持朋比，阻礙靑年上進爲學問者；有無知亂抄，專事詐欺爲科學者；又有以醜詆謾罵炫耀無知爲知識者。而這不僅是培根所謂行騙爲樂受欺之易，而是以共騙互騙爲樂了。下流所至，今日學術詐騙不僅在學術本身，而是以墮落社會人格，破壞民族本身爲目的了。其次，數年以來，軍公敎人員不能保障一個正當生活，於是始而偶一爲之之不法，積成司空見慣之汚風。在公敎人員正當生活不得保障之下，任何方面，只要用一點小費，乃至一件衣料，或三五十圓之稿費，都可收買靈魂。所以，一位漢奸就能作豪語，他能用二十萬一月的薪金，買盡所有官吏！

大陸的共產黨是一羣反人格反民族反學問之強盜，而今日此處無恥辱國不學之徒已墮落到騙子程度，並合作發展詐騙風氣，而騙子是只能爲強盜之媒的。

因此，我們認爲今日當務之急，是一面要求政府改善軍公教人員待遇，一面要一切自尊愛國好學的人，「紮硬寨，打死仗」，抵抗勢利主義，保護和重振三大尊嚴之不可侵犯。共同發揮道義權威，壓倒反三大尊嚴的詐騙行爲之污毒和邪氣。必須這一精神之戰獲得勝利，我們才有力量進攻我們對面的強敵。

編校後記

周玉山

我久思為秋原師編一套選集，今始如願，遲來的喜悅湧現於心，有不能已於言者。

秋原師以一支健筆，馳騁中國思想界六十餘年，歷久不衰。早在民國十八年春，梁啓超先生辭世之際，秋原師尚未弱冠，卽已獻力於文字，三年後投身文藝自由論辯，更聲動全國。一甲子以還，其著作早逾千萬言，譽為梁先生後第一人，當能邀多數史家的首肯。

秋原師於學無所不涉，「一事不知，儒者之恥」的古訓，在二十世紀之今日猶能力行者，恐不多見，秋原師卽占其中的鰲頭。民國六十九年端陽節，秋原師七十壽辰的祝賀會上，已展出著作一百二十三種，十餘年來更增多冊，展現了龍馬精神。

秋原師的凡百學問，以文學啓其端，本選集第一卷為「文學與歷史」，自有根據。更精確的說法是，秋原師青年時代離開自然科學後，經由文學進入史學，終以後者的成就最為人知。第一卷收入「我的文藝觀」和「我研究歷史之由來、經過、結果」，當有助讀者理解其文史歷程。

本選集第二卷為「哲學與思想」，亦歸納了秋原師的學問重點。其中「我的哲學簡述」有謂，重建中國的根本之道，在超越傳統主義、西化主義、俄化主義，前進創造中國新文化。如何超越前進？首先，要激發國人獨立自尊的志氣，解除人格殖民地化的卑屈心理，本知性精誠求學問的自立，因此提倡人格尊嚴、民族尊嚴、學問尊嚴。其次，依學問的方法、人類生命與文化的價值從事研究，對中國文化進行正當的因革損益。

秋原師由哲學研究建立了人生觀，也依據人生觀著書立說，盡其對天地、歷史、民族、祖先、父母、師長和後世的責任。這個責任何其重大，遂令耄耋之齡的秋原師，爭分競秒，未曾小休。我在父親世輔公身上，也看到同樣的光景，三十年代的讀書種子，臺灣已經絕無僅有了。

有感於此，我在秋原師浩如煙海的文字中，選出五十萬言，成為一套學術精華錄，重現其震撼人心的光輝。秋原師一如梁先生，筆鋒常帶感情，感情的主要對象則為國族。國族有難，伸手援之，提筆救之，秋原師又如兩千五百年前的孔子，知其不可而為之。我在逐字校讀中，窺見一位學問家對國族的熱愛、憂心與祝願，這是一種「全燃燒」！誠盼更多的讀者，有感於秋原師的大塊文章後，加入愛國敬學的行列，共為三大尊嚴而努力。

本選集得以問世，最要感激三民書局兼東大圖書公司的主人劉振強先生，以及編輯部的朋友，他們對學術的敬重，造就了兩岸第一的出版地位。滄海叢刊也必將因本選集，更添跨世紀的口碑。

敬祝秋原師健康年年！

滄海叢刊書目㈡

國學類

先秦諸子繫年	錢　穆 著
朱子學提綱	錢　穆 著
莊子纂箋	錢　穆 著
論語新解	錢　穆 著
周官之成書及其反映的文化與時代新考	金春峯 著
尙書學術(上)、(中)、(下)	李振興 著

哲學類

哲學十大問題	鄔昆如 著
哲學淺論	張　康 譯
哲學智慧的尋求	何秀煌 著
哲學的智慧與歷史的聰明	何秀煌 著
文化、哲學與方法	何秀煌 著
人性記號與文明—語言・邏輯與記號世界	何秀煌 著
邏輯與設基法	劉福增 著
知識・邏輯・科學哲學	林正弘 著
現代藝術哲學	孫　旗 譯
現代美學及其他	趙天儀 著
中國現代化的哲學省思—「傳統」與「現代」理性結合	成中英 著
不以規矩不能成方圓	劉君燦 著
恕道與大同	張起鈞 著
現代存在思想家	項退結 著
中國思想通俗講話	錢　穆 著
中國哲學史話	吳怡、張起鈞 著
中國百位哲學家	黎建球 著
中國人的路	項退結 著
中國哲學之路	項退結 著
中國人性論	臺大哲學系主編
中國管理哲學	曾仕強 著
孔子學說探微	林義正 著
心學的現代詮釋	姜允明 著

中庸誠的哲學	吳　　怡　著
中庸形上思想	高柏園　著
儒學的常與變	蔡仁厚　著
智慧的老子	張起鈞　著
老子的哲學	王邦雄　著
當代西方哲學與方法論	臺大哲學系主編
人性尊嚴的存在背景	項退結編著
理解的命運	殷　　鼎　著
馬克斯・謝勒三論	阿弗德・休慈原著、江日新　譯
懷海德哲學	楊士毅　著
洛克悟性哲學	蔡信安　著
伽利略・波柏・科學說明	林正弘　著
儒家與現代中國	韋政通　著
思想的貧困	韋政通　著
近代思想史散論	龔鵬程　著
魏晉清談	唐翼明　著
中國哲學的生命和方法	吳　　怡　著
孟學的現代意義	王支洪　著
孟學思想史論(卷一)	黃俊傑　著
莊老通辨	錢　　穆　著
墨家哲學	蔡仁厚　著
柏拉圖三論	程石泉　著
倫理學釋論	陳　　特　著
儒道論集	吳　　光　著

宗教類

佛教思想發展史論	楊惠南　著
圓滿生命的實現（布施波羅密）	陳柏達　著
薝蔔林・外集	陳慧劍　著
維摩詰經今譯	陳慧劍譯註
龍樹與中觀哲學	楊惠南　著
公案禪語	吳　　怡　著
禪學講話	芝峯法師　譯
禪骨詩心集	巴壺天　著
中國禪宗史	關世謙　著
魏晉南北朝時期的道教	湯一介　著

佛學論著	周中一 著
當代佛教思想展望	楊惠南 著
臺灣佛教文化的新動向	江燦騰 著
釋迦牟尼與原始佛教	于凌波 著
唯識學綱要	于凌波 著

社會科學類

中華文化十二講	錢 穆 著
民族與文化	錢 穆 著
楚文化研究	文崇一 著
中國古文化	文崇一 著
社會、文化和知識分子	葉啓政 著
儒學傳統與文化創新	黃俊傑 著
歷史轉捩點上的反思	韋政通 著
中國人的價值觀	文崇一 著
紅樓夢與中國舊家庭	薩孟武 著
社會學與中國研究	蔡文輝 著
比較社會學	蔡文輝 著
我國社會的變遷與發展	朱岑樓主編
三十年來我國人文社會科學之回顧與展望	賴澤涵 編
社會學的滋味	蕭新煌 著
臺灣的社區權力結構	文崇一 著
臺灣居民的休閒生活	文崇一 著
臺灣的工業化與社會變遷	文崇一 著
臺灣社會的變遷與秩序(政治篇)(社會文化篇)	文崇一 著
鄉村發展的理論與實際	蔡宏進 著
臺灣的社會發展	席汝楫 著
透視大陸	政治大學新聞研究所主編
憲法論衡	荊知仁 著
周禮的政治思想	周世輔、周文湘 著
儒家政論衍義	薩孟武 著
制度化的社會邏輯	葉啓政 著
臺灣社會的人文迷思	葉啓政 著
臺灣與美國的社會問題	蔡文輝、蕭新煌主編
自由憲政與民主轉型	周陽山 著

蘇東巨變與兩岸互動	周陽山 著
教育叢談	上官業佑 著
不疑不懼	王洪鈞 著
戰後臺灣的教育與思想	黄俊傑 著

史地類

國史新論	錢 穆 著
秦漢史	錢 穆 著
秦漢史論稿	邢義田 著
宋史論集	陳學霖 著
中國人的故事	夏雨人 著
明朝酒文化	王春瑜 著
歷史圈外	朱 桂 著
當代佛門人物	陳慧劍編著
弘一大師傳	陳慧劍 著
杜魚庵學佛荒史	陳慧劍 著
蘇曼殊大師新傳	劉心皇 著
近代中國人物漫譚	王覺源 著
近代中國人物漫譚續集	王覺源 著
魯迅這個人	劉心皇 著
沈從文傳	凌 宇 著
三十年代作家論	姜 穆 著
三十年代作家論續集	姜 穆 著
當代臺灣作家論	何 欣 著
師友風義	鄭彥棻 著
見賢集	鄭彥棻 著
思齊集	鄭彥棻 著
懷聖集	鄭彥棻 著
周世輔回憶錄	周世輔 著
三生有幸	吳相湘 著
孤兒心影錄	張國柱 著
我這半生	毛振翔 著
我是依然苦鬥人	毛振翔 著
八十憶雙親、師友雜憶(合刊)	錢 穆 著

語文類

訓詁通論	吳孟復 著
入聲字箋論	陳慧劍 著
翻譯偶語	黃文範 著
翻譯新語	黃文範 著
中文排列方式析論	司琦 著
杜詩品評	楊慧傑 著
詩中的李白	楊慧傑 著
寒山子研究	陳慧劍 著
司空圖新論	王潤華 著
詩情與幽境——唐代文人的園林生活	侯迺慧 著
歐陽修詩本義研究	裴普賢 著
品詩吟詩	邱燮友 著
談詩錄	方祖燊 著
情趣詩話	楊光治 著
歌鼓湘靈——楚詩詞藝術欣賞	李元洛 著
中國文學鑑賞舉隅	黃慶萱、許家鶯 著
中國文學縱橫論	黃維樑 著
漢賦史論	簡宗梧 著
古典今論	唐翼明 著
亭林詩考索	潘重規 著
浮士德研究	李辰冬 譯
蘇忍尼辛選集	劉安雲 譯
文學欣賞的靈魂	劉述先 著
小說創作論	羅盤 著
借鏡與類比	何冠驥 著
情愛與文學	周伯乃 著
鏡花水月	陳國球 著
文學因緣	鄭樹森 著
解構批評論集	廖炳惠 著
世界短篇文學名著欣賞	蕭傳文 著
細讀現代小說	張素貞 著
續讀現代小說	張素貞 著
現代詩學	蕭蕭 著
詩美學	李元洛 著

詩人之燈——詩的欣賞與評論	羅　青	著
詩學析論	張春榮	著
修辭散步	張春榮	著
橫看成嶺側成峯	文曉村	著
大陸文藝新探	周玉山	著
大陸文藝論衡	周玉山	著
大陸當代文學掃描	葉穉英	著
走出傷痕——大陸新時期小說探論	張子樟	著
大陸新時期小說論	張　放	著
兒童文學	葉詠琍	著
兒童成長與文學	葉詠琍	著
累廬聲氣集	姜超嶽	著
林下生涯	姜超嶽	著
青　春	葉蟬貞	著
牧場的情思	張媛媛	著
萍踪憶語	賴景瑚	著
現實的探索	陳銘磻	編
一縷新綠	柴　扉	著
金排附	鍾延豪	著
放　鷹	吳錦發	著
黃巢殺人八百萬	宋澤萊	著
泥土的香味	彭瑞金	著
燈下燈	蕭　蕭	著
陽關千唱	陳　煌	著
種籽	向　陽	著
無緣廟	陳艷秋	著
鄉　事	林清玄	著
余忠雄的春天	鍾鐵民	著
吳煦斌小說集	吳煦斌	著
卡薩爾斯之琴	葉石濤	著
青囊夜燈	許振江	著
我永遠年輕	唐文標	著
思想起	陌上塵	著
心酸記	李　喬	著
孤獨園	林蒼鬱	著
離　訣	林蒼鬱	著

托塔少年 林文欽 編
北美情逅 卜貴美 著
日本歷史之旅 李布聖 著
孤寂中的廻響 洛夫 著
火天使 趙衛民 著
無塵的鏡子 張默 著
關心茶——中國哲學的心 吳怡 著
放眼天下 陳新雄 著
生活健康 卜鍾元 著
文化的春天 王保雲 著
思光詩選 勞思光 著
靜思手札 黑野 著
狡兔歲月 黃和英 著
老樹春深更著花 畢璞 著
列寧格勒十日記 潘重規 著
文學與歷史——胡秋原選集第一卷 胡秋原 著
忘機隨筆——卷三·卷四 王覺源 著
晚學齋文集 黃錦鋐 著
古代文學探驪集 郭丹 著
山水的約定 葉維廉 著
在天願作比翼鳥——歷代文人愛情詩詞曲三百首 李元洛輯注

美術類

音樂與我 趙琴 著
爐邊閒話 李抱忱 著
琴臺碎語 黃友棣 著
音樂隨筆 趙琴 著
樂林蓽露 黃友棣 著
樂谷鳴泉 黃友棣 著
樂韻飄香 黃友棣 著
弘一大師歌曲集 錢仁康 著
立體造型基本設計 張長傑 著
工藝材料 李鈞棫 著
裝飾工藝 張長傑 著

人體工學與安全	劉其偉 著
現代工藝概論	張長傑 著
藤竹工	張長傑 著
石膏工藝	李鈞棫 著
色彩基礎	何耀宗 著
當代藝術采風	王保雲 著
都市計劃概論	王紀鯤 著
建築設計方法	陳政雄 著
建築鋼屋架結構設計	王萬雄 著
古典與象徵的界限——法國象徵主義畫家莫侯及其詩人寓意畫	李明明 著

滄海美術叢書

五月與東方——中國美術現代化運動在戰後臺灣之發展(1945～1970)	蕭瓊瑞 著
中國繪畫思想史	高木森 著
藝術史學的基礎	曾堉、葉劉天增 譯
唐畫詩中看	王伯敏 著